名师名校名校长

凝聚名师共识
回应名师关怀
打造名师品牌
培育名师群体

明远题

高中数学
课堂示例教学之
实践与探究

徐清杰　著

浙江工商大学 出版社
ZHEJIANG GONGSHANG UNIVERSITY PRESS
·杭州·

图书在版编目（CIP）数据

高中数学课堂示例教学之实践与探究 / 徐清杰著.
杭州：浙江工商大学出版社, 2024. 9. -- ISBN 978-7
-5178-6222-2

Ⅰ. G633.602
中国国家版本馆CIP数据核字第2024L31395号

高中数学课堂示例教学之实践与探究

GAOZHONG SHUXUE KETANG SHILI JIAOXUE ZHI SHIJIAN YU TANJIU

徐清杰 著

策划编辑	周敏燕
责任编辑	童江霞
责任校对	霍文敏
封面设计	言之凿
责任印制	祝希茜
出版发行	浙江工商大学出版社
	（杭州市教工路198号　邮政编码310012）
	（E-mail：zjgsupress@163. com）
	（网址：http：//www. zjgsupress. com）
	电话：0571-88904980，88831806（传真）
排　　版	李　娜
印　　刷	北京政采印刷服务有限公司
开　　本	710mm×1000mm　1/16
印　　张	17.5
字　　数	286千
版 印 次	2024年9月第1版　2024年9月第1次印刷
书　　号	ISBN 978-7-5178-6222-2
定　　价	58.00元

　　由于一直从事高中数学教学，笔者课上课下接触的学生较多，遇到的典型例题也多，将沉淀加以积累，逐渐汇总出一份高中数学课堂示例教学实践材料，从中筛选部分结集而成本书之框架体系．

　　书中示例，通过一个个知识点将具有相近知识内容和相似解题思路的问题加以归类、展开．相近问题找细微差异，不同问题找联系和转化，便于对高中数学知识网络进行梳理，以及前后知识的整合和不同内容的对比．通过课堂教学实践，对相关知识点进行了针对性的探究和打磨，有利于对高中数学课堂教学内容的不断补充和完善，有利于对高中数学知识点的持续深入探究．

　　书中示例探究，或有略解，或有详解，兼有少许变式或类例，目的是从中归纳出该类问题的通解通法，达到多题一解的目的．

　　书中知识点的顺序与高中数学教材的顺序基本同步，其多由课堂示例教学实践之感悟凝结而成，有的归纳出解题思路，有的则需要阅读者自己去领悟，有的则做了强调性的评析．

　　书中示例多聚焦于点而非面，比较适合于课堂教学，便于教师掌控课堂容量，也有助于学生课下整理归纳．不足之处是知识点的跳跃性较大，没有进行系统的探究．

目录

CONTENTS

1

集合
简易逻辑
不等式

集合中的运算

集合中的子集、交集、并集、补集，均涉及集合的运算.

一、子集

若集合 $A \subseteq B$，则集合 A 叫作集合 B 的子集，即若 $x \in A$，则 $x \in B$. 其中 $A \subseteq B$，包括 $A \subsetneqq B$ 与 $A = B$ 两种情况，前者集合 A 叫作集合 B 的真子集，后者集合 A 与集合 B 相等.

例1 已知集合 $A = \{x \mid -1 < x < 3\}$，$B = \{x \mid -m < x < m\}$，若 $B \subseteq A$，求 m 的取值范围.

若 $B \subseteq A$，则 B 分两种情况：当 $B = \phi$ 时，$-m \geqslant m$，解得 $m \leqslant 0$；当 $B \neq \phi$ 时，$m > 0$ 且 $(-m, m) \subseteq (-1, 3)$，即 $0 < m \leqslant 1$. 两者并列，取并集得 $m \leqslant 1$.

变式 若一个集合是另一个集合的子集，则称两个集合构成"鲸吞"；若两个集合有公共元素且互不为对方的子集，则称两个集合构成"蚕食". 已知集合 $A = \{x \mid ax^2 = 2, a \geqslant 0\}$，$B = \{-1, 2\}$，若这两个集合构成"鲸吞"或"蚕食"，求 a 的取值集合.

当 $a = 0$ 时，$0 \cdot x^2 = 2$，则 $A = \phi$，两集合构成"鲸吞"；当 $a > 0$ 时，$x = \pm\sqrt{\dfrac{2}{a}}$，则 $\sqrt{\dfrac{2}{a}} = 2$ 或 $-\sqrt{\dfrac{2}{a}} = -1$，解得 $a = \dfrac{1}{2}$ 或 $a = 2$. ①若 $a = \dfrac{1}{2}$，$A = \{-2, 2\}$，两集合构成"蚕食"；②若 $a = 2$，$A = \{-1, 1\}$，两集合构成"蚕食". 综上，a 的取值集合为 $\left\{0, \dfrac{1}{2}, 2\right\}$.

二、交集

若 $A \cap B = \{x \mid x \in A \text{ 且 } x \in B\}$，则称 $A \cap B$ 为集合 A 与集合 B 的交集. 当 $A = B$ 时，$A \cap B = A$；当 $A \subsetneqq B$ 时，$A \cap B = A$. 交集是取两个集合的公共部分，除

非两个集合相等，否则"越交越小".

例2 已知函数 $f(x)=x^2-a(x-1)+3$，记 $A=\{x\,|\,f(x)<0\}$，$B=\{x\,|\,2a-ax>0\}$，若 $A\cap B\neq\phi$，求 a 的取值范围.

对 a 进行讨论：当 $a=0$ 时，$A=\{x\,|\,x^2+3<0\}=\phi$，$B=\{x\,|\,2\cdot0-0\cdot x>0\}=\phi$，则 $A\cap B=\phi$，不符合题意，所以 $a\neq0$. ①当 $a>0$ 时，$B=\{x\,|\,x<2\}$，要使不等式 $x^2-ax+a+3<0$ 与 $x<2$ 的解有交集，由 $\Delta=(a-6)(a+2)>0$ 得 $a>6$，对称轴 $x=\dfrac{a}{2}>3$，只需 $f(2)=2^2-a(2-1)+3<0$，即 $a>7$. ②当 $a<0$ 时，$B=\{x\,|\,x>2\}$，要使不等式 $x^2-ax+a+3<0$ 与 $x>2$ 的解有交集，由 $\Delta=(a-6)(a+2)>0$ 得 $a<-2$，对称轴 $x=\dfrac{a}{2}<-1$，只需 $f(2)=2^2-a(2-1)+3<0$，即 $a>7$，与 $a<-2$ 矛盾. 综上，$a>7$.

变式 设集合 $A=\{x\,|\,x^2-2x-3<0\}$，$B=\{x\,|\,2x-a<0\}$，且 $A\cap B=\{x\,|\,-1<x<1\}$，则 $a=\underline{\qquad}$.

$A=\{x\,|\,-1<x<3\}$，$B=\left\{x\,\middle|\,x<\dfrac{a}{2}\right\}$，由于 $A\cap B=\{x\,|\,-1<x<1\}$，借助数轴可知，只需 $\dfrac{a}{2}=1$，即 $a=2$.

三、并集

若 $A\cup B=\{x\,|\,x\in A$ 或 $x\in B\}$，则称 $A\cup B$ 为集合 A 与集合 B 的并集. 当 $A=B$ 时，$A\cup B=B$；当 $A\subsetneqq B$ 时，$A\cup B=B$. 并集是取两个集合的所有部分，除非两个集合相等，否则"越并越大".

例3 集合 $A=\{3,m\}$，$B=\{m,m+1\}$，若 $A\cap B=\{4\}$，则 $A\cup B=\underline{\qquad}$.

由于 $4\in A$，$4\in B$，则 $m=4$，有 $A=\{3,4\}$，$B=\{4,5\}$，$A\cup B=\{3,4,5\}$.

变式 设集合 $A=\{x\,|\,2<x<3\}$，$B=\{x\,|\,a<x<5\}$，若 $A\cup B=\{x\,|\,2<x<5\}$，求 a 的取值范围.

由于 $\{x\,|\,2<x<3\}$ 与 $\{x\,|\,a<x<5\}$ 取并集后得到 $\{x\,|\,2<x<5\}$，借助数轴，可得 $2\leqslant a<3$.

四、补集

设集合 U 为全集，从集合 U 中除去集合 A 后余下的部分，叫作集合 A 的补集，记作$C_U A$，即$C_U A = \{x \mid x \in U$ 且 $x \notin A\}$. 满足 $A \cap (C_U A) = \phi$，$A \cup (C_U A) = U$.

例4 全集为 **R**，$A = \{x \mid x^2 - 1 > 0\}$，$B = \{x \mid x - a < 0\}$，$(C_R A) \cap B = \{x \mid -1 \leqslant x < 0\}$，则 $a = $_____.

由 $A = \{x \mid x < -1$ 或 $x > 1\}$，知 $C_R A = \{x \mid -1 \leqslant x \leqslant 1\}$. 因为 $B = \{x \mid x < a\}$，$(C_R A) \cap B = \{x \mid -1 \leqslant x < 0\}$，借助数轴可得 $a = 0$.

变式 设全集 $U = \{0, 1, 2, 3, 4\}$，集合 $A = \{0, 1, 4\}$，$B = \{0, 1, 3\}$，则图中阴影部分的元素所组成的集合的子集个数为_____.

如图 1-1，因为 $A = \{0, 1, 4\}$，$B = \{0, 1, 3\}$，所以 $A \cap B = \{0, 1\}$，则阴影部分的元素所组成的集合为 $C_B(A \cap B) = \{3\}$，而集合 $\{3\}$ 的子集为 ϕ 与 $\{3\}$，即子集的个数为 2.

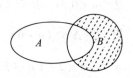

图 1-1

通过以上集合的运算，可以看出：当出现集合 A，B（$B \neq \phi$）满足 $A \subseteq B$，$A \subsetneqq B$，$A \cap B = \phi$ 中任何一种情况时，都要考虑集合 A 是否为空集. 由于空集是任何集合的子集和任何非空集合的真子集，所以在集合运算中莫忘空集.

类例 （多选）已知 $a \in R$，关于 x 的不等式 $\dfrac{a(x-1)}{x-a} > 0$ 的解集可能是（ ）.

A. $\{x \mid 1 < x < a\}$ B. $\{x \mid x < 1$ 或 $x > a\}$

C. $\{x \mid x < a$ 或 $x > 1\}$ D. ϕ

需要讨论 $a < 0$，$a = 0$，$0 < a < 1$，$a = 1$，$a > 1$ 五种情况，将分式不等式 $\dfrac{a(x-1)}{x-a} > 0$ 转化成整式不等式 $a(x-1)(x-a) > 0$，其中当 $a = 0$ 时，解集为空集.

借助数轴求子集、交集、并集、补集的取值范围时，往往涉及范围端点的取舍. 在数轴上做标注时，带等号的画实心圆，表示能够取到；不带等号的画空心圆，表示取不到.

充分条件与必要条件的应用

对于命题 p：$A = \{x \mid p(x)\}$，q：$B = \{x \mid q(x)\}$，从逻辑和集合两个角度加以定义，如表 1 - 1 所示：

表 1 - 1

条件	逻辑		集合
充分条件	$p \Rightarrow q$	p 是 q 的充分条件	$A \subseteq B$
必要条件		q 是 p 的必要条件	
充分不必要条件	$p \Rightarrow q$ 且 $q \nRightarrow p$	p 是 q 的充分不必要条件	$A \subsetneqq B$
必要不充分条件		q 是 p 的必要不充分条件	
充要条件	$p \Rightarrow q$ 且 $q \Rightarrow p$	p 是 q 的充要条件	$A = B$
既不充分也不必要条件	$p \nRightarrow q$ 且 $q \nRightarrow p$	p 是 q 的既不充分也不必要条件	$A \nsubseteq B$ 且 $B \nsubseteq A$

一、判断是什么"条件"

从"充分不必要条件""必要不充分条件""充要条件""既不充分也不必要条件"四个条件中选择一个.

例 1 （1）已知函数 $f(x) = |\log_2(x+1)| - 1$，则 $x > 3$ 是 $f(x) > 1$ 的 _____ .

从 $f(x) > 1$ 切入，得 $|\log_2(x+1)| > 2$，分解成 $\log_2(x+1) < -2$ 和 $\log_2(x+1) > 2$ 两部分，解得 $-1 < x < -\dfrac{3}{4}$ 或 $x > 3$. $x > 3$ 是 $-1 < x < -\dfrac{3}{4}$ 或 $x > 3$ 的充分不必要条件.

评析：欲判断 p 是 q 的充分不必要条件，只需 $p \Rightarrow q$，但 $q \nRightarrow p$.

（2）若点 P 是双曲线 C：$\dfrac{x^2}{4} - \dfrac{y^2}{21} = 1$ 上一点，F_1，F_2 分别为 C 的左、右焦

点，则 $|PF_1| = 8$ 是 $|PF_2| = 4$ 的_____.

实半轴 $a = 2$，$|PF_1| = 8 > 2a$，可得 $\big||PF_1| - |PF_2|\big| = 2a = 4$，则 $|PF_1| -$ $|PF_2| = -4$ 或 $|PF_1| - |PF_2| = 4$，解得 $|PF_2| = 4$ 或 12. 然而当 $|PF_2| = 4$ 时，实轴长为 $2a = 4$，此时点 P 只能在双曲线的右支上. 故 $|PF_1| = 8$ 是 $|PF_2| = 4$ 的必要不充分条件.

评析：欲判断 p 是 q 的必要不充分条件，只需 $p \nRightarrow q$，但 $q \Rightarrow p$.

（3）设 a，$b \in \mathbf{R}$，则 $a > b$ 是 $a|a| > b|b|$ 的_____.

先证充分性：从 $a > b \geqslant 0$，$0 > a > b$，$a \geqslant 0 > b$ 三个方面，推得 $a|a| > b|b|$.

再证必要性：对 $a|a| > b|b|$ 进行去绝对号讨论：从 $a > 0$，$b \geqslant 0$，$a < 0$，$b < 0$，$a \geqslant 0$，$b < 0$ 三个方面，推得 $a > b$.

以上两者都成立说明 $a > b$ 是 $a|a| > b|b|$ 的充要条件.

评析：欲判断一个条件 p 是另一个条件 q 的充要条件，需走两步：先证充分性成立，即 $p \Rightarrow q$；再证必要性成立，即 $q \Rightarrow p$. 可得 p 是 q 的充要条件，即 $p \Leftrightarrow q$.

（4）已知 a，$b \in \mathbf{R}$，则 $3^a > 3^b$ 是 $a^2 > b^2$ 的_____.

因为 $3^a > 3^b$，$y = 3^x$ 在 $\mathbf{R}$ 上单调递增，所以 $a > b$. 由于 $a > b$ 与 $a^2 > b^2$ 之间不存在任何关系，所以 $3^a > 3^b$ 是 $a^2 > b^2$ 的既不充分也不必要条件.

评析：欲判断 p 既不是 q 的充分条件又不是 q 的必要条件，只需判断 $p \nRightarrow q$ 且 $q \nRightarrow p$.

二、寻找一个"条件"

例2 （多选）命题"$\forall x \in \mathbf{R}$，$2kx^2 + kx - \dfrac{3}{8} < 0$"为真命题的一个充分不必要条件是（　　）.

A. $-3 < k < 0$　　　　B. $-3 < k \leqslant 0$　　　C. $-3 < k < -1$　　D. $k > -3$

如果二次项系数含有参数，则需要对参数进行讨论：当 $k = 0$ 时，$-\dfrac{3}{8} < 0$ 恒成立；当 $k \neq 0$ 时，只需 $\begin{cases} k < 0, \\ \Delta = k^2 + 3k < 0, \end{cases}$ 解得 $-3 < k < 0$. 综上可得 $-3 < k \leqslant 0$. 比之范围小的有选项 A 和 C.

评析：欲找一个充分不必要条件，应先找一个充要条件，然后取一个在其范围内且比之范围小的范围.

变式　若 $x \in \mathbf{R}$，则使 $x^2 < 2x$ 成立的一个必要不充分条件为（　　）.

A. $0 < x < 1$　　　　B. $2^{x^2} > 4^x$　　　　C. $\dfrac{2}{x} > 1$　　　　D. $x > 0$

解选项 B 得 $x<0$ 或 $x>2$；解选项 C 得 $0<x<2$. 题设 $x^2<2x$ 等价于 $0<x<2$. 比之范围大且包含它的只有选项 D.

评析： 欲找一个必要不充分条件，应先找一个充要条件，然后取一个包含该范围且比之范围大的范围.

三、"条件"的应用

例3　若不等式 $(x-a)^2<1$ 成立的充分条件是 $1<x<2$，求 a 的取值范围.

由 $(x-a)^2<1$ 得 $a-1<x<a+1$，有 $(1, 2)\subseteq(a-1, a+1)$，即 $\begin{cases}a-1\leqslant1,\\a+1\geqslant2,\end{cases}$ 解得 $1\leqslant a\leqslant2$.

评析： 因为 p 是 q 的充分条件，所以 p 的范围包含于 q 的范围，在列不等式组时等号可以同时取到.

变式　已知 p：$-1\leqslant x\leqslant8$，q：$1-m\leqslant x\leqslant m+1$（$m>0$），且 ¬$p$ 的一个充分不必要条件是 ¬q，求 m 的取值范围.

¬q 是 ¬p 的充分不必要条件，等价于 p 是 q 的充分不必要条件，于是 $[-1, 8]$ 真包含于 $[1-m, 1+m]$，则 $\begin{cases}m>0,\\1-m\leqslant-1\\1+m>8\end{cases}$ 或 $\begin{cases}m>0,\\1-m<-1,\\1+m\geqslant8,\end{cases}$ 解得 $m\geqslant7$.

评析： 将 ¬q 是 ¬p 的充分不必要条件，转化为 p 是 q 的充分不必要条件，是利用了互为逆否命题的等价性进行转化，转化后的求解更加简便. 由于 p 是 q 的充分不必要条件，所以 p 的范围真包含于 q 的范围，在列不等式组时等号不能同时取到.

变换主元求范围

解决恒成立问题一定要清楚谁是自变量,谁是参数.一般情况下,知道谁的范围,就选谁当自变量;求谁的范围,谁就是参数.即调整新定义的自变量与参数的位置,构造以新变量为未知数的函数,根据新变量的取值范围列式求解.

一、直接变换主元

例1 对任意 $m \in [-1, 1]$,函数 $f(x) = x^2 + (m-4)x + 4 - 2m$ 的值恒大于零,求 x 的取值范围.

设 $g(m) = (x-2)m + x^2 - 4x + 4$,关于 m 的一次函数 $g(m) > 0$ 在 $[-1, 1]$ 上恒成立,由于 $g(x)$ 的图象是线段,不知单调性,只需 $\begin{cases} g(-1) = x^2 - 5x + 6 > 0, \\ g(1) = x^2 - 3x + 2 > 0, \end{cases}$ 解得 $x < 1$ 或 $x > 3$.

变式 若命题 "$\exists a \in [-1, 3], ax^2 - (2a-1)x + 3 - a < 0$" 为假命题,求 x 的取值范围.

命题的否定 "$\forall a \in [-1, 3], ax^2 - (2a-1)x + 3 - a \geq 0$" 为真命题,设 $f(a) = (x^2 - 2x - 1)a + x + 3$,则一次不等式 $f(a) \geq 0$ 在 $[-1, 3]$ 上恒成立.只需两个端点值满足不等式组 $\begin{cases} f(-1) = -x^2 + 3x + 4 \geq 0, \\ f(3) = 3x^2 - 5x \geq 0, \end{cases}$ 解得 $-1 \leq x \leq 0$ 或 $\frac{5}{3} \leq x \leq 4$.

二、整理后进行变元

例2 已知函数 $f(x) = \frac{1}{2}(m-2)x^2 + (n-8)x + 1$ $(m \geq 0, n \geq 0)$ 在区间 $\left[\frac{1}{2}, 2\right]$ 上单调递减,求 mn 的最大值.

函数 $f(x)$ 在区间 $\left[\dfrac{1}{2}, 2\right]$ 上单调递减，则 $f'(x) = (m-2)x + n - 8 \leqslant$ 0 在区间 $\left[\dfrac{1}{2}, 2\right]$ 上恒成立. 因为一次项系数含有参数，则需要讨论：①当 $m = 2$ 时，$n - 8 \leqslant 0$ 在区间 $\left[\dfrac{1}{2}, 2\right]$ 上恒成立，即 $n \leqslant 8$. 当 $m = 2$，$n = 8$ 时，$f(x) = 1$ 不单调，此时 $mn < 16$. ②当 $m \neq 2$ 时，$y = (m-2)x + n - 8$ 是一次函数，在区间 $\left[\dfrac{1}{2}, 2\right]$ 上的图象是一条线段，只需 $\begin{cases} \dfrac{1}{2}(m-2) + n - 8 \leqslant 0, \\ 2(m-2) + n - 8 \leqslant 0, \end{cases}$ 即 $\begin{cases} m + 2n \leqslant 18, \\ 2m + n \leqslant 12. \end{cases}$ 由第一个不等式可得 $m \leqslant 18 - 2n$，所以 $mn \leqslant (18 - 2n)n = 2\left(9 - n\right)n \leqslant 2\left(\dfrac{9-n+n}{2}\right)^2 = \dfrac{81}{2}$，当且仅当 $m = 9$，$n = \dfrac{9}{2}$ 时可取到等号，不满足上述不等式组中第二个不等式；由第二个不等式可得 $m \leqslant \dfrac{1}{2}(12 - n)$，所以 $mn \leqslant \dfrac{1}{2}n(12 - n) \leqslant \dfrac{1}{2}\left(\dfrac{n+12-n}{2}\right)^2 = 18$，当且仅当 $m = 3$，$n = 6$ 时可取到等号，满足上述不等式组中第一个不等式. 综上，mn 的最大值为 18.

变式　已知函数 $f(x) = \log_{\frac{1}{4}}\left(-1 + \dfrac{2}{a^x}\right)$，其中 $a > 0$ 且 $a \neq 1$. 任取 x_1，$x_2 \in [t, t+2]$，若不等式 $|f(x_1) - f(x_2)| \leqslant 1$ 对任意的 $t \in [0, 2]$ 恒成立，求 a 的取值范围.

问题等价于 $f(x)_{\max} - f(x)_{\min} \leqslant 1$ 对任意的 $[t, t+2]$ 恒成立. 对底数 a 进行讨论：①当 $a > 1$ 时，$f(x)$ 在 $[t, t+2]$ 上单调递增，$\log_{\frac{1}{4}}\left(-1 + \dfrac{2}{a^{t+2}}\right) - \log_{\frac{1}{4}}\left(-1 + \dfrac{2}{a^t}\right) \leqslant 1$，即 $3a^{t+2} + 2a^2 - 8 \leqslant 0$ 在 $[0, 2]$ 上恒成立，当 $t = 2$ 时，$3a^4 + 2a^2 - 8 \leqslant 0$，解得 $1 < a \leqslant \dfrac{2\sqrt{3}}{3}$；②当 $0 < a < 1$ 时，$f(x)$ 在 $[t, t+2]$ 上单调递减，同理 $3a^{t+2} - 8a^2 + 2 \leqslant 0$ 在 $t \in [0, 2]$ 上恒成立，当 $t = 0$ 时，$-5a^2 + 2 \leqslant 0$，解得 $\dfrac{\sqrt{10}}{5} \leqslant a < 1$. 综合以上可得 $\dfrac{\sqrt{10}}{5} \leqslant a \leqslant \dfrac{2\sqrt{3}}{3}$ 且 $a \neq 1$.

三、抽象函数中的变换主元

例 3　已知函数 $f(x)$ 对任意实数 x，y 恒有 $f(x+y) = f(x) + f(y)$，

当 $x>0$ 时，$f(x)<0$，且 $f(1)=-2$. 若 $f(x)<m^2-2am+2$ 对所有的 $x\in[-1, 1]$，$a\in[-1, 1]$ 恒成立，求 m 的取值范围.

由于是抽象函数，可用赋值法. 先判断 $f(x)$ 的奇偶性. 令 $x=y=0$，则 $f(0)=0$. 令 $y=-x$，则 $f(0)=f(x)+f(-x)$，进而 $f(-x)=-f(x)$，定义域为 **R** 关于原点对称，所以 $f(x)$ 为奇函数. 再证明 $f(x)$ 的单调性. 任取 x_1，$x_2\in(0, +\infty)$，且 $x_1<x_2$，则 $x_2-x_1>0$，所以 $f(x_2-x_1)<0$. 又因为 $f(x_1)-f(x_2)=f(x_1)-f[(x_2-x_1)+x_1]=f(x_1)-f(x_2-x_1)-f(x_1)=-f(x_2-x_1)>0$，移项得 $f(x_1)>f(x_2)$，所以 $f(x)$ 在 $(0, +\infty)$ 上单调递减. 由于奇函数关于原点对称，$f(x)$ 在 $(-\infty, 0)$ 上也单调递减，即 $f(x)$ 在 $(-\infty, +\infty)$ 上单调递减. 最后根据函数 $f(x)$ 的奇偶性、单调性解不等式. 因为 $f(x)$ 在 $[-1, 1]$ 上单调递减，所以 $f(x)_{\max}=f(-1)=-f(1)=2$，转化为 $m^2-2am+2>2$，即 $2ma-m^2<0$ 在 $a\in[-1, 1]$ 上恒成立，令 $g(a)=2ma-m^2$. 由 $\begin{cases}g(-1)=-2m-m^2<0, \\ g(1)=2m-m^2<0,\end{cases}$ 得 $m<-2$ 或 $m>2$.

评析：抽象函数单调性的证明，在化简过程中的构造上应因题而异，但基本的证明思路是不变的，即"设点—作差—化简—判断—结论". 例如：已知函数 $f(x)$ 对任意实数 x，y 恒有 $f(xy)=f(x)+f(y)$，当 $x>1$ 时，$f(x)<0$，求证 $f(x)$ 是 $(0, +\infty)$ 上的减函数.

证明过程可为：任取 x_1，$x_2\in(0, +\infty)$，且 $x_1<x_2$，则 $\dfrac{x_2}{x_1}>1$，所以 $f\left(\dfrac{x_2}{x_1}\right)<0$，所以 $f(x_1)-f(x_2)=f(x_1)-f\left(\dfrac{x_2}{x_1}\cdot x_1\right)=f(x_1)-f\left(\dfrac{x_2}{x_1}\right)-f(x_1)=-f\left(\dfrac{x_2}{x_1}\right)>0$，即 $f(x_1)>f(x_2)$，所以 $f(x)$ 是 $(0, +\infty)$ 上的减函数.

利用基本不等式求最值

　　基本不等式是不等式中的重要内容，也是历年高考重点考查的知识点之一，其应用范围涉及高中数学的很多章节，且常考常新，但考查方式不外乎判断大小、求最值和求取值范围等．

一、凑配不等式求最值

　　凑配就是将相关代数式进行适当变形，通过添项、拆项等方法凑成和为定值或积为定值的形式，实质上就是代数式的灵活变形，其中配系数、凑常数是关键．如果给出的形式不能直接使用基本不等式，可以通过"凑项"使积为定值，通过"凑系数"使和为定值．

　　若 $a > 0$，$b > 0$，则 $a + b \geqslant 2\sqrt{ab}$，当且仅当 $a = b$ 时等号成立，可变式为 $ab \leqslant \left(\dfrac{a+b}{2}\right)^2$．当 $a + b$ 为定值时，ab 有最大值；当 ab 为定值时，$a + b$ 有最小值．

　　例 1　已知 $0 < x < \dfrac{\sqrt{2}}{2}$，求 $x\sqrt{1 - 2x^2}$ 的最大值．

　　$x\sqrt{1 - 2x^2} = \sqrt{\dfrac{1}{2} \cdot 2x^2 \cdot (1 - 2x^2)} \leqslant \sqrt{\dfrac{1}{2}\left[\dfrac{2x^2 + (1 - 2x^2)}{2}\right]^2} = \dfrac{\sqrt{2}}{4}$，当且仅当 $1 - 2x^2 = 2x^2$，即 $x = \dfrac{1}{2}$ 时等号成立，$x\sqrt{1 - 2x^2}$ 的最大值为 $\dfrac{\sqrt{2}}{4}$．

二、常数代换法求最值

　　题设是和式有两种情况：一种是两个整式的和；一种是两个分式的和．题设中的和式可以变成常数"1"（或者其他常数）．一般符合这些的可以使用"1"的变换来求最值．基本原理是将结论转化成 $(ax + by) \cdot \left(\dfrac{m}{x} + \dfrac{n}{y}\right)$（$a$，$b$，$m$，$n$ 为常数）的形式，进而构造和或积为定值的形式，运用基本不等式进一步求最值.如 $1 = 2a + (1 - 2a)$，$2 = 2a + b$，$mn = m + 2n$ 等，均可以转化成常数"1"的形式.

例2 当 $0 < m < \dfrac{1}{2}$ 时，$\dfrac{1}{m} + \dfrac{2}{1 - 2m} \geq k^2 - 2k$ 恒成立，求 k 的取值范围.

设 $f(m) = \dfrac{1}{m} + \dfrac{2}{1 - 2m}$，转化为 $k^2 - 2k \leq f(m)_{\min}$，借助"1"进行代换，

由于 $\left(\dfrac{1}{m} + \dfrac{2}{1 - 2m}\right) \cdot 1 = \left(\dfrac{2}{2m} + \dfrac{2}{1 - 2m}\right)[2m + (1 - 2m)] = 4 +$

$2\left(\dfrac{1 - 2m}{2m} + \dfrac{2m}{1 - 2m}\right) \geq 8$，当 $\dfrac{1 - 2m}{2m} = \dfrac{2m}{1 - 2m}$，即 $m = \dfrac{1}{4}$ 时等号成立，故 $k^2 - 2k \leq$

8，解得 $-2 \leq k \leq 4$.

三、消元法求最值

将已知条件中一个变量用另一个变量表示出来，代入所求代数式中转化为

$f(x) = a(x + d) + \dfrac{e}{x + d} + h$ 的形式.

例3 已知 x，$y > 0$，$x + 3y + xy = 9$，求 $x + 3y$ 的最小值.

将 $x + 3y + xy = 9$ 化简为 $x = \dfrac{9 - 3y}{y + 1}$，代入待求式，有 $x + 3y = \dfrac{9 - 3y}{y + 1} + 3y =$

$\dfrac{-3(y + 1) + 12}{y + 1} + 3y = \dfrac{12}{y + 1} + 3(y + 1) - 6 \geq 2\sqrt{\dfrac{12}{y + 1} \cdot 3(y + 1)} - 6 = 6$，当

且仅当 $\dfrac{12}{y + 1} = 3(y + 1)$，即 $y = 1$ 时取等号，求得最小值6.

四、多次运用基本不等式求最值

利用基本不等式求最值，有时候需要多次运用，或同时运用，或先后依次运用.多次使用基本不等式时，等号要同时取得，否则会因等号传递不过去而无法取得最值.

例4 设 $a > b > 0$，求 $a^2 + \dfrac{1}{ab} + \dfrac{1}{a(a - b)}$ 的最小值.

将 a^2 通过添加项后化成 $ab + a(a - b)$ 的形式，原式 $= ab + a(a - b) +$

$\dfrac{1}{ab} + \dfrac{1}{a(a - b)} \geq 2\sqrt{a(a - b) \cdot \dfrac{1}{a(a - b)}} + 2\sqrt{ab \cdot \dfrac{1}{ab}} = 4$，当且仅当

$\begin{cases} a(a - b) = \dfrac{1}{a(a - b)}, \\ ab = \dfrac{1}{ab}, \end{cases}$ 即 $\begin{cases} a = \sqrt{2}, \\ b = \dfrac{\sqrt{2}}{2} \end{cases}$ 时等号成立，求得最小值4.

变式　若 a，$b>0$，求 $\dfrac{ab+b}{a^2+b^2+1}$ 的最大值.

原式 $=\dfrac{b\,(a+1)}{b^2+(a^2+1)} \leqslant \dfrac{b\,(a+1)}{2b\,\sqrt{a^2+1}}=\dfrac{1}{2}\sqrt{\dfrac{(a+1)^2}{a^2+1}}=\dfrac{1}{2}\sqrt{1+\dfrac{2a}{a^2+1}} \leqslant$

$\dfrac{1}{2}\sqrt{1+\dfrac{2a}{2a}}=\dfrac{\sqrt{2}}{2}$，当且仅当 $\begin{cases} b^2=a^2+1, \\ a^2=1, \end{cases}$ 即 $\begin{cases} b=\sqrt{2}, \\ a=1 \end{cases}$ 时等号成立，求得最大值 $\dfrac{\sqrt{2}}{2}$.

评析： 先后两次在分母上用到了基本不等式，分母变小，商变大.

五、均值不等式

若 a，$b>0$，则 $\dfrac{2}{a^{-1}+b^{-1}} \leqslant \sqrt{ab} \leqslant \dfrac{a+b}{2} \leqslant \sqrt{\dfrac{a^2+b^2}{2}}$，当且仅当 $a=b$ 时等号

成立，其中 $\dfrac{2}{a^{-1}+b^{-1}}$ 和 $\sqrt{\dfrac{a^2+b^2}{2}}$ 分别叫作 a，b 的调和平均数和平方平均数.

例 5　当 $-\dfrac{1}{2}<x<\dfrac{5}{2}$ 时，求函数 $y=\sqrt{2x-1}+\sqrt{5-2x}$ 的最大值.

由 $a+b \leqslant \sqrt{2\,(a^2+b^2)}$ 知，$\sqrt{2x-1}+\sqrt{5-2x} \leqslant \sqrt{2[\,(\sqrt{2x-1})^2+(\sqrt{5-2x})^2\,]}$

$=2\sqrt{2}$，当且仅当 $2x-1=5-2x$，即 $x=\dfrac{3}{2}$ 时等号成立，求得最大值 $2\sqrt{2}$.

六、换元后利用基本不等式求最值

（1）形如 $y=\dfrac{ax^2+bx+c}{dx+e}$ 的函数求最值，一般采用拆分的方式，把函数式转

化为对勾函数的形式，借助基本不等式或对勾函数的单调性求最值.

例 6　求函数 $f(x)=\dfrac{2x^2-x+3}{x-1}$（$x>1$）的最小值，以及此时 x 的值.

设 $t=x-1$，则 $x=t+1$，$\dfrac{2x^2-x+3}{x-1}=\dfrac{2t^2+3t+4}{t}=2t+\dfrac{4}{t}+3 \geqslant 2\sqrt{2t\cdot\dfrac{4}{t}}+$

$3=3+4\sqrt{2}$（$t>0$），当且仅当 $2t=\dfrac{4}{t}$，即 $x=\sqrt{2}+1$ 时等号成立，求得最小值

$3+4\sqrt{2}$.

（2）形如 $y = \dfrac{dx + e}{ax^2 + bx + c}$ 的函数求最值，一般先取倒数，变成二次式比一次式型，再求最值．

例7 求函数 $f(x) = \dfrac{\sqrt{x+2}}{2x+5}$ 的最大值，以及此时 x 的值．

设 $t = \sqrt{x+2}$ $(t \geq 0)$，则 $x = t^2 - 2$，所以 $g(t) = \dfrac{t}{2t^2 + 1}$．当 $t = 0$ 时，

$g(t) = 0$；当 $t > 0$ 时，$g(t) = \dfrac{1}{2t + t^{-1}} \leq \dfrac{1}{2\sqrt{2t \cdot t^{-1}}} = \dfrac{\sqrt{2}}{4}$，当且仅当 $2t = \dfrac{1}{t}$，

即 $x = -\dfrac{3}{2}$ 时等号成立，求得最大值 $\dfrac{\sqrt{2}}{4}$．

（3）"当且仅当"的条件不成立时，利用函数的单调性求得最值．

例8 求函数 $y = \dfrac{9}{\sin^2 x} + 4\sin^2 x$ 的最小值．

$\dfrac{9}{\sin^2 x} + 4\sin^2 x \geq 2\sqrt{\dfrac{9}{\sin^2 x} \cdot 4\sin^2 x} = 12$，"当且仅当"的条件 $\dfrac{9}{\sin^2 x} = 4\sin^2 x$，

即 $\sin^2 x = \dfrac{3}{2}$ 不成立．令 $t = \sin^2 x$，则 $t \in (0, 1]$，由于函数 $y = 4\left(t + \dfrac{9}{4t}\right)$ 在 $(0,$

$1]$ 上单调递减，故当 $t = 1$ 时，求得最小值 13．

（另解）$\dfrac{9}{\sin^2 x} + 4\sin^2 x = \dfrac{4}{\sin^2 x} + 4\sin^2 x + \dfrac{5}{\sin^2 x}$，因为 $\dfrac{4}{\sin^2 x} + 4\sin^2 x \geq 8$，$\dfrac{5}{\sin^2 x}$

≥ 5，当且仅当 $\sin^2 x = 1$ 时等号成立，求得最小值 13．

变式 若 a，$b > 0$，$a + b = 1$，求 $ab + \dfrac{1}{ab}$ 的最小值．

由 a，$b > 0$ 知 $ab \leq \left(\dfrac{a+b}{2}\right)^2 = \dfrac{1}{4}$，$\dfrac{1}{ab} \geq 4$，所以 $ab + \dfrac{1}{ab} > 4$，若应用基本不

等式 $ab + \dfrac{1}{ab} \geq 2$，"当且仅当"的条件 $ab = \dfrac{1}{ab}$，即 $ab = 1$ 不成立．对勾函数 $y = x$

$+ \dfrac{1}{x}$ 在 $\left(0, \dfrac{1}{4}\right]$ 上是减函数，当 $x = \dfrac{1}{4}$ 时，$y_{\min} = 4\dfrac{1}{4}$．

利用基本不等式求最值，在"当且仅当"的条件成立时等号才能成立，也只有等号成立，才有可能求得最值，否则就要借助函数的单调性求最值．

第二章

函　数

函数在给定区间上不单调

如果函数 $f(x)$ 在区间 (a, b) 上，既有递增部分，又有递减部分，或者恒为常数部分，总之就是不单—递增或递减，那么 $f(x)$ 在 (a, b) 上不单调.

方法一：若函数在某个区间上不单调，则其导函数在该区间上必有变号零点.

方法二：若函数在某个区间上不单调，则先假设函数在给定区间上单调，再求得参数的取值范围，最后取其补集，即为不单调时的取值范围，即采用正难则反的原理.

一、导函数的变号零点容易求得

例1 已知函数 $f(x) = x^3 + (1-a)x^2 - a(a+2)x + b$ $(a, b \in \mathbf{R})$，若函数 $f(x)$ 在区间 $(-1, 1)$ 上不单调，求 a 的取值范围.

对原函数求导得 $f'(x) = 3x^2 + 2(1-a)x - a(a+2)$，由 $f'(x) = 0$，得 $3x^2 + 2(1-a)x - a(a+2) = 0$，即 $(x-a)(3x+a+2) = 0$，解得 $x = a$，$x = -\dfrac{a+2}{3}$. 因为 $f(x)$ 在区间 $(-1, 1)$ 上不单调，当 $a = -\dfrac{a+2}{3}$，即 $a = -\dfrac{1}{2}$ 时，$f'(x) \geqslant 0$，不符合题意，故 $a \neq -\dfrac{1}{2}$，此时有 $a \in (-1, 1)$ 或 $-\dfrac{a+2}{3} \in (-1, 1)$，解得 $-5 < a < 1$ 且 $a \neq -\dfrac{1}{2}$.

评析： 如果函数 $f(x)$ 在区间 (a, b) 上不单调，则其导函数 $f'(x)$ 在区间 (a, b) 上有变号零点，若方程 $f'(x) = 0$ 的根 x_1，x_2 易于求得，则只需 $\begin{cases} a < x_1 < b, \\ x_1 \neq x_2, \end{cases}$ 或 $\begin{cases} a < x_2 < b, \\ x_1 \neq x_2. \end{cases}$

二、导函数的变号零点不易求得

例2 使函数 $f(x) = (2x^2 - mx + 4)\mathrm{e}^x$ 在区间 $[2, 3]$ 上不单调的整数

m 值为_____.

$f'(x)=e^x[2x^2+(4-m)x+4-m]$，若 $f(x)$ 在区间 $[2,3]$ 上不单调，则 $f'(x)=0$，即 $2x^2+(4-m)x+4-m=0$ 在区间 $(2,3)$ 上有解，转化为 $m-4=\dfrac{2x^2}{x+1}=\dfrac{2}{(x^{-1})^2+x^{-1}}=\dfrac{2}{(x^{-1}+2^{-1})^2-4^{-1}}$ 在 $(2,3)$ 上有解，令 $t=\dfrac{1}{x}$，则 $t\in\left(\dfrac{1}{3},\dfrac{1}{2}\right)$，因为 $y=\left(t+\dfrac{1}{2}\right)^2-\dfrac{1}{4}$ 在 $\left(\dfrac{1}{3},\dfrac{1}{2}\right)$ 上为增函数，所以 $\dfrac{4}{9}$ $<y<\dfrac{3}{4}$，变为 $\dfrac{20}{3}<m<\dfrac{17}{2}$，整数 $m=7$ 或 8.

变式 函数 $f(x)=2x^2+ax+\ln x$ 在 $(0,+\infty)$ 上不单调，求 a 的取值范围.

由于 $f'(x)=4x+a+\dfrac{1}{x}$，$f(x)$ 在 $(0,+\infty)$ 上不单调，所以当 $x>0$ 时，则 $f'(x)=0$ 在区间 $(0,+\infty)$ 上有解，可得 $-a=4x+\dfrac{1}{x}\geqslant 2\sqrt{4x\cdot\dfrac{1}{x}}$ $=4$，当且仅当 $4x=\dfrac{1}{x}$，即 $x=\dfrac{1}{2}$ 时等号成立，$a\leqslant-4$. 由于 $a=-4$ 时，$f'(x)$ $\geqslant 0$ 恒成立，不符合题意，所以 $a<-4$.

评析： 如果方程 $f'(x)=0$ 在 (a,b) 上有解，且方程 $f'(x)=0$ 的根不易求得，可以构造函数，借助单调性解决问题.

三、借用零点存在性定理

例3 若函数 $f(x)=\dfrac{1}{2}ax^2-2ax+\ln x$ 在 $(1,3)$ 上不单调，求 a 的取值范围.

对原函数求导得 $f'(x)=\dfrac{ax^2-2ax+1}{x}$，由题意知导函数 $f'(x)$ 在 $(1,3)$ 上有变号零点，令 $g(x)=ax^2-2ax+1$，转化为 $g(x)$ 在 $(1,3)$ 上有变号零点. 当 $a=0$ 时，$g(x)=1$，不符合题意；当 $a\neq0$ 时，$g(x)=ax^2-2ax+1$ 的对称轴为 $x=1$，只需 $g(1)g(3)<0$，$(a-1)(3a+1)>0$，解得 $a<$ $-\dfrac{1}{3}$ 或 $a>1$.

评析： 如果 $f(x)$ 在区间 (a,b) 上不单调，则其导函数 $f'(x)$ 在区间 (a,b) 上有变号零点，且导函数 $f'(x)$ 在 (a,b) 上单调，根据零点存在性定理，可用 $f'(a)f'(b)<0$ 求得参数范围.

四、借用正难则反的原理

例4 若函数 $h(x) = \ln x - \frac{1}{2}ax^2 - 2x$ （$a \neq 0$）在 $[1, 4]$ 上不单调，求 a 的取值范围.

对原函数求导得 $h'(x) = \frac{-ax^2 - 2x + 1}{x}$，假设 $h(x)$ 在 $[1, 4]$ 上单调递增，则 $h'(x) \geq 0$，$-ax^2 - 2x + 1 \geq 0$，$a \leq \frac{1}{x^2} - \frac{2}{x}$，令 $t = \frac{1}{x} \in \left[\frac{1}{4}, 1\right]$，则 $y = t^2 - 2t$ 在 $\left[\frac{1}{4}, 1\right]$ 上单调递减，所以 $y_{\min} = -1$，即 $a \leq -1$. 同理，若 $h(x)$ 在 $[1, 4]$ 上单调递减，$a \geq -\frac{7}{16}$. 那么 $h(x)$ 在 $[1, 4]$ 上不单调时就有 $-1 < a < -\frac{7}{16}$.

评析： 如果 $f(x)$ 在区间 (a, b) 上不单调，那么先假设 $f(x)$ 在 (a, b) 上单调递增和单调递减，求得相应的参数范围，最后取其补集，即为所求不单调时参数的范围.

（另解）$h'(x) = \frac{-ax^2 - 2x + 1}{x}$，得 $-ax^2 - 2x + 1 = 0$ 在 $[1, 4]$ 上有解，分离参数得 $-a = \frac{2x - 1}{x^2}$，等价于直线 $y = -a$ 与函数 $g(x) = \frac{2x - 1}{x^2}$ 的图象有交点. 由于 $g'(x) = \frac{-2(x^2 - x)}{x^4} < 0$，$g(x)$ 在 $[1, 4]$ 上单调递减，所以 $\frac{7}{16} \leq g(x) \leq 1$，只需 $\frac{7}{16} \leq -a \leq 1$，即 $-1 \leq a \leq -\frac{7}{16}$. 此时需要验证一下两个端点值. 当 $a = -1$ 时，$h'(x) = \frac{(x-1)^2}{x} \geq 0$，$h(x)$ 在 $[1, 4]$ 上单调递增，不符合题意；当 $a = -\frac{7}{16}$ 时，$h'(x) = \frac{7x^2 - 32x + 16}{16x} = \frac{(7x - 4)(x - 4)}{16x} < 0$，$h(x)$ 在 $[1, 4]$ 上单调递减，不符合题意. 只剩 $-1 < a < -\frac{7}{16}$.

评析： 如果函数 $f(x)$ 在区间 (a, b) 上不单调，只需其导函数 $f'(x)$ 在开区间 (a, b) 上有变号零点，这里强调的是在区间 (a, b) 上；如果给出闭区间 $[a, b]$，仍要在开区间 (a, b) 上有变号零点，因为变号零点不能落在区间的端点处，否则函数 $f(x)$ 在区间 $[a, b]$ 上仍然单调.

周期函数在解题中的应用

解决函数的周期性、奇偶性与单调性相结合的问题，通常先利用周期性转化自变量到所给定的区间，再利用奇偶性和单调性求解.

在函数求值运算中，通常会遇到 $f(x+a)=f(x)$，$f(x+a)=f(-x)$，$f(x+a)=-f(-x)$ 等情况，这就引出了 $f(x)$ 的周期性与对称性（对称轴、对称中心）问题，从恒等式上可以做出简单判断：对于自变量 x，"同号看周期，异号看对称".

一、周期函数概念

若函数 $f(x)$ 对定义域中任意 x 均有 $f(x+T)=f(x)$（$T\neq0$），则 $f(x)$ 叫作周期函数，T 叫作 $f(x)$ 的一个周期. 若 $f(x+kT)=f(x)$，则 kT（$k\neq0$，$k\in\mathbf{Z}$）也是 $f(x)$ 的周期.

例1 定义在 $\mathbf{R}$ 上的函数 $f(x)$ 满足 $f(x+6)=f(x)$，当 $-3\leqslant x<-1$ 时，$f(x)=-(x+2)^2$，当 $-1\leqslant x<3$ 时，$f(x)=x$，则 $f(1)+f(2)+\cdots+f(2012)=$ _____ .

由 $f(x+6)=f(x)$ 知 $f(x)$ 的周期为 6. $f(1)=1$，$f(2)=2$，$f(3)=f(-3+6)=f(-3)=-1$，$f(4)=f(-2+6)=f(-2)=0$，$f(5)=f(-1+6)=f(-1)=-1$，$f(6)=f(0)=0$，所以 $f(1)+f(2)+\cdots+f(6)=1$，故所求多项式循环 335 次后余 $f(2011)$、$f(2012)$ 两项，最终原式等于 $335\times1+f(1)+f(2)=338$.

二、周期函数的周期计算

（1）如果函数 $f(x)$ 满足 $f(x+a)=f(x+b)$，则 $f(x)$ 的周期 $T=|b-a|$.

（2）如果函数 $f(x)$ 满足 $f(x+a)=-f(x+b)$，则 $f(x)$ 的周期 $T=2|b-a|$.

（3）如果函数 $f(x)$ 满足 $f(x+a)=\dfrac{c}{f(x)}$，则 $f(x)$ 的周期 $T=2|a|$.

例 2 已知函数 $f(x)$ 是偶函数，且对任意的 $x\in\mathbf{R}$，都有 $f(x+3)=-f(x)$，当 $x\in\left(\dfrac{3}{2},\dfrac{5}{2}\right)$ 时，$f(x)=\left(\dfrac{1}{2}\right)^x$，则 $f(2017)=$ _____.

由 $f(x+3)=-f(x)$ 知 $T=6$，$f(2017)=f(6\times336+1)=f(1)=f(-1)=-f(-1+3)=-f(2)=-\dfrac{1}{4}$.

评析： $2017=6\times336+1$，求 $f(2017)$ 变成了求 $f(1)$，通过周期及已知等式，可转化成求 $f(2)$，因为 2 在给定范围 $\left(\dfrac{3}{2},\dfrac{5}{2}\right)$ 内.

三、周期函数的迁移

根据给定范围内的函数解析式，通过函数的周期进行迁移，求得特定范围内的函数解析式.

例 3 已知函数 $f(x)$ 是偶函数，且 $f(-1-x)=f(1-x)$，当 $x\in[0,1]$ 时，$f(x)=-x+1$，求 $x\in[5,7]$ 时，$f(x)$ 的解析式.

由 $f(-1-x)=f(1-x)$ 得 $f(x+2)=f(x)$，周期 $T=2$. 设 $-1\leqslant x\leqslant0$，则 $0\leqslant -x\leqslant1$，$f(-x)=-(-x)+1$，即 $f(x)=x+1$，所以 $f(x)=\begin{cases}x+1,&-1\leqslant x\leqslant0,\\-x+1,&0\leqslant x\leqslant1.\end{cases}$ 设 $5\leqslant x\leqslant6$，则 $-1\leqslant x-6\leqslant0$，$f(x-6)=(x-6)+1$，即 $f(x)=x-5$；设 $6\leqslant x\leqslant7$，则 $0\leqslant x-6\leqslant1$，$f(x-6)=-(x-6)+1$，即 $f(x)=-x+7$，故 $f(x)=\begin{cases}x-5,&5\leqslant x\leqslant6,\\-x+7,&6\leqslant x\leqslant7.\end{cases}$

四、"退一步"出周期

如果 $f(x+2a)=f(x+a)-f(x)$，那么函数 $f(x)$ 的周期 $T=6|a|$. 事实上是：对于等式 $f(x+2a)=f(x+a)-f(x)$，往后退 a 个单位得 $f(x+3a)=f(x+2a)-f(x+a)$，两式作和得 $f(x+3a)=-f(x)$，根据周期函数的性质，$T=6|a|$.

例 4 已知函数 $f(x)$ 满足 $f(x)=\begin{cases}\log_2(1-x),&x\leqslant0,\\f(x-1)-f(x-2),&x>0,\end{cases}$ 则 $f(2009)=$ _____.

当 $x>0$ 时，$f(x)=f(x-1)-f(x-2)$，退一步得 $f(x+1)=f(x)$

$-f(x-1)$，两式作和得 $f(x+1) = -f(x-2)$，即 $f(x+3) = -f(x)$，$T = 6$. 所以 $f(2009) = f(6 \times 335 - 1) = f(-1) = 1$.

变式 已知函数 $f(x)$ 满足 $f(1) = \dfrac{1}{4}$，$4f(x)f(y) = f(x+y) + f(x-y)$ $(x, y \in \mathbf{R})$，则 $f(2010) = $ _____.

令 $y = 1$，得 $4f(x)f(1) = f(x+1) + f(x-1)$，即 $f(x) = f(x+1) + f(x-1)$，有 $f(x+1) = f(x) - f(x-1)$，与上式同理.

五、抽象函数出周期

(1) 如果 $f(x+a) = \dfrac{1 - f(x)}{1 + f(x)}$，则函数 $f(x)$ 的周期 $T = 2|a|$.

(2) 如果 $f(x+a) = \dfrac{1 + f(x)}{1 - f(x)}$，则函数 $f(x)$ 的周期 $T = 4|a|$.

例 5 定义在 $\mathbf{R}$ 上的函数 $f(x)$ 满足 $f(x+2) = \dfrac{1 + f(x)}{1 - f(x)}$，$f(2) = 2$，则 $f(2008) = $ _____.

由 $f(x+2) = \dfrac{1 + f(x)}{1 - f(x)}$，得 $f(x+4) = \dfrac{1 + f(x+2)}{1 - f(x+2)}$，整理后 $f(x+4) = -\dfrac{1}{f(x)}$，$T = 8$. 所以 $f(2008) = f(8 \times 251 + 0) = f(0)$，又因为 $f(0+2) = \dfrac{1 + f(0)}{1 - f(0)}$，得 $f(0) = \dfrac{1}{3}$.

六、双对称函数出周期

(1) 如果函数 $f(x)$ 的图象关于直线 $x = a$ 与 $x = b$ 对称，则 $f(x)$ 的周期 $T = 2|b - a|$；

(2) 如果函数 $f(x)$ 的图象关于点 $(a, 0)$ 与 $(b, 0)$ 对称，则 $f(x)$ 的周期 $T = 2|b - a|$；

(3) 如果函数 $f(x)$ 的图象关于直线 $x = a$ 与点 $(b, 0)$ 对称，则 $f(x)$ 的周期 $T = 4|b - a|$.

例 6 已知函数 $f(x-1)$ 是偶函数，且 $f(x)$ 的图象关于点 $(1, 0)$ 成中心对称，当 $x \in [-1, 1]$ 时，$f(x) = x - 1$，则 $f(2019) = $ _____.

由 $f(x-1)$ 是偶函数，得 $f(-x-1) = f(x-1)$，所以 $f(x)$ 的图象关于直线 $x = -1$ 对称；又 $f(x)$ 的图象关于点 $(1, 0)$ 对称，根据双对称函数的性质，$f(x)$ 的周期 $T = 4|-1-1| = 8$，$f(2019) = f(8 \times 252 + 3) = f(3)$.

由 $f(x)$ 的图象关于点 $(1, 0)$ 成中心对称，得 $f(x+2) = -f(-x)$，所以 $f(3) = f(1+2) = -f(-1) = 2$.

七、奇偶性、对称性出周期

(1) 如果函数 $f(x)$ 是偶函数，图象关于直线 $x=a$ 对称，则 $f(x)$ 的周期 $T=2|a|$.

(2) 如果函数 $f(x)$ 是偶函数，图象关于点 $(a, 0)$ 对称，则 $f(x)$ 的周期 $T=4|a|$.

(3) 如果函数 $f(x)$ 是奇函数，图象关于直线 $x=a$ 对称，则 $f(x)$ 的周期 $T=4|a|$.

(4) 如果函数 $f(x)$ 是奇函数，图象关于点 $(a, 0)$ 对称，则 $f(x)$ 的周期 $T=2|a|$.

例7 已知定义在 **R** 上的函数 $f(x)$ 满足 $f(-x) = -f(x)$，$f(3-x) = f(x)$，则 $f(2025) = $ _____ .

用 $-x$ 替代 x，得 $f(x+3) = f(-x) = -f(x)$，所以 $f(x)$ 的周期为 6，$f(2025) = f(337 \times 6+3) = f(3)$. 由 $f(3-x) = f(x)$，得 $f(3) = f(0) = 0$.

对于函数的周期性，可以通过对其进行局部研究（一个周期），从而获得对函数整体的掌控. 如果获得函数在一个周期上的图象，通过持续左右平移一个周期，就可以得到整个函数图象；如果获得函数在一个周期上的单调区间，就可以得到函数的所有单调区间；如果获得函数在一个周期上的值域或最值，就可以得到函数在整个定义域上的值域或最值. 同时，对于处理数据比较大的函数求值，根据"循环、重复"，就可以将大数化小，简化运算.

函数值域的几种求法

一、利用函数的单调性求值域

利用函数的单调性求值域，一般分两步：第一步，（定性）确定函数 $f(x)$ 在给定区间上的单调性；第二步，（转化）根据单调性，将函数转化为 $f(m)$ $< f(n)$ 的形式.

例1　求函数 $f(x) = \sqrt{x-5} - \sqrt{24-3x}$ 的值域.

由 $\begin{cases} x-5 \geq 0, \\ 24-3x \geq 0, \end{cases}$ 得 $5 \leq x \leq 8$. 函数 $f(x)$ 在 $[5, 8]$ 上单调递增，$-3 \leq f(x) \leq \sqrt{3}$.

变式　求函数 $f(x) = \dfrac{3x^2-2}{x}$，$x \in \left[-1, -\dfrac{1}{2}\right]$ 的值域.

由 $f(x) = 3x + \dfrac{-2}{x}$，知 $f(x)$ 在 $\left[-1, -\dfrac{1}{2}\right]$ 上单调递增，$-1 \leq f(x) \leq \dfrac{5}{2}$.

二、利用配方法求值域

对于二次函数 $y = ax^2 + bx + c$ $(a \neq 0)$，当定义域为 **R** 时，配方后可得 $y = a\left(x + \dfrac{b}{2a}\right)^2 + \dfrac{4ac-b^2}{4a}$. 当 $a > 0$ 时，值域是 $\left[\dfrac{4ac-b^2}{4a}, +\infty\right)$；当 $a < 0$ 时，值域是 $\left(-\infty, \dfrac{4ac-b^2}{4a}\right]$. 当给定区间时，只需求得二次函数的最大（小）值.

例2　求函数 $f(x) = \sqrt{3+x} + \sqrt{5-x}$ 的值域.

由被开方数非负得 $-3 \leq x \leq 5$. 两边取平方 $f^2(x) = 8 + 2\sqrt{(3+x)(5-x)}$ $= 8 + 2\sqrt{-(x-1)^2 + 16}$，因为 $0 \leq -(x-1)^2 + 16 \leq 16$，根据不等式的性质可得 $8 \leq f^2(x) \leq 16$，得 $2\sqrt{2} \leq f(x) \leq 4$.

（另解）由 $-3 \leqslant x \leqslant 5$，得 $-4 \leqslant x-1 \leqslant 4$. 令 $x-1=4\sin\theta$，$-\dfrac{\pi}{2} \leqslant \theta \leqslant \dfrac{\pi}{2}$.

$f(x)=\sqrt{4+4\sin\theta}+\sqrt{4-4\sin\theta}=2\sqrt{\left(\sin\dfrac{\theta}{2}+\cos\dfrac{\theta}{2}\right)^2}+2\sqrt{\left(\sin\dfrac{\theta}{2}-\cos\dfrac{\theta}{2}\right)^2}=$

$2\left|\sin\dfrac{\theta}{2}+\cos\dfrac{\theta}{2}\right|+2\left|\sin\dfrac{\theta}{2}-\cos\dfrac{\theta}{2}\right|$. 因为 $-\dfrac{\pi}{4} \leqslant \dfrac{\theta}{2} \leqslant \dfrac{\pi}{4}$，所以 $\left|\sin\dfrac{\theta}{2}\right| \leqslant$

$\left|\cos\dfrac{\theta}{2}\right|$，且 $\dfrac{\sqrt{2}}{2} \leqslant \cos\dfrac{\theta}{2} \leqslant 1$，所以 $f(x)=2\left(\sin\dfrac{\theta}{2}+\cos\dfrac{\theta}{2}\right)+$

$2\left(\cos\dfrac{\theta}{2}-\sin\dfrac{\theta}{2}\right)=4\cos\dfrac{\theta}{2}$. 所以 $2\sqrt{2} \leqslant 4\cos\dfrac{\theta}{2} \leqslant 4$，即求得值域.

评析： 对于二次函数或化简后出现二次函数的代数式，都可以通过配方法，求得函数的值域. 值得注意的是，配方后函数 $y=a\left[\varphi(x)\right]^2+m\ (a \neq 0)$ 中 $\varphi(x)=0$ 有实根是必要条件.

三、利用不等式求值域

一是利用不等式的性质求最值；二是构造新函数，求导，通过单调性求最值.

例 3 已知函数 $y=\sqrt{\dfrac{-x}{1+2x}}$ 的定义域为 D，求 $y=\dfrac{4x^2-2x+2}{2x-1}$ 在 D 上的值域.

由被开方数非负得 $\dfrac{x}{1+2x} \leqslant 0$，转化为 $\begin{cases}(2x+1)x \leqslant 0, \\ 2x+1 \neq 0,\end{cases}$ 解得 $-\dfrac{1}{2}<x \leqslant 0$. 因

为 $\dfrac{4x^2-2x+2}{2x-1}=(2x-1)+\dfrac{2}{2x-1}+1$，令 $t=2x-1$，由 $-\dfrac{1}{2}<x \leqslant 0$ 可得 $-2<t$

$\leqslant -1$，所以 $y=t+\dfrac{2}{t}+1$，求导 $y'=1-\dfrac{2}{t^2}=\dfrac{t^2-2}{t^2}$，该函数在 $(-2, -\sqrt{2})$ 上

单调递增，在 $(-\sqrt{2}, -1]$ 上单调递减，所以当 $t=-\sqrt{2}$ 时，$y_{\max}=1-2\sqrt{2}$；

当 $t=-2$ 时，$y=-2$；当 $t=-1$ 时，$y=-2$. 故值域是 $\left[-2, 1-2\sqrt{2}\right]$.

四、利用函数的图象求值域

例 4 求函数 $f(x)=|x-1|+2|x+5|$ 的值域.

如图 2－1，由 $x-1=0$ 得 $x=1$，由 $x+5=0$ 得 x $=-5$．讨论的分界点为 -5 和 1．化简可得 $f(x)=$ $$\begin{cases} -3x-9, & x\leqslant -5, \\ x+11, & -5<x<1, \\ 3x+9, & x\geqslant 1, \end{cases}$$ $f(x)$ 在 $(-\infty,-5)$ 上单调递减，在 $(-5,+\infty)$ 上单调递增，所以 $f(x)\geqslant 6$，即值域为 $[6,+\infty)$．

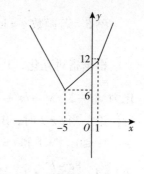

图 2－1

评析： 在涉及分段函数的问题中，经常需要使用分类讨论思想，先对变量进行分类讨论，确定变量所在的区间后再进行求解．如果能画出分段函数的图象，有时会更加直观，尤其是对于求函数的值域问题，往往起到事半功倍的作用．

变式 求函数 $f(x)=\dfrac{x\ln x+3}{x-1}$ 在区间 $[2,4]$ 上的值域．

如图 2－2，函数 $f(x)=\dfrac{x\ln x-(-3)}{x-1}$，$f(x)$ 的值域可以看作过点 $(x,x\ln x)$，$(1,-3)$ 的直线的斜率 k．由于点 $(x,x\ln x)$ 在曲线 $y=x\ln x$ 上，设过点 $(1,-3)$ 的直线方程为 $y+3=k(x-1)$，原问题转化为直线 $kx-y-k-3=0$ 与曲线 $y=x\ln x$ 在区间 $[2,4]$ 上有交点，因为 $y'=\ln x+1>0$，$y=x\ln x$ 在区间 $[2,4]$ 上单调递增，即过点 $(2,2\ln 2)$ 时，$k_{\max}=\dfrac{2\ln 2+3}{2-1}=2\ln 2+3$，过点 $(4,4\ln 4)$ 时，

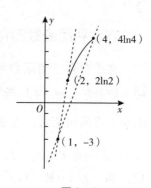

图 2－2

$k_{\min}=\dfrac{4\ln 4+3}{4-1}=\dfrac{4}{3}\ln 4+1$，故 $\dfrac{4}{3}\ln 4+1\leqslant k\leqslant 2\ln 2+3$．

评析： 借助函数的几何意义求值域时，对于含参直线与曲线有公共点问题，可以先求出直线所过的定点坐标，然后利用过两点的直线斜率公式求解．

五、利用判别式求值域

判别式法求函数的值域，比较适用于分式类型的最高次数是二次的函数，将其整理成关于 x 的一元二次方程，利用方程有实根的条件，令判别式大于或等于 0，求出 y 的范围．如果函数的定义域为全体实数，可以直接运用；如果定义域不为全体实数，需要注意，有些函数值不一定能够取到，这时可以将分母等于零时所剔除的 x 值代入验证一下．

例5 若函数 $y = \log_3 \dfrac{2x^2 + bx + c}{x^2 + 1}$ 的值域为 $[0, 1]$，求 b，c 的值.

根据指对互化，$3^y = \dfrac{2x^2 + bx + c}{x^2 + 1}$，令 $t = 3^y$，由 $0 \leqslant y \leqslant 1$，得 $1 \leqslant t \leqslant 3$，即转化为 $(t - 2)x^2 - bx + (t - c) = 0$ 在 **R** 上有解，二次项系数含有参数，需要进行讨论：当 $t \neq 2$ 时，$\Delta = b^2 - 4(t - 2)(t - c) \geqslant 0$，即 $4t^2 - 4(c + 2)t + (8c - b^2) \leqslant 0$，$t = 1$ 和 $t = 3$ 为 $4t^2 - 4(c + 2)t + (8c - b^2) = 0$ 的两个实根，有 $c + 2 = 4$，$\dfrac{8c - b^2}{4} = 3$，解得 $b = 2$，$c = 2$ 或 $b = -2$，$c = 2$. 当 $t = 2$ 时，$-bx + (2 - c) = 0$，将求得的 b，c 值代入，解得 $x = 0$，符合题意.

变式 已知正实数 x，y 满足 $4x^2 - 2xy + y^2 = 1$，求 $\mu = 2x + y$ 的取值范围.

该题是直线与曲线有交点问题. 将 $y = \mu - 2x$，代入 $4x^2 - 2xy + y^2 = 1$ 中，有 $12x^2 - 6\mu x + \mu^2 - 1 = 0$，因为 $x \in \mathbf{R}$，则 $\Delta = -12(\mu^2 - 4) \geqslant 0$，得 $-2 \leqslant \mu \leqslant 2$.

六、利用函数的有界性求值域

在求含有三角函数的代数式的最值时，需要考虑三角函数的"有界性"，即 $-1 \leqslant \sin(\omega x + \varphi) \leqslant 1$，$-1 \leqslant \cos(\omega x + \varphi) \leqslant 1$. 涉及圆、圆锥曲线等封闭图象上点的最值时，也要考虑该点坐标的"有界性". 如椭圆 $\dfrac{x^2}{a^2} + \dfrac{y^2}{b^2} = 1$（$a > b > 0$）上一点 $P(x, y)$，其中 $-a \leqslant x \leqslant a$，$-b \leqslant y \leqslant b$. 还可以利用非负数的性质，如：若 $x \in \mathbf{R}$，则 $x^2 \geqslant 0$；若 $x \neq 0$，则 $x^2 > 0$.

例6 已知 $\sin x + \sin y = \dfrac{1}{3}$，求 $\mu = \sin y + \cos^2 x$ 的值域.

将 $\sin y = \dfrac{1}{3} - \sin x$ 代入待求式中，有 $\mu = -\sin^2 x - \sin x + \dfrac{4}{3} = -\left(\sin x + \dfrac{1}{2}\right)^2 + \dfrac{19}{12}$，因为 $-1 \leqslant \sin x \leqslant 1$，根据不等式的性质，$-\dfrac{2}{3} \leqslant -\left(\sin x + \dfrac{1}{2}\right)^2 + \dfrac{19}{12} \leqslant \dfrac{4}{3}$，即 $-\dfrac{2}{3} \leqslant \mu \leqslant \dfrac{4}{3}$.

以上六种函数值域的求法，是我们常用的方法，至于其他解法，在具体的解题过程中应因题而异，还需要不断总结和积累.

构造函数法比较大小

高考试题中有一类关于幂函数、指数函数、对数函数、三角函数值比较大小的试题，往往以基本初等函数为背景，以构造、放缩、数值逼近等为形式，以基本初等函数的性质、不等式的性质为载体，以作差、作商、等价变形为方法，以区分大小为目的.

构造函数是比较大小时的常用方法，其关键在于构造一个与原函数密切相关的函数，然后利用函数的概念和性质去建构问题与结论的桥梁，以便解决问题，即通过"变形—构造—单调—结论"比较大小.

一、从不等式性质的角度去"构造"

1. 借助导函数比较大小

这类试题一般分为两种情况：一是直接告知具体的函数式，利用其自身的单调性比较大小；二是抽象函数，没有明确的函数式，但告知该抽象函数的一些性质. 如 $f(x) + (x^2+x)f'(x) < 0$，$x \geqslant 0$，可变为 $(x+1)$ $[xf(x)]' - (x+1)'xf(x) < 0$，令 $g(x) = \dfrac{xf(x)}{x+1}$，借助 $g(x)$ 的单调性比较大小.

例1 已知函数 $f(x)$ 是定义在 $\mathbf{R}$ 上的偶函数，设 $f(x)$ 的导函数为 $f'(x)$，若对任意 $x > 0$ 都有 $2f(x) + xf'(x) > 0$ 成立，比较 $4f(-2)$ 与 $9f(3)$ 的大小.

设 $g(x) = x^2f(x)$，易知 $g(x)$ 为偶函数，$g'(x) = x[2f(x) + xf'(x)] > 0$，所以 $g(x)$ 在 $(0, \infty)$ 上递增，所以 $g(-2) = g(2) < g(3)$，即 $4f(-2) < 9f(3)$.

2. 借助不等式 $\sin x < x < \tan x \left(0 < x < \dfrac{\pi}{2}\right)$ 比较大小

涉及三角函数的比较大小，不妨考虑一下该不等式的用途.

27

例2 已知 $a = \dfrac{31}{32}$，$b = \cos\dfrac{1}{4}$，$c = 4\sin\dfrac{1}{4}$，比较 a，b，c 的大小.

$b = \cos\dfrac{1}{4} = 1 - 2\sin^2\dfrac{1}{8}$，$b - a = \left(1 - 2\sin^2\dfrac{1}{8}\right) - \dfrac{31}{32} = \dfrac{1}{32} - 2\sin^2\dfrac{1}{8} =$

$2\left(\dfrac{1}{64} - \sin^2\dfrac{1}{8}\right)$，因为 $0 < \dfrac{1}{8} < \dfrac{\pi}{2}$，所以 $\dfrac{1}{8} > \sin\dfrac{1}{8}$，所以 $\dfrac{1}{64} > \sin^2\dfrac{1}{8}$，即 $b > a$；

$\dfrac{c}{b} = \dfrac{4\sin\dfrac{1}{4}}{\cos\dfrac{1}{4}} = 4\tan\dfrac{1}{4}$，因为 $0 < \dfrac{1}{4} < \dfrac{\pi}{2}$，所以 $\tan\dfrac{1}{4} > \dfrac{1}{4}$，所以 $\dfrac{c}{b} > 1$，即 $c > b$.

评析： 三角函数比较大小，一般需要构造函数，利用函数的单调性进行比较，有时也会利用不等式放缩，如 $e^x \geqslant x + 1$，$x - 1 \geqslant \ln x$（$x > 0$）等常见形式.

二、从同构的角度去"构造"

观察给出的 a，b，c 之间有没有相似或相近的情况，若有，则通过化简和变形，抽象出其"母函数"加以构造，借助母函数的性质解决问题. 有些试题中三个数比较大小，可能某一个数会刻意隐藏了同构规律，这时可以优先从结构最接近的两个数中探索出规律，进而化"异构"为"同构".

1. 借助函数 $y = \dfrac{\ln x}{x}$（$x > 0$）比较大小

$y = \dfrac{\ln x}{x}$（$x > 0$）的应用并不困难，如 $a = \ln\sqrt{2}$，$b = \dfrac{1}{e}$，$c = \dfrac{2\ln 3}{9}$，稍加变形即可看出母函数，而以下试题就不易看出了.

例3 判断 $a = 4\ln 3^\pi$，$b = 3\ln 4^\pi$，$c = 4\ln\pi^3$ 的大小关系.

$a = 4\ln 3^\pi = \pi\ln 3^4 = \pi\ln 81$，$b = 3\ln 4^\pi = \pi\ln 4^3 = \pi\ln 64$，显然 $a > b$；对于 a，c 而言，$a = 4\ln 3^\pi$，$c = 4\ln\pi^3$，令 $f(x) = \dfrac{\ln x}{x}$，$f'(x) = \dfrac{1 - \ln x}{x^2}$，易于求得 $f(x)$ 在 $(0, e)$ 上单调递增，在 $(e, +\infty)$ 上单调递减，因为 $\pi > 3 > e$，所以 $f(\pi) < f(3)$，即 $\dfrac{\ln\pi}{\pi} < \dfrac{\ln 3}{3}$，所以 $3\ln\pi < \pi\ln 3$，即 $\ln\pi^3 < \ln 3^\pi$，所以 $4\ln\pi^3 < 4\ln 3^\pi$，所以 $c < a$；对于 b，c 而言，$b = 3\ln 4^\pi$，$c = 4\ln\pi^3 = 3\ln\pi^4$，因为 $4 > \pi > e$，所以 $f(4) < f(\pi)$，即 $\dfrac{\ln 4}{4} < \dfrac{\ln\pi}{\pi}$，$\pi\ln 4 < 4\ln\pi$，$\ln 4^\pi < \ln\pi^4$，$3\ln 4^\pi < 3\ln\pi^4$，即 $b < c$.

2. 借助函数 $y = \dfrac{e^x}{x}$ ($x > 0$) 比较大小

外在形式：$me^n = ne^m$，$me^n > ne^m$，$me^n < ne^m$ 或 $\dfrac{e^m}{m} = \dfrac{e^n}{n}$，$\dfrac{e^m}{m} > \dfrac{e^n}{n}$，$\dfrac{e^m}{m} < \dfrac{e^n}{n}$ 等.

例 4 已知 $a < 5$ 且 $ae^5 = 5e^a$，$b < 4$ 且 $be^4 = 4e^b$，$c < 3$ 且 $ce^3 = 3e^c$，判断 a，b，c 的大小.

由 $0 < a < 5$，$ae^5 = 5e^a$ 得 $\dfrac{e^5}{5} = \dfrac{e^a}{a}$；由 $0 < b < 4$，$be^4 = 4e^b$ 得 $\dfrac{e^4}{4} = \dfrac{e^b}{b}$；由 $0 < c < 3$，$ce^3 = 3e^c$ 得 $\dfrac{e^3}{3} = \dfrac{e^c}{c}$. 构造函数 $f(x) = \dfrac{e^x}{x}$ ($x > 0$)，$f'(x) = \dfrac{e^x(x-1)}{x^2}$，知 $f(x)$ 在 $(0, 1)$ 上单调递减，在 $(1, +\infty)$ 上单调递增，所以 $f(5) > f(4) > f(3)$，即 $\dfrac{e^5}{5} > \dfrac{e^4}{4} > \dfrac{e^3}{3}$，所以 $\dfrac{e^a}{a} > \dfrac{e^b}{b} > \dfrac{e^c}{c}$，即 $f(a) > f(b) > f(c)$，从而得出 $0 < a < b < c < 1$.

3. 借助函数 $y = \dfrac{\ln x}{x+1}$ 或 $y = \dfrac{\ln x}{x-1}$ 比较大小

这种函数类型多以 $(m+2)\ln m = (m+1)\ln(m+1)$，$(m+2)\ln m > (m+1)\ln(m+1)$，$(m+2)\ln m < (m+1)\ln(m+1)$ 或 $m\ln(m+2) = (m+1)\ln(m+1)$，$m\ln(m+2) > (m+1)\ln(m+1)$，$m\ln(m+2) < (m+1)\ln(m+1)$ 等形式出现.

例 5 比较 $a = 2022\ln 2020$，$b = 2021\ln 2021$，$c = 2020\ln 2022$ 的大小.

令 $f(x) = \dfrac{\ln x}{x+1}$ ($x > 0$)，$f'(x) = \dfrac{1 + \dfrac{1}{x} - \ln x}{(x+1)^2}$，令 $g(x) = 1 + \dfrac{1}{x} - \ln x$，$g'(x) = -\dfrac{1}{x^2} - \dfrac{1}{x} < 0$，所以 $g(x)$ 在 $(0, +\infty)$ 上单调递减，又 $g(e) = \dfrac{1}{e} > 0$，$g(e^2) = \dfrac{1}{e^2} - 1 < 0$，$f(x)$ 在 $(e^2, +\infty)$ 上单调递减，所以 $f(2021) < f(2020)$，有 $\dfrac{\ln 2021}{2022} < \dfrac{\ln 2020}{2021}$，即 $a > b$. 令 $m(x) = \dfrac{\ln x}{x-1}$ ($x > 0$ 且 $x \neq 1$)，$m'(x) = \dfrac{1 - \dfrac{1}{x} - \ln x}{(x-1)^2}$，令 $n(x) = 1 - \dfrac{1}{x} - \ln x$，$n'(x) = \dfrac{1}{x}\left(\dfrac{1}{x} - 1\right)$，知 $n(x)$ 在 $(0, 1)$ 上单调递增，在 $(1, +\infty)$ 上单调递减，所以 $n(x) < n(1) = 0$，$m'(x) < 0$，所以 $m(x)$ 在 $(1, +\infty)$ 上单调递减，所以 $m(2022) < m(2021)$，$\dfrac{\ln 2022}{2021} < \dfrac{\ln 2021}{2020}$，即 $b > c$.

4. 借助函数 $y = e^x - (x+1)$ 比较大小

事实上不等式 $e^x \geqslant x+1$, $x-1 \geqslant \ln x$ ($x>0$), 也称单切线放缩: 直线 $y = x+1$ 与曲线 $y = e^x$ 在点 $(0, 1)$ 处相切, 且在曲线的下方; 直线 $y = x-1$ 与曲线 $y = \ln x$ 在点 $(1, 0)$ 处相切, 且在曲线的上方.

例6 判断 $a = e^{0.02}$, $b = 1.01^2$, $c = \ln 2.02$ 大小.

$a = e^{0.02} > e^0 = 1$, $b = 1.01^2 > 1.01^0 = 1$, 因为 $\ln 1 < \ln 2.02 < \ln e$, 即 $0 < c < 1$. 所以 $a > c$, $b > c$. 对于 a, b 而言, $a = e^{0.02} = (e^{\frac{1}{100}})^2$, 令 $f(x) = e^x - (x+1)$, 易知 $f(x)$ 在 $(0, 1)$ 上单调递增, 所以 $f\left(\frac{1}{100}\right) > f(0) = 0$, 即 $e^{\frac{1}{100}} > 1 + \frac{1}{100}$, $(e^{\frac{1}{100}})^2 > \left(1 + \frac{1}{100}\right)^2$, 即 $a > b$.

三、从待证式的角度去"构造"

比较典型的是: 设 x, y, z 为正数, 且 $2^x = 3^y = 5^z$, 则比较 $2x$, $3y$, $5z$ 的大小. 通过观察待证式, 构造与 $2x$, $3y$, $5z$ 相关的代数式, 例如: $2^x = 3^y$, $(2^x)^6 = (3^y)^6$, $8^{2x} = 9^{3y}$, 得 $2x > 3y$; $2^x = 5^z$, $(2^x)^{10} = (5^z)^{10}$, $32^{2x} = 25^{5z}$, 得 $2x < 5z$. 所以 $3y < 2x < 5z$. 此外, 也可这样构造: 设 $2^x = 3^y = 5^z = t$, 因为 $2^x > 2^0 = 1$, 所以 $t > 1$. 两边取对数得 $x\ln 2 = y\ln 3 = z\ln 5 = \ln t$, 则 $2x = \frac{2\ln t}{\ln 2} = \frac{4\ln t}{\ln 4}$, $3y = \frac{3\ln t}{\ln 3}$, $5z = \frac{5\ln t}{\ln 5}$, $\ln t > 0$, 设 $f(x) = \frac{x}{\ln x}$ ($x > 0$), 则转化为 $2x = f(4)\ln t$, $3y = f(3)\ln t$, $5z = f(5)\ln t$, 只需比较 $f(3)$, $f(4)$, $f(5)$ 的大小. $f'(x) = \frac{\ln x - 1}{(\ln x)^2}$, 易知 $f(x)$ 在 $(e, +\infty)$ 上单调递增. 而 $e < 3 < 4 < 5$, 所以 $f(3) < f(4) < f(5)$, 即 $3y < 2x < 5z$.

1. 全部构造

如果从待证式中找不到可构造的母函数, 就用最基本的作差法或作商法去构造.

例7 比较 $a = 2\ln 1.01$, $b = \ln 1.02$, $c = \sqrt{1.04} - 1$ 的大小.

$a = 2\ln 1.01 = \ln 1.01^2 = \ln 1.0201 > \ln 1.02$, 即 $a > b$; 对于 a 与 c, $a = 2\ln(1 + 0.01)$, $c = \sqrt{1 + 0.04} - 1$, 令 $f(x) = 2\ln(1 + x) - \sqrt{1 + 4x} + 1$, $0 \leqslant x < 1$, $f'(x) = \frac{2}{1+x} - \frac{2}{\sqrt{1+4x}}$, 因为 $(1 + 4x) - (1 + x)^2 = x(2 - x) \geqslant 0$, 所以 $f'(x) \geqslant 0$, $f(x)$ 在 $[0, 1)$ 上单调递增, 所以 $f(0.01) > f(0) = 0$, 即 a

$>c$；对于 b 与 c，$b = \ln(1 + 0.02)$，$c = \sqrt{1 + 0.04} - 1$，令 $g(x) = \sqrt{1 + 2x} - 1 - \ln(1 + x)$，$0 \leqslant x < 1$，$g'(x) = \dfrac{1}{\sqrt{1 + 2x}} - \dfrac{1}{1 + x}$，而 $(1 + x)^2 - (1 + 2x)$ $= x^2 \geqslant 0$，所以 $g'(x) \geqslant 0$，$g(x)$ 在 $[0, 1)$ 上单调递增，所以 $g(0.02) > g(0) = 0$，即 $c > b$.

评析： 要构造母函数，需要对待证式进行一定的变形，如 $a = (\sqrt{2} + 1)$ $f(\sqrt{2})$，$b = f(2)$，$c = \dfrac{1}{2} f(3)$，变形为 $a = \dfrac{f(\sqrt{2})}{\sqrt{2} - 1}$，$b = \dfrac{f(2)}{2 - 1}$，$c = \dfrac{f(3)}{3 - 1}$，可构造 $g(x) = \dfrac{f(x)}{x - 1}$.

2. 部分构造

例8 比较 $a = \sin 4$，$b = \log_5 3$，$c = \lg 6$，$d = e^{0.01}$ 的大小.

因为 $\pi < 4 < \dfrac{3\pi}{2}$，所以 4 是第三象限角，$a = \sin 4 < 0$；$d = e^{0.01} > e^0 = 1$，而 $\log_5 1 < \log_5 3 < \log_5 5$，$\lg 1 < \lg 6 < \lg 10$，所以 $0 < b < 1$，$0 < c < 1$. 下面比较 b 与 c 的大小. 观察 $\log_5 3$ 与 $\lg 6$，$\log_5 3 = \log_{5 \times 1} 3 \times 1$，$\lg 6 = \log_{5 \times 2} 3 \times 2$，设 $f(x) = \log_{5x} 3x$ $(x \geqslant 1)$，则 $b = \log_5 3 = f(1)$，$c = \lg 6 = f(2)$，因为 $f'(x) = (\log_{5x} 3x)'$ $= \left(\dfrac{\ln 3x}{\ln 5x}\right)' = \dfrac{\ln 5x - \ln 3x}{x(\ln 5x)^2} > 0$，所以 $f(x)$ 在 $[1, +\infty)$ 上单调递增，所以 $f(1) < f(2)$，即 $b < c$，故 $a < b < c < d$ 成立.

评析： 此题中利用构造函数法解决了 b 与 c 的大小比较，但显然构造函数法并非唯一解法，由于 $3^4 < 5^3$，$6^4 > 10^3$，两边同时取对数可得 $4\log_5 3 < 3$，$4\lg 6 > 3$，所以 $0 < \log_5 3 < \dfrac{3}{4}$，$\dfrac{3}{4} < \lg 6 < 1$，进而有 $0 < b < c < 1$.

复合函数的图象对称问题

已知函数 $y = f(ax + b)$ $(a > 1, b > 0)$ 的图象关于直线 $x = m$ $(m > 0)$ 对称.

方法一: 令 $F(x) = f(ax + b)$, 则 $F(x + m) = F(-x + m)$, 即 $f[a(m + x) + b] = f[a(m - x) + b]$, $f(ax + am + b) = f(-ax + am + b)$, 以 x 代换 ax 可得 $f(x + am + b) = f(-x + am + b)$, 所以函数 $y = f(x)$ 的图象关于直线 $x = am + b$ 对称.

方法二: 将 $y = f(ax + b)$ 的图象向右平移 $\frac{b}{a}$ 个单位长度, 得 $y = f\left[a\left(x - \frac{b}{a}\right) + b\right] = f(ax)$, 再将所得函数 $y = f(ax)$ 的横坐标伸长到原来的 a 倍 (纵坐标不变), 即 $y = f\left(\frac{1}{a} \cdot ax\right) = f(x)$, 相应的对称轴 $x = m$ $(m > 0)$ 也向右平移 $\frac{b}{a}$ 个单位长度, 得 $x = m + \frac{b}{a}$, 横坐标也相应地伸长到原来的 a 倍 (纵坐标不变), 即 $x = a\left(m + \frac{b}{a}\right) = am + b$.

特殊地, 若 $f(ax + b)$ 是偶函数, 则 $f(x)$ 的图象关于直线 $x = b$ 对称.

同理, 已知函数 $y = f(ax + b)$ $(a > 1, b > 0)$ 的图象关于点 $(m, 0)$ $(m > 0)$ 对称.

方法一: 令 $F(x) = f(ax + b)$, 则 $F(x + m) = -F(-x + m)$, 即 $f[a(m + x) + b] = -f[a(m - x) + b]$, $f(ax + am + b) = -f(-ax + am + b)$, 以 x 代换 ax 可得 $f(x + am + b) = -f(-x + am + b)$, 所以函数 $y = f(x)$ 的图象关于点 $(am + b, 0)$ 对称.

方法二: 将 $y = f(ax + b)$ $(a > 1, b > 0)$ 的图象向右平移 $\frac{b}{a}$ 个单位长度, 得 $y = f\left[a\left(x - \frac{b}{a}\right) + b\right] = f(ax)$, 再将所得函数 $y = f(ax)$ 的横坐标伸长到原

来的 a 倍（纵坐标不变），即 $y = f\left(\dfrac{1}{a} \cdot ax\right) = f(x)$，相应的对称点的横坐标 x $= m$（$m > 0$）也向右平移 $\dfrac{b}{a}$ 个单位长度，得 $x = m + \dfrac{b}{a}$，横坐标也相应地伸长到原来的 a 倍（纵坐标不变），即 $x = a\left(m + \dfrac{b}{a}\right) = am + b$，即函数 $y = f(x)$ 的图象关于点 $(am + b,\ 0)$ 对称.

特殊地，若 $f(ax + b)$ 是奇函数，则函数 $f(x)$ 的图象关于点 $(b,\ 0)$ 对称.

一、函数 $f(ax + b)$ 的图象关于直线、点对称

例 1 已知函数 $f(2x + 1)$ 的图象关于直线 $x = 1$ 对称，函数 $f(x + 1)$ 的图象关于点 $(1,\ 0)$ 对称，则下列说法一定正确的是（　　）.

A. $f(1) = 0$ 　　　　　　　　 B. $f(1 - x) = f(1 + x)$

C. $f(x)$ 的周期为 2 　　　　　 D. $f(x) = f\left(\dfrac{3}{2} - x\right)$

由于 $f(2x + 1)$ 的图象关于直线 $x = 1$ 对称，将 $f(2x + 1)$ 的图象向右平移 $\dfrac{1}{2}$ 个单位长度后，再将其横坐标伸长到原来的 2 倍，可得 $f(x)$ 的图象关于直线 $x = 2\left(1 + \dfrac{1}{2}\right) = 3$ 对称；又 $f(x + 1)$ 的图象关于点 $(1,\ 0)$ 对称，同理可得 $f(x)$ 的图象关于点 $(2,\ 0)$ 对称. 由双对称函数的性质，得 $f(x)$ 的周期为 4（$3 - 2$）$= 4$，故选项 C 错误. 由 $f(x)$ 的图象关于直线 $x = 3$ 对称，得 $f(3 - x) = f(3 + x)$，以 $2 - x$ 代换 x，可得 $f(1 + x) = f(5 - x) = f(1 - x)$，则直线 $x = 1$ 为 $f(x)$ 的图象的一条对称轴，但不能确定 $f(1) = 0$ 是否成立，故 A，D 错误，B 正确.

二、函数 $f(ax + b)$ 与其导函数 $f'(ax + b)$ 之间的转化

例 2 已知函数 $f(x)$ 及其导函数 $f'(x)$ 的定义域均为 $\mathbf{R}$，且 $f(5x + 2)$ 是偶函数，记 $g(x) = f'(x)$，$g(x + 1)$ 也是偶函数，则 $f'(2022)$ 的值为_____.

因为 $f(5x + 2)$ 是偶函数，$f(-5x + 2) = f(5x + 2)$，两边同时对 x 求导，得 $-5f'(-5x + 2) = 5f'(5x + 2)$，即 $-f'(-5x + 2) = f'(5x + 2)$，所以 $-g(-5x + 2) = g(5x + 2)$，即 $g(x) = -g(-x + 4)$ ①，令 $x = 2$ 可得

g（2）$= -g$（2），g（2）$=0$；因为 g（$x+1$）是偶函数，g（x）$=g$（$-x$ $+2$）②，由①②可得 g（$-x+2$）$= -g$（$-x+4$），即 g（$x+2$）$= -g$（x），所以 g（x）周期 $T=2\times2=4$，所以 f'（2022）$=g$（2022）$=g$（$4\times505+2$）$=g$（2）$=0$.

评析：针对复合函数 $y=f$（$ax+b$）求导 $y'=f'$（$ax+b$）· （$ax+b$）$'=af'$（$ax+b$），类比 $y=f$（x）的求导 $y'=f'$（x）· x'，谁占 x 的位置，就进一步对谁求导.

三、复合函数是偶函数且在给定区间上单调

例 3 已知定义在 **R** 上的函数 f（$x+1$）是偶函数，且在（0，$+\infty$）上单调递增，解不等式 f（$2x$）$>f$（$x+3$）.

偶函数 f（$x+1$）的图象关于 y 轴对称，在（0，$+\infty$）上单调递增，右移 1 个单位长度后 f（x）的图象关于直线 $x=1$ 对称，且在（1，$+\infty$）上单调递增，由 f（$2x$）$>f$（$x+3$），可得 f（$|2x-1|$）$>f$（$|$（$x+3$）$-1|$），所以 $|2x-1|>|$（$x+3$）$-1|$，即（$3x+1$）（$x-3$）>0，解得 $x<-\dfrac{1}{3}$或 $x>3$.

评析：若函数 f（x）的图象是开口向上的，其图象关于垂直于 x 轴的直线对称，那么 x 离对称轴的距离越远，对应 y 的取值就越大，其中 $|2x-1|$表示 $2x$ 距对称轴 $x=1$ 的距离，$|$（$x+3$）$-1|$表示 $x+3$ 距对称轴 $x=1$ 的距离.

变式 已知函数 f（x）的定义域为 **R**，f（$x+2$）为偶函数，对任意 x_1，x_2，当 $2\leqslant x_1<x_2$ 时，$\dfrac{f（x_1）-f（x_2）}{x_1-x_2}>0$，解关于 t 的不等式 f（4^t+2）$<$ f（2^t-4）.

由平移知 f（x）的图象关于直线 $x=2$ 对称，且在（2，$+\infty$）上单调递增，问题可转化为 $|$（4^t+2）$-2|<|$（2^t-4）$-2|$，即 $|4^t|<|2^t-6|$，分解得 $\begin{cases} 2^t\geqslant6, \\ 4^t<2^t-6, \end{cases}$ 或 $\begin{cases} 2^t<6, \\ 4^t<6-2^t, \end{cases}$ 解得 $t<1$.

评析：f（$x+a$）的图象关于直线 $x=0$（y 轴）对称，且在（0，$+\infty$）上单调，通过平移 ［当 $a>0$ 时，函数 f（$x+a$）的图象向右平移 a 个单位长度；当 $a<0$ 时，函数 f（$x+a$）的图象向左平移 $|a|$个单位长度］得到 f（x）的图象关于直线 $x=a$ 对称，且在（a，$+\infty$）上单调.

函数图象关于纵轴对称

若分段函数的两部分函数解析式不相同，且具有关于 y 轴对称的成对对称点，需要先写出一边函数关于 y 轴对称的另一边函数的解析式，则问题转化为：另一边原有函数图象和新写出的对称函数图象有多少个交点.

若两个不同函数图象关于 y 轴有成对的对称点，需要先写出其中一个函数关于 y 轴对称的函数的解析式，则问题转化为：新写出的对称函数图象和已知的另一个函数图象有多少个交点.

一、转化为纵轴同一侧两个图象有多少个交点

例 1 已知函数 $f(x) = \begin{cases} \sin\left(\dfrac{\pi}{2}x\right) - 1, & x < 0, \\ \log_a x \ (a > 0 \text{ 且 } a \neq 1), & x > 0 \end{cases}$ 的图象关于 y 轴对

称的点至少有 3 对，求实数 a 的取值范围.

如图 $2-3$，设 $x > 0$，则 $-x < 0$，$f(-x) = -\sin\left(\dfrac{\pi}{2}x\right) - 1$，令 $g(x) = -\sin\left(\dfrac{\pi}{2}x\right) - 1 \ (x > 0)$，则 $g(x)$ 就是 $f(x)$ 关于 y 轴对称的函数. 原问题等价于 $g(x) = -\sin\left(\dfrac{\pi}{2}x\right) - 1$ 与 $f(x) = \log_a x$ 的图象在 $(0, +\infty)$ 上至少有 3 个交点，只需 $\begin{cases} 0 < a < 1, \\ g(5) < f(5), \end{cases}$ 即 $0 < a < \dfrac{\sqrt{5}}{5}$.

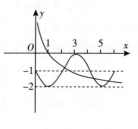

图 $2-3$

变式 已知函数 $f(x) = \begin{cases} \ln x, & x > 0, \\ kx - 3, & x \leqslant 0 \end{cases}$ 的图象上有 2 对关于 y 轴对称的点，求 a 的取值范围.

如图 $2-4$，当 $x>0$ 时，$f(x)=\ln x$ 关于 y 轴对称的函数 $g(x)=\ln(-x)$（$x<0$）．问题转化为 $f(x)=kx-3$ 与 $g(x)=\ln(-x)$ 在 $x<0$ 上有 2 个交点．先求直线与曲线相切的情况．设切点为 $(x_0,\ y_0)$，有 $\begin{cases}k=x_0^{-1},\\ kx_0-3=\ln(-x_0),\end{cases}$ 解得 $k=-e^2$，当 $-e^2<k<0$ 时直线与曲线有 2 个交点．

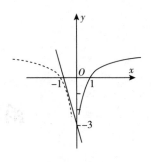

图 $2-4$

评析：例 1 及变式，均为分段函数图象上有关于 y 轴对称的成对对称点．

二、转化为方程有多少个实数根

例 2 已知函数 $f(x)=\dfrac{e(x-1)}{e^x}$，若其存在 2 个关于 y 轴对称的点分别在直线 $y=k(x+1)$（$k\neq0$）和函数 $y=f(x)$ 的图象上，求 k 的取值范围．

函数 $y=k(x+1)$ 关于 y 轴的对称函数为 $y=k(-x+1)$，问题等价于方程 $k(-x+1)=\dfrac{e(x-1)}{e^x}$，即 $(e+ke^x)(x-1)=0$ 在定义域内有解．当 $x=1$ 时恒成立，只需 $k\neq0$；当 $x\neq1$ 时，只需 $e+ke^x=0$，即 $k=-e^{1-x}$，解得 $k<0$ 且 $k\neq-1$．

变式 已知函数 $f(x)$ 是定义在 **R** 上的偶函数，且满足 $f(x)=\begin{cases}-x^2+3x,\ 0\leq x<1,\\ x-2\ln x,\ x\geq1,\end{cases}$ 若关于 x 的方程 $f^2(x)+(a-1)f(x)-a=0$ 有 10 个不同的实数解，求 a 的取值范围．

通过"变形—构造—单调—结论"比较大小．

如图 $2-5$，当 $x\geq1$ 时，$f(x)=x-2\ln x$，则 $f'(x)=1-\dfrac{2}{x}=\dfrac{x-2}{x}$，易知 $f(x)$ 在 $[1,2)$ 上单调递减，在 $(2,+\infty)$ 上单调递增，且 $f(1)=1$，$f(2)=2-2\ln2$．由 $f^2(x)+(a-1)f(x)-a=0$，可得 $[f(x)+a][f(x)-1]=0$，得 $f(x)=-a$，$f(x)=1$，由于等式 $f(x)=1$ 对应 6 个不同的 x 值，则直线 $f(x)=-a$ 只需对应 4 个不同的 x 值，所以 $1<-a<2$ 或 $-a=2-2\ln2$，即 $-2<a<-1$ 或 $a=2\ln2-2$．

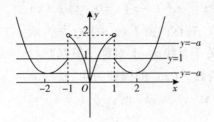

图 2-5

评析：例 2 是两个不同函数图象上有关于 y 轴对称的点；其变式则是一个函数图象本身关于 y 轴对称，需观察待求直线与其相关图象的交点个数.

三、纵轴一侧是一半交点还是全部交点

例 3　已知定义在 **R** 上的偶函数 $f(x)$ 满足：当 $0 \leqslant x \leqslant 1$ 时，$f(x) = -x^3 + 3x - 1$，且 $f(x+1) = f(x-1)$. 若关于 x 的方程 $f(x) = \log_a(|x| + 1)$ $(a > 1)$ 有 8 个不同实根，求 a 的取值范围.

如图 2-6，求导得 $f'(x) = -3x^2 + 3 \geqslant 0$，$f(x)$ 在 $[0,1]$ 上单调递增，又 $f(x)$ 是 **R** 上的偶函数，则 $f(x)$ 在 $[-1,0]$ 上单调递减，由于 $f(x+1) = f(x-1)$，即 $f(x+2) = f(x)$，所以 $f(x)$ 的周期 $T = 2$，且 $f(x)_{\min} = -1$，$f(x)_{\max} = 1$. 函数 $y = \log_a(|x| + 1)$ $(a > 1)$ 是 **R** 上的偶函数，在 $(-\infty, 0]$ 上单调递减，在 $[0, +\infty)$ 上单调递增. 问题转化成 $y = f(x)$ 与 $y = \log_a(|x| + 1)$ $(a > 1)$ 的图象有 8 个交点. 当 $x > 0$ 时有 4 个交点，只需
$$\begin{cases} \log_a 4 < 1, \\ \log_a 6 > 1, \end{cases} \text{解得 } 4 < a < 6.$$

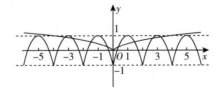

图 2-6

变式　已知定义在 **R** 上的函数 $f(x)$ 满足 $f(x) + f(-x) = 0$，且 $f(x+1)$ 为偶函数，当 $0 \leqslant x \leqslant 1$ 时，$f(x) = \sqrt{x}$，若关于 x 的方程 $|f(x)| + f(|x|) = ax$ 有 4 个不同实根，求 a 的取值范围.

如图 $2-7$，由 $f(x)+f(-x)=0$，得 $f(x)$ 的图象关于点 $(0,0)$ 对称；由 $f(x+1)$ 为偶函数，得 $f(x)$ 的图象关于直线 $x=1$ 对称，根据双对称函数的性质，可得函数 $f(x)$ 的周期为 4. 在一个周期内，当 $-1 \leqslant x \leqslant 3$ 时，$f(x)=$

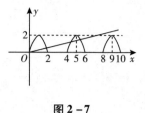

图 $2-7$

$$\begin{cases} -\sqrt{-x}, & -1 \leqslant x < 0, \\ \sqrt{x}, & 0 \leqslant x < 1, \\ \sqrt{2-x}, & 1 \leqslant x < 2, \\ -\sqrt{x-2}, & 2 \leqslant x \leqslant 3, \end{cases}$$
根据函数 $y=f(x)$，$y=$

$|f(x)|$，$y=f(|x|)$ 的图象情况，可知 $g(x)=|f(x)|+f(|x|)$ 为偶函数，且 $g(x)=\begin{cases} 2f(x), & 0+4k \leqslant x < 2+4k, \\ 0, & 2+4k \leqslant x \leqslant 4+4k, \end{cases}$ $k \in \mathbf{Z}$，则直线 $y=ax$ 与 $y=g(x)$ 有 4 个不同交点．当 $a>0$ 时，只需 $\begin{cases} 5a<2, \\ 9a>2, \end{cases}$ 得 $\dfrac{2}{9}<a<\dfrac{2}{5}$；同理当 $a<0$ 时，$-\dfrac{2}{5}<a<-\dfrac{2}{9}$．

评析： 例 3 中关于 x 的方程 $f(x)=\log_a(|x|+1)$ $(a>1)$ 有 8 个不同实根，由于 $y=f(x)$ 与 $y=\log_a(|x|+1)$ 两者本身都是偶函数，故在 y 轴两边各有 4 个不同交点，是在同一条件 $(a>1)$ 下的一种情况．其变式中关于 x 的方程 $|f(x)|+f(|x|)=ax$ 有 4 个不同实根，由于 $y=|f(x)|+f(|x|)$ 是偶函数，$y=ax$ 是奇函数，故在 y 轴两边也各有 4 个不同交点，是在两种不同条件 $(a>0，a<0)$ 下的两种不同情况．

函数图象关于点对称

如果函数 $f(x)$ 的图象关于点 (a, b) 对称，且图象是连续的，则点 (a, b) 在 $f(x)$ 的图象上有 $b = f(a)$，并且满足 $f(-x + a) + f(x + a) = 2b$，$f(-x) + f(x + 2a) = 2b$，$f(-x + 2a) + f(x) = 2b$.

如果函数 $f(x)$ 与 $g(x)$ 的图象关于点 (a, b) 对称，那么 $f(x)$ 图象上的任意一点 $P(x, y)$ 关于点 (a, b) 的对称点 $Q(2a - x, 2b - y)$ 在 $g(x)$ 的图象上．

注：如果一个函数的图象本身关于某点对称，则称该函数成中心对称图形；如果两个不同的函数图象关于某点对称，则称该两个函数成中心对称．

一、已知对称中心求值

例 1 定义域为 **R** 的函数 $f(x)$ 满足 $f\left(x + \dfrac{3}{2}\right) = -f(x)$，且图象关于点 $\left(\dfrac{3}{4}, 0\right)$ 成中心对称，则 $f(1) + f\left(\dfrac{7}{2}\right) =$ _____ .

由 $f\left(x + \dfrac{3}{2}\right) = -f(x)$，知 $f(x)$ 的周期 $T = 3$；又 $f(x)$ 的图象关于点 $\left(\dfrac{3}{4}, 0\right)$ 对称，得 $f\left(x + \dfrac{3}{2}\right) = -f(-x)$，则 $f(-x) = f(x)$，$f(x)$ 为偶函数，$f\left(\dfrac{7}{2}\right) = f\left(\dfrac{7}{2} - 3\right) = f\left(\dfrac{1}{2}\right) = f\left(-1 + \dfrac{3}{2}\right) = -f(1)$，所以 $f(1) + f\left(\dfrac{7}{2}\right) = 0$.

变式 （多选）已知三次函数 $f(x) = ax^3 + bx^2 + cx - 1$，若函数 $g(x) = f(-x) + 1$ 的图象关于点 $(1, 0)$ 对称，且 $g(-2) < 0$，则下列结论正确的是（ ）．

A. $a < 0$ B. $g(x)$ 有 3 个零点

C. $f(x)$ 的对称中心是 $(-1, 0)$ D. $12a - 4b + c < 0$

由 $g(x) = -ax^3 + bx^2 - cx$，$g(x) + g(2 - x) = 0$，可得 $(3a - b)x^2 +$

$2(b-3a)x+4a-2b+c=0$ 对 $x\in\mathbf{R}$ 恒成立，所以 $\begin{cases}3a=b,\\4a+c=2b,\end{cases}$ 可得 $b=3a$，$c=2a$，故 $g(x)=-ax(x-1)(x-2)$，$g(-2)=24a<0$，即 $a<0$，故 A 正确；由 $g(x)=0$ 得 $-ax(x-1)(x-2)=0$，解得 $x=0$，$x=1$，$x=2$，故 $g(x)$ 有 3 个零点，故 B 正确；由 $g(x)+g(2-x)=0$ 得 $f(-x)+1+f(x-2)+1=0$，则 $f(-x)+f(x-2)=-2$，所以 $f(x)$ 的图象关于 $(-1,-1)$ 对称，故 C 错误；由选项 A 知 $b=3a$，$c=2a$，所以 $12a-4b+c=12a-12a+2a=2a<0$，故 D 正确.

二、寻找对称中心

例 2 已知函数 $f(x)=e^{x-1}-e^{1-x}+\dfrac{2}{\pi}\sin\pi x$，实数 a 满足不等式 $f(2a)+f(a-1)>0$，求 a 的取值范围.

根据 $1-x$ 与 $x-1$ 的特点，用 $2-x$ 换 x，得 $f(2-x)=e^{1-x}-e^{x-1}+\dfrac{2}{\pi}\sin(2\pi-\pi x)=-e^{x-1}+e^{1-x}-\dfrac{2}{\pi}\sin\pi x=-f(x)$，$f(x)$ 的图象关于 $(1,0)$ 对称，又 $f'(x)=e^{x-1}+e^{1-x}+2\cos\pi x\geq2\sqrt{e^{x-1}\cdot e^{1-x}}+2\cos\pi x=2(1+\cos\pi x)\geq0$，当且仅当 $1-x=x-1$，即 $x=1$ 时等号成立，所以 $f(x)$ 在 $(-\infty,+\infty)$ 上单调递增，则 $f(2a)+f(a-1)>0$ 可化为 $f(2a)>-f(a-1)=f(3-a)$，$2a>3-a$，解得 $a>1$.

变式 已知函数 $f(x)$，$g(x)$ 的定义域均为 $\mathbf{R}$，且 $f(x)+g(2-x)=5$，$g(x)-f(x-4)=7$. 若 $g(x)$ 的图象关于直线 $x=2$ 对称，$g(2)=4$，则 $\displaystyle\sum_{k=1}^{22}f(k)$ _____．

因为 $g(x)$ 的图象关于直线 $x=2$ 对称，所以 $g(2-x)=g(2+x)$，由 $g(x)-f(x-4)=7$，得 $g(x+2)-f(x-2)=7$，即 $g(x+2)=7+f(x-2)$ ①，因为 $f(x)+g(2-x)=5$，所以 $f(x)+g(x+2)=5$ ②，把①代入②得 $f(x)+7+f(x-2)=5$，$f(x)+f(x-2)=-2$，同样 $f(x)+f(x+2)=-2$. 可知：$f(3)+f(5)+f(7)+\cdots+f(21)=(-2)\times5=-10$，$f(4)+f(6)+f(8)+\cdots+f(22)=(-2)\times5=-10$. 前 22 项中还差 $f(1)$ 与 $f(2)$ 的值. 由 $f(x)+g(2-x)=5$，知 $f(0)+g(2)=5$，即 $f(0)=1$；由 $f(x)+f(x-2)=-2$，得 $f(2)=-2-f(0)=-3$. 因为 $g(x)-f(x-4)=7$，所以 $g(x+4)-f(x)=7$. 又因

为 $f(x) + g(2-x) = 5$，联立得 $g(2-x) + g(x+4) = 12$，所以 $y = g(x)$ 的图象关于点 $(3, 6)$ 对称，因为 $g(x)$ 的定义域为 $\mathbf{R}$，图象是连续的，所以 $g(3) = 6$. 由 $f(x) + g(x+2) = 5$，得 $f(1) = 5 - g(3) = -1$. 故待求式 $\sum_{k=1}^{22} f(k) = -1 - 3 - 20 = -24$.

三、转化为对称中心

例3 过点 $P(0, 1)$ 作直线 l，使它被直线 $l_1: 2x + y - 8 = 0$ 和直线 $l_2: x - 3y + 10 = 0$ 截得的线段被点 P 平分，求直线 l 的方程.

设直线 l_1 与直线 l 的交点为 $A(a, 8-2a)$，则点 A 关于点 P 的对称点 $B(-a, 2a-6)$ 在直线 l_2 上，代入直线 l_2 的方程得 $-a - 3(2a-6) + 10 = 0$，解得 $a = 4$，即点 $A(4, 0)$ 在直线 l 上，因为 $P(0, 1)$ 也在直线 l 上，可得直线 l 的方程为 $x + 4y - 4 = 0$.

变式 已知函数 $f(x) = \begin{cases} 2x^2 + 4x + 1, & x < 0, \\ \dfrac{2}{e^x}, & x \geq 0, \end{cases}$

则 $f(x)$ $(x \in \mathbf{R})$ 的图象上关于坐标原点 O 对称的点共有 _____ 对.

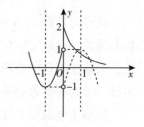

图 2 - 8

如图 2 - 8，问题等价于求当 $x < 0$ 时，$f(x) = 2x^2 + 4x + 1$ 关于原点对称的函数图象与 $y = \dfrac{2}{e^x}$ 的图象在 $x > 0$ 一侧的交点个数. 由图象知交点有 2 个，则所求对称点有 2 对.

四、一元三次函数图象的对称中心

例4 若函数 $f(x) = 2x^3 - 6x^2 + 3x + 2 + 2013\sin(x-1)$，则 $f(-2011) + f(-2010) + \cdots + f(2012) + f(2013)$ 的值为 _____.

一元三次函数图象都有对称中心 $(x_0, f(x_0))$，其中该点的横坐标为二阶导函数的零点，即 $f''(x) = 0$ 的实数根 x_0，纵坐标是当 $x = x_0$ 时函数 $f(x)$ 的值. $f'(x) = 6x^2 - 12x + 3 + 2013\cos(x-1)$，$f''(x) = 12x - 12 - 2013\sin(x-1)$，由 $f''(x) = 0$ 得 $x = 1$，所以 $f(1) = 2 - 6 + 3 + 2 = 1$，即 $f(x)$ 的图象关于点 $(1, 1)$ 对称，则 $f(-2011) + f(2013) = 2$，$f(-2010) + f(2012) = 2$，$\cdots$，$f(0) + f(2) = 2$，原式 $= 2 \times 2012 + f(1) = 4025$.

抽象函数的几种解法

抽象函数，是指没有具体地给出解析式，只给出它的一些特征或性质的函数．抽象函数问题将基本初等函数的性质和图象集于一身，进而全面考查学生对基本初等函数概念和性质的理解．

一、赋值法

通过对变量 x，y 赋予恰当的数值或代数式，再经过合适的运算或推理得到相关结论，这就是赋值法．可以借此来判断抽象函数的单调性、奇偶性、周期性，求抽象函数的特殊值，确定抽象函数的解析式，或利用判断出的结论进一步解一个含有参数的不等式．

赋值主要有以下几个方面的应用：

（1）求解抽象函数的函数值，可令 x 等于 -2，-1，0，1，2 等特殊值．

（2）判定抽象函数的单调性，可令 $x=x_1$，$y=x_2$ 或 $y=\dfrac{1}{x_2}$，且 $x_1<x_2$.

（3）判定抽象函数的奇偶性，可令 $y=-x$.

（4）确定抽象函数的周期，可用 $x+T$ 换 x.

（5）确定抽象函数的解析式，可令 $y=x$，用 $\dfrac{1}{x}$ 换 x，用 $-x$ 换 x，将 x 分解成 $\dfrac{x}{2}+\dfrac{x}{2}$ 等．

一般地，抽象函数所满足的关系式，应看作给定的运算法则，则变量的赋值或变量及数值的分解与组合，都应尽量与已知式或所给关系式及所求的结果相关联．

例 1　（多选）已知定义在 $\mathbf{R}$ 上的函数 $f(x)$，对于 $\forall x$，$y\in\mathbf{R}$ 都有 $f(x+y)+f(x-y)=2f(x)f(y)$，且 $f(0)\neq0$. 若存在正数 t，使得 $f(t)=0$，则下列结论中正确的是（　　）．

A.$f(0)=1$ B.$f^2\left(\dfrac{t}{2}\right)=\dfrac{1}{4}$

C.$f(x)$ 为偶函数   D.$f(x)$ 为周期函数

令 $x=y=0$，则 $2f(0)=2f^2(0)$，因为 $f(0)\neq0$，故 $f(0)=1$，故 A 正确；令 $x=y=\dfrac{t}{2}$，则 $f(t)+f(0)=2f^2\left(\dfrac{t}{2}\right)$，因为 $f(0)=1$，$f(t)=0$，故 $f^2\left(\dfrac{t}{2}\right)=\dfrac{1}{2}$，故 B 错误；令 $x=0$，$y=x$，则有 $f(x)+f(-x)=2f(x)$，即 $f(-x)=f(x)$，故 $f(x)$ 为偶函数，故 C 正确；对于 $\forall x\in\mathbf{R}$，令 $y=t$，则 $f(x+t)+f(x-t)=2f(x)f(t)=0$，即 $f(x+t)+f(x-t)=0$，化为 $f(x+2t)=-f(x)$，$f(x)$ 以 $4t$ 为周期，D 正确.

二、构造函数法

多以函数与不等式为载体，考查学生对导数的灵活应用，问题的关键点在于利用好已知条件中抽象函数的特征，考虑用构造函数法将原函数和它的导函数相结合，使抽象函数问题具体化.

例 2 设函数 $f(x)$ 在 $\mathbf{R}$ 上存在导数 $f'(x)$，$\forall x\in\mathbf{R}$，有 $f(-x)+f(x)=x^2$，在 $(0,+\infty)$ 上 $f'(x)<x$，若 $f(4-m)-f(m)\geqslant8-4m$，求 m 的取值范围.

构造 $g(x)=f(x)-\dfrac{1}{2}x^2$，则 $g(x)+g(-x)=f(x)-\dfrac{1}{2}x^2+f(-x)-\dfrac{1}{2}(-x)^2=0$，所以 $g(x)$ 为奇函数，又 $g'(x)=f'(x)-x<0$，$g(x)$ 在 $(0,+\infty)$ 上单调递减，根据奇函数的性质，$g(x)$ 在 $\mathbf{R}$ 上单调递减，原不等式可转化为 $f(4-m)-\dfrac{1}{2}(4-m)^2\geqslant f(m)-\dfrac{1}{2}m^2$，即 $g(4-m)\geqslant g(m)$，进而求解.

三、数形结合策略

虽然抽象函数没有给出具体的解析式，但可利用它的性质（单调性、奇偶性、周期性、对称性等）画出草图，利用数形结合思想直接解决问题.

例 3 （多选）已知函数 $f(x-1)$ 的图象关于直线 $x=-1$ 对称，且对 $\forall x\in\mathbf{R}$ 有 $f(x)+f(-x)=4$，当 $x\in(0,2]$ 时，$f(x)=x+2$，则下列结论中正确的是（　　）.

A. $f(x)$ 的周期 $T=8$ B. $f(x)$ 的最大值为 4

C. $f(2021)=2$ D. $f(x+2)$ 为偶函数

根据平移知 $f(x)$ 的图象关于直线 $x=-2$ 对称. 由题意知 $f(x)$ 的图象关于点 $(0,2)$ 对称. 由双对称函数的性质知，$f(x)$ 的周期 $T=8$，故 A 正确；由双对称函数的性质知 $x=2$ 也是 $f(x)$ 的对称轴，所以 $f(x)_{\max}=f(2)=4$，故 B 正确；根据周期性及对称性，知 $f(2021)=f(8\times252+5)=f(5)=f(-1)=4-f(1)=1$，故 C 错误；由 $f(x)$ 的图象关于直线 $x=2$ 对称，知 $f(x+2)$ 的图象关于直线 $x=0$ 对称，故 D 正确.

评析： 抽象函数问题虽然没有给出具体函数解析式，但给出了函数的相关性质，根据性质就能画出其草图，图象可以为解决问题提供更加"形象化"的思路.

四、逆用定义解不等式

1. 直接判断出"奇偶性"和"单调性"

例 4 已知函数 $f(x)=x^2(e^x+e^{-x})-(2x+1)^2(e^{2x+1}+e^{-2x-1})$，解不等式 $f(x)>0$.

根据同构，$x^2(e^x+e^{-x})>(2x+1)^2(e^{2x+1}+e^{-2x-1})$，令 $g(x)=x^2(e^x+e^{-x})$，则 $g(x)>g(2x+1)$. 由于 $g(x)$ 为偶函数，在 $[0,+\infty)$ 上单调递增，不等式可化为 $g(|x|)>g(|2x+1|)$，$|x|>|2x+1|$，进而解出答案 $\left\{x\mid -1<x<-\dfrac{1}{3}\right\}$.

评析： 本题尽管给出了函数 $f(x)$ 的解析式，却没有直接参与解不等式运算，而是以同构的方式转移到函数 $g(x)$ 上，借助 $g(x)$ 的奇偶性和单调性解决问题.

2. 直接判断出"对称轴"和"对称中心"

例 5 已知函数 $f(x)$ ($x\in \mathbf{R}$) 满足 $f(-x)=2-f(x)$，若函数 $y=\dfrac{x+1}{x}$ 与 $y=f(x)$ 图象的交点为 (x_1,y_1)，(x_2,y_2)，$\cdots$，(x_m,y_m)，求 $\displaystyle\sum_{i=1}^{m}(x_i+y_i)$ 的值.

由 $f(-x)=2-f(x)$ 知 $f(-x)+f(x)=2$，$f(x)$ 的图象关于点 $(0,1)$ 对称，而 $y=\dfrac{x+1}{x}$ 可化为 $y-1=\dfrac{1}{x-0}$，其图象也关于点 $(0,1)$ 对称，且两者图象交点个数为偶数，所以有 $x_1+x_m=x_2+x_{m-1}=\cdots=0$，$y_1+y_m=y_2+$

$y_{m-1} = \cdots = 2$，所以待求式 $= \dfrac{m}{2}(0+2) = m.$

五、类比初等函数模型

将抽象函数有形化，不失为一种有效的解决途径．通常，抽象函数的形式可类比初等函数模型：幂函数 $f(xy) = f(x) f(y)$，正比例函数 $f(x+y) = f(x) + f(y)$，对数函数 $f(x) + f(y) = f(xy)$，指数函数 $f(x+y) = f(x)f(y)$，三角函数 $f(x+y) + f(x-y) = 2f(x) f(y)$（此时 $f(x) = \cos x$），周期为 n 的周期函数 $f(x) = f(x+n)$ 等．

例6 （多选）函数 $f(x)$ 的定义域为 **R**，且 $f(x+y) = f(x) + f(y) + 1$，$f(1) = 0$，则下列结论中正确的是（　　）．

A. $f(0) = -1$ B. $f(x)$ 有最小值

C. $f(2024) = 2023$ D. $f(x) + 1$ 是奇函数

抽象函数一般是由常见、具体的函数演绎而来的，解题时根据题设中已知的运算规则类比基本初等函数模型就能将问题具体化，本题由 $f(m+n) = f(m) + f(n)$ 可知 $f(x)$ 是一次函数 $f(x) = kx + b$ （$k \neq 0$）的模型．不妨令 $f(x) = x - 1$，可得 A，C，D 正确．

取整函数的求值

函数 $f(x) = [x]$ 称为高斯函数，其中 $x \in \mathbf{R}$，$[x]$ 表示不超过 x 的最大整数，例如：$[-3.5] = -4$，$[-1.1] = -2$，$[0.23] = 0$，$[3] = 3$.

一、取整函数在方程、不等式中的应用

例1　求方程 $[2x+1] + [x] = 4x$ 的所有解之和.

由 $2x < [2x+1] \leqslant 2x+1$，$x-1 < [x] \leqslant x$，得 $3x-1 < [2x+1] + [x] \leqslant 3x+1$，即 $3x-1 < 4x \leqslant 3x+1$，得 $-1 < x \leqslant 1$. 则当 $x=1$ 时，$3+1 = 4 \times 1$；当 $x = \dfrac{1}{2}$ 时，$2+0 = 4 \times \dfrac{1}{2}$；当 $x = \dfrac{1}{4}$ 时，$1+0 = 4 \times \dfrac{1}{4}$；当 $x = -\dfrac{1}{4}$ 时，$0 + (-1) = 4 \times \left(-\dfrac{1}{4}\right)$. 故方程的解为 1，$\dfrac{1}{2}$，$\pm\dfrac{1}{4}$，其和为 $1 + \dfrac{1}{2} + \dfrac{1}{4} - \dfrac{1}{4} = \dfrac{3}{2}$.

变式　方程 $[x+1] = 2$ 的解集为 A，若 $x \in A$，正数 a，b 满足 $a + b = [x]$，求 $\dfrac{1}{a} + \dfrac{1}{b}$ 的最小值.

解方程 $[x+1] = 2$，可得 $2 \leqslant x+1 < 3$，即 $A = \{x \mid 1 \leqslant x < 2\}$，因为 $x \in A$，$a + b = [x]$，所以 $a + b = 1$，即 $\dfrac{1}{a} + \dfrac{1}{b} = \left(\dfrac{1}{a} + \dfrac{1}{b}\right)(a+b) = 2 + \left(\dfrac{b}{a} + \dfrac{a}{b}\right)$，利用基本不等式可求得最小值为 4.

二、取整函数求值域

例2　已知函数 $f(x) = \dfrac{2^{x+1}}{2^x+1} - \dfrac{1}{3}$，求函数 $y = [f(x)]$ 的值域.

函数 $f(x) = \dfrac{2^{x+1}}{2^x+1} - \dfrac{1}{3} = \dfrac{2 \cdot 2^x + 2 - 2}{2^x+1} - \dfrac{1}{3} = \dfrac{5}{3} - \dfrac{2}{1+2^x}$，因为 $1 + 2^x > 1$，

所以 $-2 < -\dfrac{2}{1+2^x} < 0$，所以 $-\dfrac{1}{3} < \dfrac{5}{3} - \dfrac{2}{1+2^x} < \dfrac{5}{3}$，$f(x)$ 的值域为

$\left(-\dfrac{1}{3}, \dfrac{5}{3}\right)$．分类讨论：当 $-\dfrac{1}{3} < f(x) < 0$ 时，$y = [f(x)] = -1$；当 $0 \leqslant$

$f(x) < 1$ 时，$y = [f(x)] = 0$；当 $1 \leqslant f(x) < \dfrac{5}{3}$ 时，$y = [f(x)] = 1$．故

所求值域是 $\{-1, 0, 1\}$．

变式 当 $x \in (-3.5, 7]$ 时，求函数 $y = \left[\dfrac{x-1}{3}\right]$ 的值域．

因为 $x \in (-3.5, 7]$，所以 $-1.5 < \dfrac{x-1}{3} \leqslant 2$．分类讨论：当 $\dfrac{x-1}{3}$ 在

$(-1.5, -1)$，$[-1, 0)$，$[0, 1)$，$[1, 2)$ 内及等于 2 时，$\left[\dfrac{x-1}{3}\right] = -2$，

$-1, 0, 1, 2$，故值域为 $\{-2, -1, 0, 1, 2\}$．

三、取整函数与零点

例3 设 x_0 为函数 $f(x) = \log_2 x - \dfrac{3}{x} - 1$ 的零点，则 $[x_0] = $ _____．

因为 $f(3) = \log_2 3 - 2 < 0$，$f(4) = \log_2 4 - 1 - \dfrac{3}{4} > 0$，所以 $f(3) \cdot$

$f(4) < 0$，所以 $3 < x_0 < 4$，所以 $[x_0] = 3$．

变式 函数 $\mathrm{int}(x)$ 是计算机程序中一个重要函数，它表示不超过 x 的最大整数，例如 $\mathrm{int}(2.4) = 2$，$\mathrm{int}(-3.9) = -4$．已知函数 $f(x) = \begin{cases} x - \mathrm{int}(x), & x \geqslant 0, \\ \log_a(-x), & x < 0 \end{cases}$ $(a > 0$，且 $a \neq 1)$，若 $f(x)$ 的图象上恰有 3 对点关于原点对称，求 a 的取值范围．

如图 2-9，要使 $f(x)$ 的图象上恰有 3 对点关于原点对称，只需函数 $f(x) = \log_a(-x)$ $(x < 0)$ 关于原点对称的函数 $y = -\log_a x = \log_{a^{-1}} x$ 与 $y = x - \mathrm{int}(x)$ 的图象在 $x > 0$ 上恰有 3 个交点，则

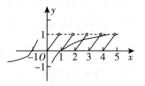

图 2-9

$\begin{cases} 0 < a < 1, \\ \log_{a^{-1}} 4 < 1, \\ \log_{a^{-1}} 5 \geqslant 1, \end{cases}$ 解得 $\dfrac{1}{5} \leqslant a < \dfrac{1}{4}$．

四、取整函数中 $f(x) = x - [x]$ 的应用

例4 如图 2 – 10，用 $\{x\}$ 表示 x 的非负纯小数，即 $\{x\} = x - [x]$. 若函数 $y = \{x\} - 1 + \log_a x$（$a > 0$，且 $a \neq 1$）有且仅有 3 个零点，求实数 a 的取值范围.

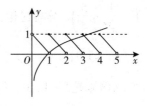

图 2 – 10

原函数有且仅有 3 个零点转化为 $y = \log_a x$ 的图象与函数 $y = 1 - \{x\} = 1 + [x] - x =$

$$\begin{cases} 1 - x, & 0 < x < 1, \\ 2 - x, & 1 \leqslant x < 2, \\ \cdots \end{cases}$$

的图象有且仅有 3 个交点，只需

$$\begin{cases} \log_a 3 \leqslant 1, \\ \log_a 4 > 1, \end{cases}$$ 解得 $3 \leqslant a < 4$.

变式 （多选）设 $[x]$ 表示不超过 x 的最大整数，下列命题正确的是（　　）.

A. 若函数 $f(x) = [x] - x$，则有 $f(x + 1) = f(x)$

B. 若函数 $f(x) = [x] - x$，则 $f(x)$ 的值域为 $(-1, 0]$

C. 当 $x \in [0, \pi]$ 时，方程 $[2\sin x] = \sqrt{2}$ 的解集为 $\left\{ x \mid \dfrac{\pi}{6} \leqslant x \leqslant \dfrac{5\pi}{6} \right\}$

D. 当 $x \in [0, n)$（$n \in \mathbf{N}^*$），设函数 $g(x) = [x]$ 的值域为 A_n，记 A_n 中的元素个数为 a_n，则数列 $\{a_n\}$ 的前 n 项和 $S_n = \dfrac{n(n+1)}{2}$

因为 $f(x) = [x] - x$，所以 $f(x + 1) = [x + 1] - (x + 1) = [x] + 1 - (x + 1) = [x] - x = f(x)$，故 A 正确. 由 A 知 $f(x + 1) = f(x)$，可得 $f(x)$ 的周期 $T = 1$，当 $0 \leqslant x < 1$ 时，$f(x) = [x] - x = 0 - x = -x$，所以 $f(x)$ 的值域为 $(-1, 0]$，故 B 正确. 当 $x \in [0, \pi]$ 时，$0 \leqslant 2\sin x \leqslant 2$，$[2\sin x] = 0, 1, 2$，所以方程 $[2\sin x] = \sqrt{2}$ 无实根，故 C 错误. 由不完全归纳，当 $n = 1$ 时，$x \in [0, 1)$，$[x] = 0$，$a_1 = 1$；当 $n = 2$ 时，$x \in [0, 2)$，$[x] = 0, 1$，$a_2 = 2$；当 $n = 3$ 时，$x \in [0, 3)$，$[x] = 0, 1, 2$，$a_2 = 3$；$\cdots$，所以 $a_n = n$，$S_n = \dfrac{n(n+1)}{2}$，故 D 正确.

一个函数两种形式四个用处

形如 $y - b = \dfrac{k}{x-a}$ $(k \neq 0)$ 的函数图象关于点 (a, b) 对称，当 $k > 0$ 时，函数在 $(-\infty, a)$，$(a, +\infty)$ 上单调递减；当 $k < 0$ 时，函数在 $(-\infty, a)$，$(a, +\infty)$ 上单调递增．特别地，当 $a = b = 0$ 时，函数 $y = \dfrac{k}{x}$ $(k \neq 0)$ 的图象关于原点对称．对于函数 $f(x) = \dfrac{2^x - 1}{2^x + 1}$，很容易判断出 $f(x)$ 为奇函数，但将其化简后 $f(x) = 1 - \dfrac{2}{2^x + 1}$，也能明显地看出 $f(x)$ 在 **R** 上是增函数．此例中的"一奇一增"，却出现在同一函数式的两种不同形式下．

在一类涉及指数、对数的分式型函数中，形如 $y = \dfrac{e^x - e^{-x}}{e^x + e^{-x}}$，$y = \ln \dfrac{2x+1}{2x-1}$ 的函数，在其定义域、奇偶性、单调性、值域方面，往往出现两种形式的变化．

例1 （多选）已知函数 $f(x) = \ln \dfrac{2x+1}{2x-1}$，下列说法正确的是（　　）．

A. $f(x)$ 为奇函数

B. $f(x)$ 为偶函数

C. $f(x)$ 在 $\left(\dfrac{1}{2}, +\infty\right)$ 上单调递减

D. $f(x)$ 的值域为 $(-\infty, 0) \cup (0, +\infty)$

由真数大于 0，得 $f(x)$ 的定义域为 $\left(-\infty, -\dfrac{1}{2}\right) \cup \left(\dfrac{1}{2}, +\infty\right)$，关于原点对称．又 $f(-x) = \ln \dfrac{2x-1}{2x+1} = \ln \left(\dfrac{2x+1}{2x-1}\right)^{-1} = -\ln \dfrac{2x+1}{2x-1} = -f(x)$，所以 $f(x)$ 为奇函数．故 A 正确，B 错误．$f(x) = \ln \dfrac{2x+1}{2x-1} = \ln \left(1 + \dfrac{2}{2x-1}\right)$，因为底数 $e > 1$，$f(x) = \ln \left(1 + \dfrac{2}{2x-1}\right)$ 与 $y = 1 + \dfrac{2}{2x-1}$ (>0) 的单调性相同，由于 $y = 1$

$+\dfrac{2}{2x-1}$（>0）单调递减，所以 $f(x)$ 单调递减，故 C 正确；由于 $f(x)=$ $\ln y$ 中 $y>0$ 且 $y\neq1$，所以 $f(x)\neq0$，故 D 正确.

评析：本题根据形式 $f(x)=\ln\dfrac{2x+1}{2x-1}$，求 $f(x)$ 的定义域，判断奇偶性；根据形式 $f(x)=\ln\left(1+\dfrac{2}{2x-1}\right)$，判断 $f(x)$ 的单调性，求值域.

例2 已知函数 $f(x)=\dfrac{e^x+m}{e^x+1}$，若对任意 x_1，x_2，$x_3\in\mathbf{R}$，总有 $f(x_1)$，$f(x_2)$，$f(x_3)$ 为某一个三角形的边长，求 m 的取值范围.

易知 $f(x_1)+f(x_2)>f(x_3)$ 对任意的 x_1，x_2，$x_3\in\mathbf{R}$ 恒成立，$f(x)=\dfrac{e^x+m}{e^x+1}=1+\dfrac{m-1}{e^x+1}$. ①当 $m>1$ 时，$f(x)$ 是 $\mathbf{R}$ 上的减函数，所以当 $x\to+\infty$时，$f(x)\to1$，当 $x\to-\infty$时，$f(x)\to m$，即 $1<f(x)<m$，所以 $f(x_1)+f(x_2)>2$，$f(x_3)<m$，所以 $m\leqslant2$，即 $1<m\leqslant2$；②当 $m=1$ 时，$f(x)=1$ 是常数函数，则 $f(x_1)+f(x_2)>f(x_3)$ 对任意的 x_1，x_2，$x_3\in\mathbf{R}$ 恒成立；③当 $m<1$ 时，函数 $f(x)$ 是 $\mathbf{R}$ 上的增函数，可得 $m<f(x)<1$，所以 $f(x_1)$ $+f(x_2)>2m$，$f(x_3)<1$，所以 $1\leqslant2m$，即 $\dfrac{1}{2}\leqslant m<1$. 综合上述三种情况可得 $\dfrac{1}{2}\leqslant m\leqslant2$.

评析：根据 $f(x)=\dfrac{e^x+m}{e^x+1}$ 可知定义域为 $\mathbf{R}$；根据 $f(x)=1+\dfrac{m-1}{e^x+1}$ 可判断单调性，但需要对参数 m 进行分类讨论.

通过以上例题可以看出，对于涉及指数、对数的分式型函数：一是考虑等价转换；二是在原式不变的状态下，求得函数的定义域，判断函数的奇偶性；三是将原式进行常数分离，根据复合函数的性质，判断原函数的单调性，进而求得函数的值域.

指对函数中的"同增异减"

一、指数型函数 $y = a^{f(x)}$（$a > 0$ 且 $a \neq 1$）的"同增异减"

表 2-1

$y = a^{f(x)}$	$y = a^{\mu}$	$\mu = f(x)$
↗	↗	↗
	↘	↘
↘	↗	↘
	↘	↗

可归纳为：当 $0 < a < 1$ 时，$y = a^{f(x)}$ 与 $\mu = f(x)$ 的单调性相反；当 $a > 1$ 时，$y = a^{f(x)}$ 与 $\mu = f(x)$ 的单调性相同.

例1 （多选）已知函数 $f(x) = \left(\dfrac{1}{2}\right)^{x^2 + 4x + 3}$，则下列结论中正确的是（ ）.

A. 函数 $f(x)$ 的定义域为 $\mathbf{R}$

B. 函数 $f(x)$ 的值域为 $(0, 2]$

C. 函数 $f(x)$ 在 $[-2, +\infty)$ 上单调递增

D. 函数 $f(x)$ 在 $[-2, +\infty)$ 上单调递减

显然，A 正确；因为 $x^2 + 4x + 3 = (x+2)^2 - 1 \geqslant -1$，又 $y = \left(\dfrac{1}{2}\right)^x$ 在 $\mathbf{R}$ 上单调递减，所以 $\left(\dfrac{1}{2}\right)^{x^2 + 4x + 3} \leqslant \left(\dfrac{1}{2}\right)^{-1}$，即 $0 < f(x) \leqslant 2$，故 B 正确；$y = x^2 + 4x + 3$ 的对称轴为 $x = -2$，其在 $[-2, +\infty)$ 上单调递增，底数 $\dfrac{1}{2} \in (0, 1)$，$f(x) = \left(\dfrac{1}{2}\right)^{x^2 + 4x + 3}$ 的减区间即为 $y = x^2 + 4x + 3$ 的增区间，故 D 正确，C 错误.

变式 若函数 $f(x) = \left(\dfrac{1}{3}\right)^{ax^2-4x+3}$ 有最大值 3，则 $a =$ _____．

底数 $\dfrac{1}{3} \in (0, 1)$，所以 $f(x) = \left(\dfrac{1}{3}\right)^{ax^2-4x+3}$ 与 $y = ax^2 - 4x + 3$ 的单调性相

反．因为 $f(x)$ 定义域为 **R**，且 $y = \left(\dfrac{1}{3}\right)^x$ 在 **R** 上单调递减，所以函数 $f(x)$

$= \left(\dfrac{1}{3}\right)^{ax^2-4x+3}$ 有最大值 3，等价于 $y = ax^2 - 4x + 3$ 有最小值 -1．只需

$\begin{cases} a > 0, \\ \dfrac{12a-16}{4a} = -1, \end{cases}$ 解得 $a = 1$．

二、对数型函数 $y = \log_a f(x)$（$a > 0$ 且 $a \neq 1$）的"同增异减"

表 2 - 2

$y = \log_a f(x)$	$y = \log_a \mu$	$\mu = f(x)$（>0）
↗	↗	↗
	↘	↘
↘	↗	↘
	↘	↗

归纳为：当 $0 < a < 1$ 时，$y = \log_a f(x)$ 与 $\mu = f(x)$（>0）的单调性相反；

当 $a > 1$ 时，$y = \log_a f(x)$ 与 $\mu = f(x)$（>0）的单调性相同．

例 2 已知函数 $f(x) = \log_a(6-ax)$ 在 $[0, 2]$ 上为减函数，求 a 的取

值范围．

因为 $a > 0$ 且 $a \neq 1$，$f(x)$ 与 $g(x) = 6 - ax$（>0）在 $[0, 2]$ 上均单调

递减，所以有 $\begin{cases} a > 1, \\ g(2) > 0, \end{cases}$ 解得 $1 < a < 3$．

评析：本题底数 $a > 0$ 且 $a \neq 1$，原函数与真数函数的单调性相同（都递

减），所以判断 $a > 1$．由于真数大于 0，给定的区间为闭区间 $[0, 2]$ 或前开后

闭区间 $(0, 2]$ 时，都有真数的最小值 $g(2) > 0$；如果给定的区间为开区间

$(0, 2)$ 或前闭后开区间 $[0, 2)$，都有真数的最小值 $g(2) \geqslant 0$．

变式 已知函数 $f(x) = \log_4(ax^2 + 2x + 3)$ 的最小值为 0，则 $a =$

_____．

底数 $4>1$，$y=\log_4 x$ 在 $(0，+\infty)$ 上单调递增，所以 $f(x)=\log_4(ax^2+2x+3)$ 的最小值为 0，等价于 $g(x)=ax^2+2x+3$ (>0) 的最小值为 1，则只需 $\begin{cases} a>0，\\ \dfrac{12a-4}{4a}=1，\end{cases}$ 解得 $a=\dfrac{1}{2}$.

评析：本题根据"同增异减"得到 $g(x)=ax^2+2x+3$ (>0) 的最小值为 1. 当 $a=0$ 时，$g(x)=2x+3$ (>0) 不存在最小值；当 $a<0$ 时，$g(x)=ax^2+2x+3$ (>0) 也不存在最小值. 故只有 $a>0$，此时对称轴 $x=-\dfrac{2}{2a}=-\dfrac{1}{a}$，最小值 1 在顶点 $\left(-\dfrac{1}{a}，g\left(-\dfrac{1}{a}\right)\right)$ 处取到，即 $g\left(-\dfrac{1}{a}\right)=1$. 当然也可以直接用顶点的纵坐标 $\dfrac{12a-4}{4a}=1$ 取到.

三、"同增异减"的应用

例 3 函数 $f(x)=\lg(x^2-2ax-a)$ 在区间 $(-\infty，-3)$ 上单调递减的必要不充分条件是（　　）.

A. $a\geqslant\dfrac{9}{5}$ 　　　　B. $a\geqslant-\dfrac{9}{5}$ 　　　　C. $a\geqslant-2$ 　　　　D. $a\geqslant 7$

由于函数 $f(x)$ 的底数大于 1，所以 $f(x)=\lg(x^2-2ax-a)$ 在区间 $(-\infty，-3)$ 上单调递减，等价于 $g(x)=x^2-2ax-a$ (>0) 在区间 $(-\infty，-3)$ 上单调递减，对称轴为 $x=-\dfrac{-2a}{2\times 1}=a$，只需 $\begin{cases} -3\leqslant a，\\ g(-3)\geqslant 0，\end{cases}$ 解得 $a\geqslant-\dfrac{9}{5}$，这是一个充要条件，则所求的一个必要不充分条件应是一个比之范围大一些且包含它的范围，可以是 $a\geqslant-2$，故选 C.

例 4 求函数 $f(x)=\log_{\sin 56°}(2x-x^2)$ 的增区间.

底数 $\sin 56°\in(0，1)$，$f(x)=\log_{\sin 56°}(2x-x^2)$ 的增区间，相当于 $y=-x^2+2x$ (>0) 的减区间. 由 $-x^2+2x=0$，得 $x=0$，$x=2$，对称轴为 $x=1$，所以 $y=-x^2+2x$ (>0) 的减区间为 $[1，2)$.

根据指数、对数函数的例题及应用，复合函数 $y=f[g(x)]$ 的单调性应根据外层函数 $y=f(t)$ 和内层函数 $t=g(x)$ 的单调性判断，遵循"同增异减"的原则，具体情况如以上描述那样计算.

函数零点的三个方面

简单函数的零点：函数 $y = f(x)$ 的零点，方程 $f(x) = 0$ 的实数根，函数 $y = f(x)$ 的图象与直线 $y = 0$（x 轴）的交点的横坐标．复杂函数的零点：函数 $y = f(x) - g(x)$ 的零点，方程 $f(x) = g(x)$ 的实数根，函数 $y = f(x)$ 与 $y = g(x)$ 的图象交点的横坐标．

以上三个问题事实上是同一个问题，只是不同场合用不同称呼而已：针对函数说零点，针对方程说实数根，针对图象说交点横坐标．

一、求函数的零点

如果要求一个函数的零点，可以通过解方程的方法得到．

例 1 求函数 $f(x) = \begin{cases} x^2 + 2x - 3, & x \leq 0, \\ -2 + \ln x, & x > 0 \end{cases}$ 的零点．

由 $f(x) = 0$，可得 $\begin{cases} x \leq 0, \\ x^2 + 2x - 3 = 0, \end{cases}$ 或 $\begin{cases} x > 0, \\ -2 + \ln x = 0, \end{cases}$ 解得 $x = -3$ 或 $x = e^2$．所以函数 $f(x)$ 的零点为 -3 和 e^2．

例 2 已知函数 $f(x)$ 的定义域为 $\mathbf{R}$，$g(x) = [f(x) - f(-x)](x^2 + ax - a)$，若存在函数 $f(x)$，使得 $g(x)$ 有且仅有两个不同的零点，求 a 的取值范围．

方程 $g(x) = 0$ 有两个不相等的实数根，即 $[f(x) - f(-x)](x^2 + ax - a) = 0$ 有两个不相等的实数根，则 $f(x) - f(-x) = 0$ 或 $x^2 + ax - a = 0$．因为 $f(x)$ 的定义域为 $\mathbf{R}$，且 $f(-x) = f(x)$，所以当 $x = 0$ 时，$f(0) = f(0)$，即 $x = 0$ 为 $f(x)$ 的一个零点，则方程 $x^2 + ax - a = 0$ 有两个相等的实数根，且 $x \neq 0$，所以 $\Delta = a^2 + 4a = 0$，解得 $a = 0$ 或 $a = -4$．当 $a = 0$ 时，$x^2 = 0$ 不符合题意；当 $a = -4$ 时，$x^2 - 4x + 4 = 0$，$x = 2$ 为 $g(x)$ 的另一个零点．也就是说 $g(x)$ 有 0 和 2 两个零点，$a = -4$．

二、判断零点所在区间

如果需要判断一个函数的零点所在的区间，可以用端点验证法．

例 3 若 x_0 是方程 $\left(\dfrac{1}{2}\right)^x = x^{\frac{1}{3}}$ 的解，则 x_0 属于区间（   ）．

A. $\left(\dfrac{2}{3},\ 1\right)$ 　　　　B. $\left(\dfrac{1}{2},\ \dfrac{2}{3}\right)$ 　　　　C. $\left(\dfrac{1}{3},\ \dfrac{1}{2}\right)$ 　　　　D. $\left(0,\ \dfrac{1}{3}\right)$

因为 x_0 是方程 $\left(\dfrac{1}{2}\right)^x = x^{\frac{1}{3}}$ 的解，所以 x_0 是函数 $f(x) = \left(\dfrac{1}{2}\right)^x - x^{\frac{1}{3}}$ 的零点．

因为 $y = \left(\dfrac{1}{2}\right)^x$ 在 **R** 上单调递减，所以 $f\left(\dfrac{1}{2}\right) = \left(\dfrac{1}{2}\right)^{\frac{1}{2}} - \left(\dfrac{1}{2}\right)^{\frac{1}{3}} < 0$，又因为 $y =$

$x^{\frac{1}{3}}$ 在 $(0,\ +\infty)$ 上单调递增，所以 $f\left(\dfrac{1}{3}\right) = \left(\dfrac{1}{2}\right)^{\frac{1}{3}} - \left(\dfrac{1}{3}\right)^{\frac{1}{3}} > 0$，有 $f\left(\dfrac{1}{3}\right) \cdot$

$f\left(\dfrac{1}{2}\right) < 0$，所以 $x_0 \in \left(\dfrac{1}{3},\ \dfrac{1}{2}\right)$，故选 C．

例 4 已知函数 $f(x) = e^{x-1} - x$ 的零点为 x_1，$g(x) = x^3 + mx + 2$ 的零点为 x_2，且 $|x_1 - x_2| < 1$，求 m 的取值范围．

函数 $f(x) = e^{x-1} - x$ 的零点为 x_1，可得 $x_1 = 1$．由 $|1 - x_2| < 1$，得 $-1 < 1 - x_2 < 1$，解得 $0 < x_2 < 2$，则 $g(0) \cdot g(2) < 0$，$2(2m + 10) < 0$，即 $m < -5$．

三、判断函数的零点个数

如果要判断一个函数的零点个数，有时可以将一个函数分解成两个小函数，并且在同一个坐标系中画出它们的图象，借助数形结合，观察其交点个数．

例 5 已知函数 $f(x) = \begin{cases} |x| + 2, & x < 2, \\ 2x^2 - 12x + 19, & x \geqslant 2, \end{cases}$ 若方程 $f(x) - a = 0$ 的实

数根的和为 6，求 a 的取值范围．

如图 $2 - 11$，方程 $f(x) - a = 0$ 的实数根的和为 6，相当于函数 $y = f(x)$ 与直线 $y = a$ 的图象交点的横坐标之和为 6．当 $1 < a \leqslant 3$ 时，直线 $y = a$ 与 $y = f(x)$ 的交点中已有 2 个交点关于直线 $x = 3$ 对称，满足要求．

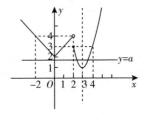

评析：求函数的多个零点，或方程的根，或直线 $y = m$ 与函数图象的多个交点的横坐标的和时，应考虑函数的性质，尤其是对称性．

图 $2 - 11$

例 6 已知定义在 **R** 上的函数 $f(x)$ 满足 $f(x+2)=f(x)$，当 $x \in$ $[-1, 1]$ 时，$f(x)=x^2$，函数 $g(x)=\begin{cases} \log_a(x-1), & x>1, \\ 2^x, & x \leqslant 1, \end{cases}$ 若函数 $h(x)$ $=f(x)-g(x)$ 在区间 $[-5, 5]$ 上恰有 8 个零点，求 a 的取值范围.

如图 2-12，问题转化为 $y=f(x)$ 与 $y=g(x)$ 的图象在区间 $[-5, 5]$ 上有 8 个交点. 由 $f(x+2)=f(x)$ 知 $f(x)$ 的周期为 2. 在区间 $[-5, 1]$ 上，两者已有 5 个交点，只需在 $[1, 5]$ 上有 3 个交点即可. 则 $\begin{cases} a>1, \\ \log_a(3-1)<1, \\ \log_a(5-1)>1, \end{cases}$

解得 $2<a<4$.

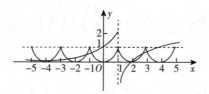

图 2-12

评析： 一个复杂函数的零点个数，可以转化为两个简单函数的图象交点的个数.

以上三个方面，就是函数零点的三种解题方向：求零点，可以解方程；判断零点所在的区间，可以根据零点存在性定理，用区间端点验证；判断零点的个数，可以借助数形结合，转化成两个图象的交点个数.

针对同一函数的嵌套求零点

对于形如 $F(x) = f[f(x)] - mf(x) - n$ 的函数嵌套问题，如果求零点，一般有四个步骤：第一步，利用换元设 $t = f(x)$，则 $g(t) = f(t) - mt - n$；第二步，由 $g(t) = 0$ 得 $f(t) - mt - n = 0$；第三步，在同一坐标系中作出 $y = f(t)$ 与 $y = mt + n$ 的图象，结合图象判断出 $g(t) = 0$ 的解 t_1，t_2 的范围；第四步，由 $t_1 = f(x)$ 可得 x 的个数，由 $t_2 = f(x)$ 可得 x 的个数，综合可得 $y = F(x)$ 的零点个数.

一、形如 $y = F[f(x)]$ 的函数零点

先换元后解方程，即设 $t = f(x)$，解方程 $F(t) = 0$ 求 t 的值或范围，再解方程 $t = f(x)$ 求 x 的个数，或观察直线 $y = t$ 与曲线 $y = f(x)$ 的交点个数.

例1 已知函数 $f(x) = \begin{cases} e^{x-1} + 1, & x \leq 1, \\ |\ln(x-1)|, & x > 1, \end{cases}$ 求函数 $F(x) = f[f(x)]$

$-2f(x) - \dfrac{1}{2}$ 的零点个数.

如图 $2-13$，设 $t = f(x)$，$g(t) = f(t) - 2t - \dfrac{1}{2}$，令 $g(t) = 0$ 得 $f(t)$

$= 2t + \dfrac{1}{2}$，由 $y = f(t) = \begin{cases} e^{t-1} + 1, & t \leq 1, \\ |\ln(t-1)|, & t > 1 \end{cases}$ 与 $y = 2t + \dfrac{1}{2}$ 的图象，知 $g(t) =$

0 有两个解 t_1，t_2，且 $t_1 \in (0, 1)$，$t_2 \in (1, 2)$，再由直线 $y = t_1$，$y = t_2$ 与 $y = f(x)$ 的图象，可得 $t_1 = f(x)$ 有 2 个解，$t_2 = f(x)$ 有 3 个解. 综上，$F(x)$ 有 5 个零点.

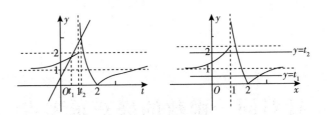

图 2 - 13

类例 已知函数 $f(x) = \begin{cases} 2^{x-1}, & x \leqslant 1, \\ |\log_2(x-1)| - 1, & x > 1, \end{cases}$ 求函数 $g(x) =$
$f[f(x)] - 2f(x) - \dfrac{1}{2}$ 的零点个数.

如图 2 - 14, 设 $t = f(x)$, 由 $g(x) = 0$ 得方程 $f(t) - 2t - \dfrac{1}{2} = 0$. 由直

线 $y = 2t + \dfrac{1}{2}$ 与 $y = f(t)$ 的图象有 2 个交点, 设横坐标为 t_1, t_2, 则 $t_1 = 0$, $1 <$

$t_2 < 2$. ① 当 $t_1 = f(x) = 0$ 时, $|\log_2(x-1)| - 1 = 0$, 解得 $x_1 = 3$, $x_2 = \dfrac{3}{2}$;

② 当 $1 < t_2 < 2$ 时, $1 < f(x) < 2$, $2 < |\log_2(x-1)| < 3$, 解得 $\dfrac{9}{8} < x_3 < \dfrac{5}{4}$ 或 $5 <$

$x_4 < 9$. 因此 $g(x) = 0$ 的实根个数为 4.

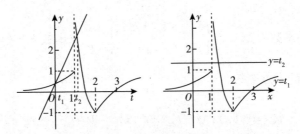

图 2 - 14

评析: 本题先由方程 $g(x) = 0$ 求得 t_1, t_2 的值或范围, 再由方程 $t_1 = f(x)$
和 $t_2 = f(x)$ 分别求得 x 的个数.

二、形如 $F(x) = af^2(x) + bf(x) + c$ 的函数零点

令 $F(x) = 0$, 可以直接解方程 $af^2(x) + bf(x) + c = 0$ 求 $f(x)$ 的值;
也可以换元令 $t = f(x)$, 解方程 $at^2 + bt + c = 0$ 求 t 的值.

例2 已知函数 $f(x) = \begin{cases} xe^x, & x \le 0, \\ \ln x, & x > 0, \end{cases}$ 若关于 x 的方程 $f^2(x) - (a-1)$

$f(x) - a = 0$ 有 4 个不同实数根, 求 a 的取值范围.

如图 2-15, 方程 $f^2(x) - (a-1)f(x) - a = $

0, 化简可得 $[f(x) - a][f(x) + 1] = 0$, 解得

$f(x) = -1$ 和 $f(x) = a$. 由于函数 $y = f(x)$ 的图象

与直线 $y = -1$ 有 1 个交点, 只需函数 $y = f(x)$ 的图

象与直线 $y = a$ 有 3 个交点, 则有 $-\dfrac{1}{e} < a < 0$.

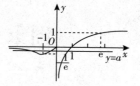

图 2-15

类例 已知函数 $f(x)$ 的定义域为 $\mathbf{R}$, 且 $f(x+2)$ 的图象关于 $x = -2$ 对

称, 当 $x \ge 0$ 时, $f(x) = \begin{cases} \dfrac{5}{4}\sin\left(\dfrac{\pi}{2}x\right), & 0 \le x \le 1, \\ \left(\dfrac{1}{4}\right)^x + 1, & x > 1, \end{cases}$ 若关于 x 的方程 $5f^2(x) - $

$(5a+6)f(x) + 6a = 0$ $(a \in \mathbf{R})$, 有且仅有 6 个不相等实数根, 求 a 的取值

范围.

如图 2-16, 函数 $f(x+2)$ 的图象关于 x

$= -2$ 对称, 将 $f(x+2)$ 的图象右移 2 个单

位, 可得 $f(x)$ 的图象关于 y 轴对称. 解关于 x

的方程 $5f^2(x) - (5a+6)f(x) + 6a = 0$ $(a$

$\in \mathbf{R})$, 可得 $f(x) = \dfrac{6}{5}$ 或 $f(x) = a$. 由于函

数 $y = f(x)$ 的图象和直线 $y = \dfrac{6}{5}$ 的交点有 4

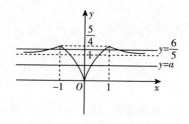

图 2-16

个, 则函数 $y = f(x)$ 的图象与直线 $y = a$ 有 2 个交点, 只需 $a = \dfrac{5}{4}$ 或 $0 < a \le 1$

即可.

图象呈"梯状"形函数的零点

对于函数 $f(x)$，如果满足等式 $f(x+1)=nf(x)$，其图象往往呈周期性的"梯状"形，这就需要借助数形结合，画出函数 $f(x)$ 的图象加以解决，以下从四个方面阐述.

一、利用图象平移

例1 已知定义在 $(0,+\infty)$ 上的函数 $f(x)$ 满足 $f(x+2)=2f(x)$，且当 $x\in(0,2]$ 时，$f(x)=x+\dfrac{1}{x}-\dfrac{9}{4}$. 若对任意 $x\in(0,m]$（$m>0$），都有 $f(x)\geqslant-\dfrac{2}{3}$ 成立，求 m 的取值范围.

如图 2-17，当 $x\in(0,2]$ 时，$f(x)=x+\dfrac{1}{x}-\dfrac{9}{4}$，函数 $f(x)$ 在 $(0,1)$ 上单调递减，在 $(1,2]$ 上单调递增，$f(x)_{\min}=f(1)=-\dfrac{1}{4}$，因为 $f(x+2)$ $=2f(x)$，所以 $f(x)=2f(x-2)$，表示当函数 $f(x)$ 的图象每向右平移 2 个单位时，最小值就变为原来的 2 倍，由于函数图象不断向右平移，所以最小值就不断变小. 当 $x\in(2,4]$ 时，$f(x)_{\min}=f(3)=-\dfrac{1}{2}$；当 $x\in(4,6]$ 时，$f(x)_{\min}=f(5)=-1$. 要使对任意 $x\in(0,m]$，都有 $f(x)\geqslant-\dfrac{2}{3}$ 成立，又 $f(x)$ 在 $(4,5)$ 上单调递减，在 $(5,6)$ 上单调递增，所以当 m 最大时，m $\in(4,5)$，令 $f(m)=2f(m-2)=4f(m-4)=4$ $\left[(m-4)+\dfrac{1}{m-4}-\dfrac{9}{4}\right]\geqslant-\dfrac{2}{3}$，解得 $m\leqslant\dfrac{19}{4}$，即 $0<m\leqslant\dfrac{19}{4}$.

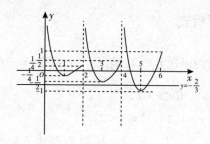

图 2 - 17

二、利用递推穷尽

例 2 设函数 $f(x)$ 的定义域为 **R**，满足 $2f(x+2) = f(x)$，且当 $x \in (0, 2]$ 时，$f(x) = x(x-2)$. 若对任意 $x \in [m, +\infty)$，都有 $f(x) \geqslant -\dfrac{3}{16}$，求 m 的取值范围.

如图 2 - 18，当 $x \in (0, 2]$ 时，$f(x) = x(x-2) \in [-1, 0]$；当 $x \in (2, 4]$ 时，$x - 2 \in (0, 2]$，则 $f(x) = \dfrac{1}{2}f(x-2) = \dfrac{1}{2}(x-2)(x-4)$ $\in \left[-\dfrac{1}{2}, 0\right]$；当 $x \in (4, 6]$ 时，$f(x) = \dfrac{1}{2^2}f(x-4) = \dfrac{1}{4}(x-4)(x-6)$ $\in \left[-\dfrac{1}{4}, 0\right]$；当 $x \in (6, 8]$ 时，$f(x) = \dfrac{1}{2^3}f(x-6) = \dfrac{1}{8}(x-6)(x-8)$ $\in \left[-\dfrac{1}{8}, 0\right]$. 依次类推，当 $x > 6$ 时，都有 $f(x) > -\dfrac{3}{16}$. 根据直线 $y = -\dfrac{3}{16}$ 与函数 $y = f(x)$ 的图象，只需在 $(5, 6]$ 内寻找 m 的着陆点. 令 $f(m) \geqslant -\dfrac{3}{16}$，即 $\dfrac{1}{4}(x-4)(x-6) \geqslant -\dfrac{3}{16}$，解得 $m \geqslant \dfrac{11}{2}$ 时，都有 $f(x) \geqslant -\dfrac{3}{16}$.

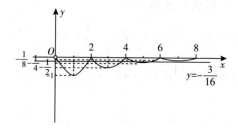

图 2 - 18

三、利用函数解析式

例 3 定义在 **R** 上的函数 $f(x)$ 满足 $f(x+2)=\dfrac{1}{2}f(x)$，当 $x\in[0, 2)$ 时，$f(x)=\begin{cases}0.5-2x^2, & 0\leqslant x<1,\\ -2+|x-1.5|, & 1\leqslant x<2,\end{cases}$ $g(x)=x^3+3x^2+m$，若对 $\forall s\in[-4, -2)$，总有 $\exists t\in[-4, -2)$，使得不等式 $f(s)-g(t)\geqslant 0$ 成立，求 m 的取值范围.

当 $x\in[-4, -2)$ 时，$x+2\in[-2, 0)$，$x+4\in[0, 2)$，又 $f(x+2)=\dfrac{1}{2}f(x)$，所以 $f(x+4)=\dfrac{1}{2}f(x+2)=\dfrac{1}{4}f(x)$，即 $f(x)=4f(x+4)$

$=\begin{cases}2-8(x+4)^2, & -4\leqslant x<-3,\\ -8+4\left|x+\dfrac{5}{2}\right|, & -3\leqslant x<-2.\end{cases}$ 当 $-4\leqslant x<-3$ 时，$f(x)$ 在 $[-4, -3)$

上为减函数，$-6<f(x)\leqslant 2$；当 $-3\leqslant x<-2$ 时，$f(x)$ 在 $\left[-3, -\dfrac{5}{2}\right)$ 上单调递减，在 $\left(-\dfrac{5}{2}, -2\right)$ 上单调递增，$f(x)_{\min}=f\left(-\dfrac{5}{2}\right)=-8$. 即当 $x\in[-4, -2)$ 时，$f(x)_{\min}=-8$. 由于 $g'(x)=3x(x+2)$，易知 $g(x)$ 在 $[-4, -2)$ 上单调递增，$g(x)_{\min}=g(-4)=m-16$. 由题意知 $f(s)_{\min}\geqslant g(t)_{\min}$，即 $-8\geqslant m-16$，解得 $m\leqslant 8$.

四、利用不完全归纳

例 4 已知定义在 $[0, +\infty)$ 上的函数 $f(x)$ 满足 $f(x)=2f(x+2)$，当 $x\in[0, 2)$ 时，$f(x)=-2x^2+4x$. 设 $f(x)$ 在 $[2n-2, 2n]$ 上的最大值为 a_n，求数列 $\{a_n\}$ 的前 n 项和 S_n.

由 $f(x)=2f(x+2)$，得 $f(x+2)=\dfrac{1}{2}f(x)$，则 $f(x+4)=\dfrac{1}{2}f(x+2)=\dfrac{1}{2^2}f(x)$，$f(x+6)=\dfrac{1}{2}f(x+4)=\dfrac{1}{2^2}f(x+2)=\dfrac{1}{2^3}f(x)$，$\cdots$，$f(x+2n)=\dfrac{1}{2^n}f(x)$，设 $x\in[2n-2, 2n]$，$x-(2n-2)\in[0, 2)$，依据 $x\in[0, 2)$ 时，$f(x)=-2x^2+4x$，代入可得 $f[x-(2n-2)]=-2[x-(2n-2)]^2+4[x-(2n-2)]$，即 $f[x+2(1-n)]=-2(x-2n+1)^2+2$，类

比上述归纳得 $\dfrac{1}{2^{1-n}} f(x) = -2(x-2n+1)^2 + 2$，$f(x) = 2^{1-n}\left[-2(x-2n+1)^2 + 2\right]$．当 $x = 2n-1$ 时，$f(x)_{max} = 2^{2-n}$，即 $a_n = 2^{2-n}$，则数列 $\{a_n\}$ 是以 2 为首项、以 $\dfrac{1}{2}$ 为公比的等比数列，求得 $S_n = 4 - \left(\dfrac{1}{2}\right)^{n-2}$．

以上内容从四个不同的角度解析了满足 $f(x+1) = nf(x)$ 的"梯状"形函数 $f(x)$ 的应用．

第三章

导 数

存在隐零点

在涉及函数问题时，往往需要求函数在给定区间上的零点，但有时又难以求出其准确值，这时只需要用到零点存在性定理判断其大致位置，以便继续解题．由于该零点不易准确求出，需要判断、挖掘，故称之为隐零点．例如：当 $a > 0$ 时，函数 $f(x) = x\ln x - a$，$g(x) = xe^x - a$ 都恰有一个零点．不妨设 $f(x)$ 的零点 $x_1 \in (1, b)$，$f(1) < 0$，$f(b) > 0$ 且 $b > \max\{a, e\}$，注意 b 的取法．而 $g(x)$ 的零点为 $x_2 \in (0, a)$，比较容易找到．

一、隐零点易于找到

例1　设函数 $f(x) = e^x - x - 2$，k 为整数，且当 $x > 0$ 时，$(x - k)f'(x) + x + 1 > 0$，求 k 的最大值．

由题设可得 $(x - k)(e^x - 1) + x + 1 > 0$，即 $k < x + \dfrac{x + 1}{e^x - 1}$（$x > 0$）恒成立，令 $g(x) = x + \dfrac{x + 1}{e^x - 1}$，$g'(x) = \dfrac{e^x(e^x - x - 2)}{(e^x - 1)^2}$．对 $f(x) = e^x - x - 2$ 求导，可知其在 $(0, +\infty)$ 上是增函数，由于 $f(1) = e - 3 < 0$，$f(2) = e^2 - 4 > 0$，所以存在零点 $x_0 \in (1, 2)$．当 $0 < x < x_0$ 时，$f(x) < 0$，$g'(x) < 0$；当 $x > x_0$ 时，$f(x) > 0$，$g'(x) > 0$．所以 $g(x)$ 在 $(0, x_0)$ 上单调递减，在 $(x_0, +\infty)$ 上单调递增，$g(x)_{\min} = g(x_0) = \dfrac{x_0 + 1}{e^{x_0} - 1} + x_0$．由 $f(x_0) = e^{x_0} - x_0 - 2 = 0$，得 $e^{x_0} = x_0 + 2$，所以 $g(x)_{\min} = x_0 + 1 \in (2, 3)$，$k$ 取最大值是 2．

评析： 本题利用 $f(1) < 0$，$f(2) > 0$，确定 $f(x)$ 的隐零点 $x_0 \in (1, 2)$，从而做出判断．

类例　设函数 $f(x) = e^{2x} - a\ln x$，证明：当 $a > 0$ 时，$f(x) \geqslant 2a + a\ln \dfrac{2}{a}$．

对于 $f'(x) = 2e^{2x} - \dfrac{a}{x}$，因为 $y = e^{2x}$ 与 $y = -\dfrac{a}{x}$ 都是增函数，所以复合函数

$f'(x)$ 在 $(0, +\infty)$ 上单调递增，由于 $f'(a) > 0$，当 $x \to 0^+$ 时，$f'(x) \to -\infty$，根据零点存在性定理，在 $(0, +\infty)$ 上存在一个零点 x_0，使得 $f'(x_0) = 0$，有 $2e^{2x_0} = \dfrac{a}{x_0}$，即 $\dfrac{2}{a}e^{2x_0} = \dfrac{1}{x_0}$，两边同时取对数得 $\ln\dfrac{2}{a} + 2x_0 = -\ln x_0$，两边都乘 a 得 $a\ln\dfrac{2}{a} + 2ax_0 = -a\ln x_0$. 当 $0 < x < x_0$ 时，$f'(x) < 0$；当 $x > x_0$ 时，$f'(x) > 0$. 所以 $f(x)$ 在 $(0, x_0)$ 上单调递减，在 $(x_0, +\infty)$ 上单调递增.

所以 $f(x)_{\min} = f(x_0) = e^{2x_0} - a\ln x_0 = \dfrac{a}{2x_0} - a\ln x_0 = \dfrac{a}{2x_0} + 2ax_0 + a\ln\dfrac{2}{a} \geqslant 2a + a\ln\dfrac{2}{a}$，命题得证.

评析： 本题的零点 $x_0 \in (0, a)$，由于隐零点很多时候不必写出来，只需知道存在即可，$f'(a) > 0$ 比较明确，而 $x = 0$ 处函数值不存在，不妨考虑一下极限观点.

二、隐零点不易找到

例 2 已知函数 $f(x) = e^x - e^{-2x} - kx$，$k \in \mathbf{R}$. 当 $k > 3$ 时，判断 $f(x)$ 的零点的个数，并证明你的结论.

对 $k \in \mathbf{R}$，$x = 0$ 是 $f(x)$ 的一个零点，令 $f'(x) = 0$，即 $e^x + 2e^{-2x} - k = 0$，令 $e^x = t \ (> 0)$，则有 $\dfrac{t^3 - kt^2 + 2}{t^2} = 0$，令 $g(t) = t^3 - kt^2 + 2 \ (k > 3)$，$g'(t) = 3t^2 - 2kt$，由 $g'(t) > 0$ 得 $t > \dfrac{2k}{3}$，由 $g'(t) < 0$ 得 $0 < t < \dfrac{2k}{3}$，所以 $g(t)$ 在 $\left(0, \dfrac{2k}{3}\right)$ 上单调递减，在 $\left(\dfrac{2k}{3}, +\infty\right)$ 上单调递增，又当 $t \to 0^+$ 时，$g(t) \to 2$，当 $t \to +\infty$ 时，$g(t) \to +\infty$，有 $g(1) = 3 - k < 0$，且 $\dfrac{2k}{3} > 2$，因此 $g(t) = 0$ 在 $(0, 1)$ 和 $(1, +\infty)$ 上各有一个正根，设为 $0 < t_1 < 1 < t_2$，则 $x_1 = \ln t_1 < 0$，$x_2 = \ln t_2 > 0$ 是 $f'(x)$ 的两个零点，$f(x)$ 在 $(-\infty, x_1)$ 上单调递增，在 (x_1, x_2) 上单调递减，在 $(x_2, +\infty)$ 上单调递增，易知当 $x \to -\infty$ 时，$f(x) \to -\infty$，当 $x \to +\infty$ 时，$f(x) \to +\infty$，且 $f(x_1) > f(0) = 0$，$f(x_2) < f(0) = 0$，因此 $f(x)$ 在 $(-\infty, x_1)$，(x_1, x_2) 和 $(x_2, +\infty)$ 上各有一个零点，共 3 个零点.

评析： 根据单调性，极大值大于 0，极小值小于 0，$f(x)$ 的图象三次穿过 x 轴.

类例 已知函数 $f(x) = \dfrac{\ln x}{x-1}$，证明：$(x+2)f(x) > e$，$x \in (1, +\infty)$．

将 $(x+2)f(x) > e$ 化简为 $(x+2)\ln x - (x-1)e > 0$，令 $h(x) = (x+2)\ln x - (x-1)e$，即证 $h(x) > 0$ $(x > 1)$．$h'(x) = \ln x + \dfrac{2}{x} + 1 - e$，令 $\varphi(x) = \ln x + \dfrac{2}{x} + 1 - e$，$\varphi'(x) = \dfrac{x-2}{x^2}$，由 $\varphi'(x) > 0$ 得 $x > 2$，由 $\varphi'(x) < 0$ 得 $1 < x < 2$，$h'(x)$ 在 $(1, 2)$ 上单调递减，在 $(2, +\infty)$ 上单调递增，而 $h'(1) = 3 - e > 0$，$h'(2) = 2 + \ln 2 - e < 0$，$h'(e) = 2 + \dfrac{2}{e} - e > 0$，存在 $x_1 \in (1, 2)$，$x_2 \in (2, e)$，使得 $h'(x_1) = h'(x_2) = 0$，故 $h(x)$ 在 $(1, x_1)$ 上单调递增，在 (x_1, x_2) 上单调递减，在 $(x_2, +\infty)$ 上单调递增，所以 $h(x)_{\min} = \min\{h(1), h(x_2)\}$，又 $h(1) = 0$，故只需证明 $h(x_2) > 0$ 即可．由于 $h(x_2) = (x_2 + 2)\ln x_2 - (x_2 - 1)e$①，由 $h'(x_2) = 0$，得 $e = \ln x_2 + \dfrac{2}{x_2} + 1$②，将②代入①得 $h(x_2) = 3\ln x_2 - x_2 - 1 + \dfrac{2}{x_2}$ $(2 < x_2 < e)$，令 $g(x) = 3\ln x - x - 1 + \dfrac{2}{x}$，$g'(x) = \dfrac{3}{x} - 1 - \dfrac{2}{x^2} = \dfrac{-(x-1)(x-2)}{x^2} < 0$，故 $g(x)$ 在 $(2, e)$ 上单调递减，则 $h(x_2) > h(e) = 2 + \dfrac{2}{e} - e > 0$，所以当 $x \in (1, +\infty)$ 时，$h(x) > 0$，得证．

评析： 根据单调性，$h(x)_{\min} = \min\{h(1), h(x_2)\}$，注意这种取法．其中 x_2 是 $h(x)$ 的极小值点，是 $h'(x) = 0$ 的实根；1 是区间端点，$h(1)$ 是端点值．

记住以下几组数据，$\ln 2 \approx 0.6931$，$\ln 3 \approx 1.0986$，$\ln 5 \approx 1.6094$，$\lg 2 \approx 0.3010$，$\lg 3 \approx 0.4771$，$\lg 5 \approx 0.6990$，$\sqrt{e} \approx 1.64872$，$e^2 \approx 7.389$，$e^3 \approx 20.0855$，有利于比较大小．

含参二次型导函数的"界点"找法

对含参函数进行求导运算后，导函数往往转化为含参二次型函数，接下来涉及对参数的分类讨论，而参数界点的准确选取是正确解题的关键．本节借助含有 $\ln x$ 或 e^x 的函数求导，归纳一下参数界点的找法．例如：讨论函数 $f(x)$ $= ax - \ln x + \dfrac{a-1}{x} - 1$ 的单调性时，进行分类讨论的 3 个界点是 0，$\dfrac{1}{2}$，1．从 $a < 0$，$a = 0$，$0 < a < \dfrac{1}{2}$，$a = \dfrac{1}{2}$，$\dfrac{1}{2} < a < 1$，$a = 1$，$a > 1$ 共 7 个方面加以讨论即可．

本题中参数 a 的界点是 0，$\dfrac{1}{2}$，1，那么 0，$\dfrac{1}{2}$，1 是怎么找到的呢？像这种含有 $\ln x$ 或 e^x 的函数求导中，常常会遇到两类问题：一类是对含有参数的函数讨论单调性问题；另一类是已知含有参数的函数不等式，求参数的取值范围问题．由于受参数取值的影响，函数的单调性随之变化，这就需要对参数进行分类讨论，进而探究参数界点的找法．针对求导后的导函数为含参二次型函数的情况，参数的界点遵循是不是二次函数、有没有零点、零点在不在定义域内，即界点的找法归纳为"是不是""有没有""在不在"．

一、含有参数的函数中有 lnx

此类函数，定义域往往为 $(0, +\infty)$，求导后对解析式进行化简变形，会出现分式形式，而其分子中会出现含参二次型函数，界点的找法就由此开始．

1. "是不是"

求导后，分子部分出现含参二次型函数时，观察其二次项系数中是否含有参数．如果二次项系数中有参数，就按二次项系数为零、不为零进行讨论，即转化为"是不是"二次函数的含参问题．

例 1 讨论函数 $f(x) = \ln x - a^2 x^2 + ax$ 的单调性.

$f'(x) = \dfrac{-2a^2 x^2 + ax + 1}{x}$ $(x > 0)$，分子的二次项系数中含有参数 a，下面就从 $a = 0$、$a \neq 0$ 两个方面入手. 当 $a = 0$ 时，$-2a^2 x^2 + ax + 1$ 不是二次三项式，$f'(x) = \dfrac{1}{x}$，可直接判断导函数的正负；当 $a \neq 0$ 时，$-2a^2 x^2 + ax + 1$ 是二次三项式，这样 0 就是分类讨论的一个界点，而后再从 $a < 0$ 与 $a > 0$ 两个方面展开讨论即可.

2. "有没有"

求导后，当分子部分为含参二次型函数时，除了观察二次项系数中是否含有参数外，还需观察二次三项式是否存在零点，即"有没有"实数根，涉及 $\Delta \leqslant 0$ 和 $\Delta > 0$ 问题，可求得参数的界点，此时可以判断二次三项式能否进行因式分解，如果二次三项式能进行因式分解，意味着存在零点，逻辑上可分为两种情况：第一种，如果二次项系数中含有参数，同上令系数为零、不为零，在不为零的情况下，比较两个实根 x_1，x_2 的大小，求得另一个界点；第二种，如果二次项系数中无参数，那么只需要比较两个实根 x_1，x_2 的大小，求得参数的界点.

例 2 讨论函数 $f(x) = \dfrac{1}{x} - x + a\ln x$ 的单调性.

$f'(x) = \dfrac{-x^2 + ax - 1}{x^2}$ $(x > 0)$，分子部分为含参二次型函数，二次项系数中不含参数，且不便于因式分解，只好借助"判别式"了. 由 $f'(x) = 0$ 得 $x^2 - ax + 1 = 0$，由 $\Delta = a^2 - 4 \leqslant 0$，得 $-2 \leqslant a \leqslant 2$，由 $\Delta = a^2 - 4 > 0$，得 $a < -2$ 或 $a > 2$，可得 -2，2 是参数 a 的两个界点，只需从 $a < -2$，$-2 \leqslant a \leqslant 2$，$a > 2$ 三个方面讨论即可.

3. "在不在"

求导后，当分子部分为含参二次型函数时，由 $f'(x) = 0$ 得一元二次方程，求得两个实根，先比较两个实根的大小，此时会出现参数的一个界点，再看看实根"在不在"定义域内，尤其是含有参数的实根，此时往往会出现参数的另一个界点.

例 3 讨论函数 $f(x) = \dfrac{1}{2} x^2 - ax + (a-1)\ln x$ 的单调性.

$f'(x) = \dfrac{x^2 - ax + (a-1)}{x} = \dfrac{(x-1)[x - (a-1)]}{x}$ $(x > 0)$，分子部分为

含参二次型函数，二次项系数中不含参数，且便于因式分解．由 $f'(x) = 0$ 得 $x_1 = a-1$，$x_2 = 1$．由两根 $x_1 = x_2$ 得 $a = 2$，则 2 是参数 a 的一个界点．比较含有参数的实数根与定义域的端点 0：由 $a-1 > 0$ 得 $a > 1$，由 $a-1 \leqslant 0$ 得 $a \leqslant 1$，则 1 是参数 a 的另一个界点．只需从 $a < 1$，$a = 1$，$1 < a < 2$，$a = 2$，$a > 2$ 五个方面展开讨论即可．

二、含有参数的函数中有 e^x

含 e^x 的函数，定义域往往为 **R**．在求导后，解析式通常能进行因式分解，主要有两种情况：（1）若涉及 $e^x - a$ 或 $e^x + a$ 的形式，则进行 $a > 0$，$a = 0$，$a < 0$ 的讨论，0 是参数 a 的一个界点，如当 $a \leqslant 0$ 时，$e^x - a > 0$，当 $a > 0$ 时，$e^x - a$ 等价于 $x - \ln a$．同理，对 $e^x + a$ 的处理方式如上．由 $f'(x) = 0$ 得两个实数根 x_1，x_2，对两根进行大小比较，就会出现参数 a 的另一个界点．（2）若涉及 e^x 与其他一次因式乘积的形式，由于 e^x 的值恒为正，则只需考虑一次因式的正负即可．界点的求法仍然遵从已归纳的解题思路．

例4 讨论函数 $f(x) = (x-2)e^x + a(x-1)^2$ 的单调性．

$f'(x) = (e^x + 2a)(x-1)$，当 $a \geqslant 0$ 时，$e^x + 2a > 0$，$f'(x)$ 的正负取决于 $x-1$ 的正负，当 $a < 0$ 时，$e^x + 2a$ 等价于 $x - \ln(-2a)$，$f'(x)$ 的正负取决于 $[x - \ln(-2a)](x-1)$ 的正负，0 是参数 a 的一个界点；由 $f'(x) = 0$ 得 $x_1 = 1$，$x_2 = \ln(-2a)$，由 $x_1 = x_2$ 得 $a = -\dfrac{e}{2}$，则 $-\dfrac{e}{2}$ 是参数 a 的另一个界点，接下来从 $a < -\dfrac{e}{2}$，$a = -\dfrac{e}{2}$，$-\dfrac{e}{2} < a < 0$，$a \geqslant 0$ 四个方面加以讨论即可．

此外，参数的界点也有可能出现在以下位置：

（1）已知函数解析式中明确标明参数的取值范围时，其端点就是一个界点．

（2）已知函数解析式中含有 $\ln a$ 或 $\sqrt{a}$ 等系数或项时，借助对数函数或二次根式的性质，挖掘出参数隐含着的取值范围，其端点也是一个界点．

无论以上哪种类型，求导后，导函数的解析式中或其分式的分子中，若出现含参二次型函数，都可以按照"是不是，有没有，在不在"的思路，寻找出参数的界点，将参数的取值范围分成相应的几个部分，按次序进行分类讨论，从而使问题迎刃而解．

根据等高线求范围

已知函数 $f(x)$ 有几个互不相同的零点 x_1，x_2，x_3，…满足 $f(x_1) = f(x_2) = f(x_3) = \cdots$，根据等高线对应的交点横坐标的性质，尤其是对称性特征，求交点横坐标之和、之积，以及交点横坐标对应的函数值范围，往往以分段函数为背景，结合函数图象找交点（因为交点在不同"段"上），引出不同的代数式.

例1 已知函数 $f(x) = \begin{cases} \sin\pi x, & 0 \leqslant x \leqslant 1, \\ \log_{2023} x, & x > 1, \end{cases}$ 若 x_1，x_2，x_3 互不相等，且 $f(x_1) = f(x_2) = f(x_3)$，求 $x_1 + x_2 + x_3$ 的取值范围.

如图 3-1，设 $f(x_1) = f(x_2) = f(x_3) = t$，不妨令 $x_1 < x_2 < x_3$，由正弦函数图象的对称性，可得 (x_1, t) 与 (x_2, t) 关于直线 $x = \dfrac{1}{2}$ 对称，因此 $x_1 + x_2 = 1$. 由图象知 $0 < t < 1$，由 $t = \log_{2023} x_3$，可得 $0 < \log_{2023} x_3 < 1$，解得 $1 < x_3 < 2023$，则 $2 < x_1 + x_2 + x_3 < 2024$.

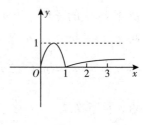

图 3-1

例2 已知函数 $f(x) = \begin{cases} |\log_3 x|, & 0 < x < 3, \\ -\cos\dfrac{\pi}{3}x, & 3 \leqslant x \leqslant 9, \end{cases}$ 若存在实数 x_1，x_2，x_3，x_4，当 $x_1 < x_2 < x_3 < x_4$ 时，满足 $f(x_1) = f(x_2) = f(x_3) = f(x_4)$，求 $x_1 x_2 x_3 x_4$ 的取值范围.

如图 3-2，设 $f(x_1) = f(x_2) = f(x_3) = f(x_4) = t$，因为 $-\log_3 x_1 = \log_3 x_2$，所以 $x_1 x_2 = 1$①. 又因为 x_3，x_4 关于直线 $x = 6$ 对称，所以 $x_3 + x_4 = 12$. 由图象知 $0 < t < 1$，$0 < -\cos\dfrac{\pi}{3}x < 1$，解得 $3 < x_3 < \dfrac{9}{2}$

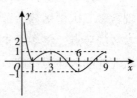

图 3-2

或 $\frac{15}{2} < x_4 < 9$，$x_3 x_4 = x_3 (12 - x_3) = -(x_3 - 6)^2 + 36$，而 $27 < -(x_3 - 6)^2 + 36 < \frac{135}{4}$，即 $27 < x_3 x_4 < \frac{135}{4}$②，由①②知所求范围．

例3 已知函数 $f(x) = \begin{cases} 2 - |x - 2|, & 0 \leqslant x < 4, \\ 2^{x-2} - 3, & 4 \leqslant x \leqslant 6, \end{cases}$
若存在 x_1，x_2，当 $0 \leqslant x_1 < 4 \leqslant x_2 \leqslant 6$ 时，$f(x_1) = f(x_2)$，求 $x_1 f(x_2)$ 的取值范围．

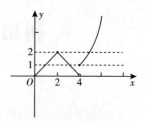

如图 3 - 3，设 $f(x_1) = f(x_2) = t$，则 $1 \leqslant t \leqslant 2$，即 $1 \leqslant 2 - |x_1 - 2| \leqslant 2$，解得 $1 \leqslant x_1 \leqslant 3$，所以 $x_1 f(x_2) = x_1 f(x_1) = x_1(2 - |2 - x_1|) = \begin{cases} x_1^2, & 1 \leqslant x_1 < 2, \\ -x_1^2 + 4x_1, & 2 \leqslant x_1 < 3, \end{cases}$ 所以所求范围是 $[1, 4]$．

图 3 - 3

例4 （多选）已知函数 $f(x) = \begin{cases} -x^2 - 2x, & x \leqslant 0, \\ |\log_2 x|, & x > 0, \end{cases}$ 若 $f(x_1) = f(x_2) = f(x_3) = f(x_4)$，且 $x_1 < x_2 < x_3 < x_4$，则下列结论正确的是（ ）．

A. $x_1 + x_2 = 2$　　　　　　　　　B. $x_3 x_4 = 1$
C. $0 < x_1 + x_2 + x_3 + x_4 < 1$　　　D. $0 < x_1 x_2 x_3 x_4 < 1$

如图 3 - 4，设 $f(x_1) = f(x_2) = f(x_3) = f(x_4) = t$，因为 $x_1 < x_2 < x_3 < x_4$，可知 x_1，x_2 关于直线 $x = -1$ 对称，$-\log_2 x_3 = \log_2 x_4$，$0 < t < 1$，所以 $x_1 + x_2 = -2$，$x_3 x_4 = 1$，且 $0 < x_3 < 1$，$1 < x_4 < 2$，故 A 错误，B 正确．$x_1 + x_2 + x_3 + x_4 = -2 + x_4 + \frac{1}{x_4}$，由于

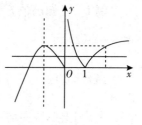

图 3 - 4

函数 $y = x + \frac{1}{x}$ 在（1，2）上单调递增，所以 $2 < x_4 + \frac{1}{x_4} < \frac{5}{2}$，$0 < x_4 + \frac{1}{x_4} - 2 < \frac{1}{2}$，即 $0 < x_1 + x_2 + x_3 + x_4 < \frac{1}{2}$ 成立，故 C 正确；$x_1 x_2 x_3 x_4 = x_1 x_2 \cdot 1 = x_1 x_2$，由于 x_1，x_2 为方程 $-x^2 - 2x = t$ 的两个不相等的实根，所以 $x_1 x_2 = t$，即 $x_1 x_2 x_3 x_4 = x_1 x_2 = t$，故 D 正确．

利用导数证明单变量不等式

导数是研究函数性质的一种重要工具，涉及解答题中的不等式证明，如能根据不等式的特点，进行适当变形，通过构造函数，运用导数来证明或判断该函数的单调性，求出该函数的最值，借助当函数取得最大（或最小）值时不等式都成立，可得原不等式恒成立，可使问题迎刃而解．基于此，下面具体讨论导数在解决不等式证明问题时的策略，为今后解决此类问题提供思路．

一、借用函数的最值证明不等式

将不等式转化为求函数的最值问题，其主要方法是依据函数在固定区间内的单调性，直接求得函数的最值，然后由 $f(x) \leqslant f(x)_{\max}$ 或 $f(x) \geqslant f(x)_{\min}$ 直接证得不等式．

例1 已知函数 $f(x) = \ln x + ax^2 + (2a+1)x$．当 $a < 0$ 时，证明：$f(x) \leqslant -\dfrac{3}{4a} - 2$．

当 $a < 0$ 时，$f'(x) = \dfrac{(2ax+1)(x+1)}{x}$．由 $f'(x) > 0$，得 $f(x)$ 在 $\left(0, -\dfrac{1}{2a}\right)$ 上单调递增；由 $f'(x) < 0$，得 $f(x)$ 在 $\left(-\dfrac{1}{2a}, +\infty\right)$ 上单调递减．$f(x)_{\max} = f\left(-\dfrac{1}{2a}\right) = -\ln(-2a) - \dfrac{1}{4a} - 1$．要证明 $f(x) \leqslant -\dfrac{3}{4a} - 2$，只需证明 $-\ln(-2a) - \dfrac{1}{4a} - 1 \leqslant -\dfrac{3}{4a} - 2$，即证明 $\ln(-2a) - \dfrac{1}{2a} - 1 \geqslant 0$，令 $g(x) = \ln x + \dfrac{1}{x} - 1 \ (x > 0)$，$g'(x) = \dfrac{x-1}{x^2}$，易知 $g(x)$ 在 $(0, 1)$ 上单调递减，在 $(1, +\infty)$ 上单调递增，所以 $g(x) \geqslant g(1) = 0$，即 $g(-2a) \geqslant 0$ 成立．

二、移项作差（商）构造函数证明不等式

当试题中给出简单的基本初等函数，要证明在某个取值范围内不等式

$f(x) \geqslant g(x)$ 成立时, 构造函数 $h(x) = f(x) - g(x)$ 或 $\varphi(x) = g(x) - f(x)$, 证明 $h(x)_{\min} \geqslant 0$ 或 $\varphi(x)_{\max} \leqslant 0$ 即可, 也可以构造函数 $h(x) = \dfrac{f(x)}{g(x)}$ 或 $\varphi(x) = \dfrac{g(x)}{f(x)}$, 证明 $h(x)_{\min} \geqslant 1$ 或 $\varphi(x)_{\max} \leqslant 1$. 使用此法证明不等式的前提是易于用导数求得最值.

例 2 已知函数 $f(x) = ax + x\ln x$ 在 $x = e^{-2}$ (e 为自然对数的底数) 处取得极小值. 当 $x > 1$ 时, 求证: $f(x) > 3(x-1)$.

先求得 $a = 1$, $f(x) = x + x\ln x$, 令 $g(x) = f(x) - 3(x-1)$, 即 $g(x) = x\ln x - 2x + 3$, $g'(x) = \ln x - 1$, 易知 $g(x)$ 在 $(0, e)$ 上单调递减, 在 $(e, +\infty)$ 上单调递增, 所以 $g(x)_{\min} = g(e) = 3 - e > 0$, 故当 $x > 1$ 时, $g(x) \geqslant g(e) > 0$ 成立, 所以 $f(x) > 3(x-1)$.

三、利用拆分法构造函数证明不等式

对于一些不等式拆分为 $f(x) \geqslant g(x)$ 的形式, 证明 $f(x)_{\min} \geqslant g(x)_{\max}$ 即可, 在拆分中, 一定要注意对合理性的把握, 一般以能利用导数进行最值分析为拆分标准.

例 3 设函数 $f(x) = ae^x \ln x + \dfrac{be^{x-1}}{x}$, 曲线 $y = f(x)$ 在点 $(1, f(1))$ 处的切线方程为 $y = e(x-1) + 2$. 求证: $f(x) > 1$.

先求得 $a = 1$, $b = 2$, $f(x) = e^x \ln x + \dfrac{2e^{x-1}}{x}$, 从而将 $f(x) > 1$ 等价于 $x\ln x > \dfrac{x}{e^x} - \dfrac{2}{e}$. 令 $g(x) = x\ln x$, $g'(x) = 1 + \ln x$, 易知 $g(x)$ 在 $\left(0, \dfrac{1}{e}\right)$ 上单调递减, 在 $\left(\dfrac{1}{e}, +\infty\right)$ 上单调递增, $g(x)_{\min} = g\left(\dfrac{1}{e}\right) = -\dfrac{1}{e}$; 令 $h(x) = \dfrac{x}{e^x} - \dfrac{2}{e}$, $h'(x) = \dfrac{1-x}{e^x}$, 显然 $h(x)$ 在 $(0, 1)$ 上单调递增, 在 $(1, +\infty)$ 上单调递减, 故 $h(x)_{\max} = h(1) = -\dfrac{1}{e}$. 综上, $g(x) \geqslant h(x)$, 因为 $-\dfrac{1}{e}$ 不能同时取到, 所以等号不成立, 即 $f(x) > 1$.

评析: 不等式中同时含有 e^x 与 $\ln x$ 时, 一般将它们分放在不等式的两边, 指对分离. 如求证: 任意 $x > 0$, $(1-x)e^x + e^x \ln(x+1) \leqslant x+1$. 可先将不等式变形为 $1 - x + \ln(x+1) \leqslant \dfrac{x+1}{e^x}$, 令 $f(x) = \dfrac{x+1}{e^x} - \ln(x+1) + x - 1$, 只

需证明 $f(x) \geq 0$.

四、适当放缩后证明不等式

导数的综合应用题中，最常见的就是 e^x 和 $\ln x$ 与其他代数式结合的问题，对于这类问题，可以先对 e^x 和 $\ln x$ 进行放缩，使问题简化，以便化简或判断导数的正负，常见的放缩不等式如下：① $e^x \geq x+1$；② $e^x \geq ex$；③ $e^x \geq 1+x+\dfrac{1}{2}x^2$ $(x \geq 0)$；④ $e^x \geq \dfrac{e}{2}x^2+1$ $(x \geq 0)$；⑤ $\ln x < x < e^x$ $(x > 0)$；⑥ $\dfrac{x-1}{x} \leq \ln x \leq x-1 \leq x^2-x$ $(x \geq 1)$；⑦ $\dfrac{2(x-1)}{x+1} \leq \ln x \leq \dfrac{x-1}{\sqrt{x}}$ $(x \geq 1)$．此外还有 $\sin x \leq x \leq \tan x$ $\left(0 \leq x < \dfrac{\pi}{2}\right)$．

例4 已知函数 $f(x) = x\ln(x+a)+1$ $(a < 0)$．证明：$f(x) < e^x + \cos x$．

函数 $f(x)$ 的定义域为 $(-a, +\infty)$，$a < 0$，$0 < x+a < x$，要证明 $x\ln(x+a)+1 < e^x + \cos x$，只需证明 $x\ln x < e^x + \cos x - 1$．①当 $0 < x \leq 1$ 时，$e^x + \cos x - 1 > 0$，$x\ln x \leq 0$，则 $x\ln x < e^x + \cos x - 1$ 成立；②当 $x > 1$ 时，设 $g(x) = e^x + \cos x - x\ln x - 1$，$g'(x) = e^x - \sin x - \ln x - 1$，设 $h(x) = e^x - \sin x - \ln x - 1$，$h'(x) = e^x - \cos x - \dfrac{1}{x}$，因为 $x > 1$，$h'(x) > e - \cos 1 - 1 > 0$，所以 $h(x)$ 在 $(1, +\infty)$ 上单调递增，$h(x) > h(1) = e - \sin 1 - 1 > 0$，即 $g'(x) > 0$，所以 $g(x)$ 在 $(1, +\infty)$ 上单调递增，$g(x) > g(1) = e + \cos 1 - 1 > 0$，即 $x\ln x < e^x + \cos x - 1$ 成立．

评析：本题的放缩在：当 $a < 0$，$0 < x+a < x$ 时，$\ln(x+a) < \ln x$，$-1 \leq \sin x \leq 1$，$-1 \leq \cos x \leq 1$，以及定值 $e = 2.718\cdots$．

五、利用赋值放缩法证明与正整数有关的不等式

利用赋值放缩法证明与正整数有关的不等式，实质是利用函数性质证明数列不等式．证明此类问题时常根据已知的函数不等式，用正整数 n 替代不等式中的自变量，通过多次求和达到证明的目的．

例5 已知函数 $f(x) = \dfrac{1}{2}ax^2 - x\ln x + b$，$g(x) = f'(x)$．（1）若 $x \in (0, e]$ $(e = 2.718\cdots)$，判断是否存在实数 a，使函数 $g(x)$ 的最小值为 2．若存在，求出 a 的值；若不存在，请说明理由．（2）证明：$3\left(\dfrac{1}{2} + \dfrac{2}{3} + \dfrac{3}{4} + \cdots + \dfrac{n}{n+1}\right) > n -$

$\ln \sqrt[3]{n+1}$ $(n \in \mathbf{N}^*)$.

由（1）容易得到 $a = e^2$，当 $x \in (0, e]$ 时，$g(x) = e^2 x - \ln x - 1 \geqslant 2$，即 $e^2 x \geqslant 3 + \ln x$ 恒成立，由于 $9x > e^2 x \geqslant 3 + \ln x$，即 $x > \dfrac{1}{9}(3 + \ln x)$，取 $x = \dfrac{n}{n+1}$，$n \in \mathbf{N}^*$，则 $\dfrac{n}{n+1} > \dfrac{1}{9}\left(3 + \ln \dfrac{n}{n+1}\right)$，则 $3 \cdot \dfrac{n}{n+1} > 1 + \dfrac{1}{3}\ln \dfrac{n}{n+1}$，根据 n 的取值进行累加得 $3\left(\dfrac{1}{2} + \dfrac{2}{3} + \dfrac{3}{4} + \cdots + \dfrac{n}{n+1}\right) > n + \dfrac{1}{3}\ln\left(\dfrac{1}{2} \times \dfrac{2}{3} \times \dfrac{3}{4} \times \cdots \times \dfrac{n}{n+1}\right) = n + \dfrac{1}{3}\ln\dfrac{1}{n+1} = n - \ln\sqrt[3]{n+1}$，即原不等式 $3\left(\dfrac{1}{2} + \dfrac{2}{3} + \dfrac{3}{4} + \cdots + \dfrac{n}{n+1}\right) > n - \ln\sqrt[3]{n+1}$ $(n \in \mathbf{N}^*)$ 得证.

评析： 这种先函数后数列的习题，数列不等式的证明条件就隐含在前面的函数结论中，需要学生自己去挖掘.

利用导数解决不等式成立问题，关键是在不等式变形后构造恰当的函数，然后用导数判断该函数的单调性，求出最值，达到证明不等式的目的. 这种解题方法也是转化与化归思想在中学数学中的重要体现.

不等式中的双变量转化问题

　　函数不等式中的双变量转化（也称极值点偏移）问题是高考的热点问题，常作为压轴题出现，题型复杂多变，学生面对此类问题时常会感到束手无策．事实上，只要掌握这类问题的实质，巧妙消元、消参、换元、构造函数等，问题便能迎刃而解．

　　这种以导数为背景的函数试题中，往往涉及证明 $x_1 + x_2$ 大于（或小于）某一常数、证明 $f(x_1) + f(x_2)$ 大于（或小于）某一常数、求 $\dfrac{f(x_2)}{x_1}$ 的取值范围等类型的问题，其解决方法主要有以下几种．

一、借助 $f(x_1) = f(x_2)$ 消元（x_1 与 x_2 中保留一个变量）

　　事实上，就是用"对称化构造法"求极值点偏移问题，主要用来解决与两个变量之和（积）相关的不等式问题，其解题要点如下：（1）确定函数极值点为 x_0，即利用导函数符号的变化判断函数的单调性，进而确定函数的极值点 x_0；（2）构造函数，即根据极值点构造对称化函数，例如，若证 $x_1 + x_2 > 2x_0$ 型，则令 $h(x) = f(x) - f(2x_0 - x)$，若证 $x_1 x_2 > x_0^2$ 型，可令 $h(x) = f(x) - f\left(\dfrac{x_0^2}{x}\right)$ 等，进而通过研究 $h(x)$ 的单调性获得不等式．

　　例 1　已知函数 $f(x) = \dfrac{2}{x} + \ln x$，取任意两个正整数 x_1，x_2，且 $x_2 > x_1$，若 $f(x_1) = f(x_2)$，求证：$x_1 + x_2 > 4$.

　　$f'(x) = -\dfrac{2}{x^2} + \dfrac{1}{x} = \dfrac{x-2}{x^2}$，易知 $f(x)$ 在 $(0, 2)$ 上单调递减，在 $(2, +\infty)$ 上单调递增，所以 $f(x)_{\min} = f(2) = 1 + \ln 2$，由题意知 $0 < x_1 < 2 < x_2$，要证 $x_1 + x_2 > 4$，只需证 $x_2 > 4 - x_1 > 2$，即证 $f(x_2) > f(4 - x_1)$．由 $f(x_1) = f(x_2)$ 知，证 $f(x_2) > f(4 - x_1)$ 即证 $f(x_1) > f(4 - x_1)$，即 $f(x_1) -$

$f(4-x_1)>0$，令 $g(x)=f(x)-f(4-x)=\dfrac{2}{x}+\ln x-\dfrac{2}{4-x}-\ln(4-x)$，

即证 $g(x)>0$. 由于 $g'(x)=\dfrac{-8(x-2)^2}{x^2(4-x)^2}<0$，所以 $g(x)$ 在 $(0,2)$ 上单

调递减，则 $g(x)>g(2)=0$ 成立.

评析： 由于 $f(x_1)=f(x_2)$，将 $f(x_2)>f(4-x_1)$ 换成 $f(x_1)>f(4-x_1)$，实现了"双变量"到"单变量"的转化.

二、借助根与系数的关系消参减元（x_1 与 x_2 中保留一个变量）

事实上，就是用"消参减元法"求极值点偏移问题，目的是减元，进而建立与求解问题相关的函数. 其解题思路如下：

（1）求出导函数，令 $f'(x)=0$，建立极值点所满足的方程.

（2）利用方程解的知识，建立极值点与方程系数之间的关系.

（3）根据两个极值点之间的关系，利用和差或积商等运算，化简或转化所求解问题，消掉参数或减少变量的个数.

（4）根据消参减元后的式子的结构特征，构造相应的函数.

（5）利用导数研究所构造函数的单调性、极值、最值等，解决相关问题.

例2 已知函数 $f(x)=\dfrac{1}{2}(x+a)^2+\ln x$，$a\in\mathbf{R}$. 若函数 $f(x)$ 有两个极

值点 x_1，x_2，且 $x_1<x_2$，求 $\dfrac{f(x_2)}{x_1}$ 的取值范围.

$f'(x)=\dfrac{x^2+ax+1}{x}$ $(x>0)$. 令 $f'(x)=0$，得 $x^2+ax+1=0$ 有两个正

解 x_1，x_2，由根与系数之间的关系 $\begin{cases}\Delta=a^2-4>0,\\x_1+x_2=-a>0,\\x_1\cdot x_2=1>0,\end{cases}$ 得 $a<-2$，$x_1=\dfrac{1}{x_2}$，$x_2=$

$\dfrac{-a+\sqrt{a^2-4}}{2}>1$，$\dfrac{f(x_2)}{x_1}=\dfrac{2^{-1}(x_2+a)^2+\ln x_2}{x_1}=\dfrac{2^{-1}(x_2-x_1-x_2)^2+\ln x_2}{x_1}=\dfrac{x_1}{2}$

$+\dfrac{1}{x_1}\ln x_2=\dfrac{1}{2x_2}+x_2\ln x_2$，令 $g(x)=\dfrac{1}{2x}+x\ln x$ $(x>1)$，$g'(x)=-\dfrac{1}{2x^2}+\ln x+$

$1=\dfrac{2x^2-1}{2x^2}+\ln x>0$，所以 $g(x)$ 在 $(1,+\infty)$ 上单调递增，所以 $g(x)>$

$g(1)=\dfrac{1}{2}$，故所求范围为 $\left(\dfrac{1}{2},+\infty\right)$.

评析：由 $f'(x)=0$ 得到以 x_1，x_2 为根的一元二次方程，对 $\dfrac{f(x_2)}{x_1}$ 进行化简，借助根与系数之间的关系 $x_1 \cdot x_2 = 1$ 保留一个 x_2（或 x_1），借助 $x_1 + x_2 = -a$ 消掉参数 a. 由 $x_1 < x_2$ 可知判别式 $\Delta = a^2 - 4 > 0$，得到 a 的取值范围，根据求根公式可知 $x_2 = \dfrac{-a + \sqrt{a^2-4}}{2} > 1$（或 $0 < x_1 < 1$），最后构造函数利用导数判断单调性求解.

三、遵循"消参抓商（差）构元"

事实上，就是用"比（差）值换元法"求极值点偏移问题，目的也是消掉参数、减少变量. 其解题要点如下：（1）根据已知条件先建立两个变量之间的关系，然后利用两个变量之比（差）作为变量，从而实现消参、减元的目的；（2）将比值或差值作为一个整体，一般设为 t，用 t 来表示两个变量，继而将所求解问题转化为关于 t 的函数问题.

例3 已知函数 $f(x) = e^x - ax$ 有两个零点 x_1，x_2，且 $x_2 > x_1$. 求证：当 $a > e$ 时，$x_1 + x_2 > 2$.

因为 x_1，x_2 为函数 $f(x)$ 的两个零点，所以 x_1，x_2 为方程 $f(x) = 0$ 的两个实根，即 $e^{x_1} = ax_1$，$e^{x_2} = ax_2$，因为 $a > e$，所以 $x_2 > x_1 > 0$，有 $x_1 = \ln a + \ln x_1$ 和 $x_2 = \ln a + \ln x_2$，所以 $x_2 - x_1 = \ln x_2 - \ln x_1 = \ln \dfrac{x_2}{x_1}$，设 $t = \dfrac{x_2}{x_1}$（$t > 1$），有 $\begin{cases} x_2 = t x_1, \\ x_2 - x_1 = \ln t, \end{cases}$ 解得 $x_1 = \dfrac{\ln t}{t-1}$，$x_2 = \dfrac{t \ln t}{t-1}$，所以 $x_2 + x_1 = \dfrac{(t+1)\ln t}{t-1}$（$t > 1$），要使 $x_1 + x_2 > 2$，只需 $\dfrac{(t+1)\ln t}{t-1} > 2$，即 $\ln t - \dfrac{2(t-1)}{t+1} > 0$，令 $g(t) = \ln t - \dfrac{2(t-1)}{t+1}$，即转化为 $g(t) > 0$. 因为 $g'(x) = \dfrac{1}{t} - \dfrac{4}{(t+1)^2} = \dfrac{(t-1)^2}{t(t+1)^2} > 0$，$g(t)$ 在 $(1, +\infty)$ 上单调递增，所以 $g(t) > g(1) = 0$ 成立.

评析：本题在 $a > e$ 的情况下，尽管有 $0 < x_1 < \ln a < x_2$，但由于 $\ln a$ 为变量，不好把握，所以不能再像例 1 那样求解，可以利用加减消元消去参数 a，得到仅含 x_1，x_2 的齐次式，然后转化为关于 $\dfrac{x_2}{x_1}$ 的函数，把 $\dfrac{x_2}{x_1}$ 看作一个变量进行整体代换，从而把二元函数转化为一元函数.

四、遵循留参消元构造函数

通过对已知函数 $f(x)$ 所在方程 $f(x) = 0$ 或求导后的导函数方程 $f'(x)$

=0 的化简和整理，利用两个变量与参数之间的等量关系，设法用参数表示两个变量，达到消元留参的目的.

例4 已知函数 $f(x) = 4x - a\ln x - \frac{1}{2}x^2 - 2$，$a > 0$. 若 $f(x)$ 有两个极值点 x_1，x_2，求证：$f(x_1) + f(x_2) < 6 - \ln a$.

$f'(x) = \dfrac{-x^2 + 4x - a}{x}$，因为 x_1，x_2 是两个极值点，所以 x_1，x_2 为 $f'(x) = 0$ 的两个实根，即 x_1，x_2 为 $x^2 - 4x + a = 0$ 的两个实根，由根与系数的关系得 $x_1 + x_2 = 4$，$x_1 x_2 = a$，根据 $a = -x^2 + 4x = -(x-2)^2 + 4 \leqslant 4$，因为 $x_1 \neq x_2$，所以 $0 < a < 4$. 所以 $f(x_1) + f(x_2) = \left(4x_1 - a\ln x_1 - \frac{1}{2}x_1^2 - 2\right) + \left(4x_2 - a\ln x_2 - \frac{1}{2}x_2^2 - 2\right) = 4(x_1 + x_2) - a(\ln x_1 + \ln x_2) - \frac{1}{2}(x_1^2 + x_2^2) - 4 = 12 - a\ln(x_1 x_2) - \frac{1}{2}\left[(x_1 + x_2)^2 - 2x_1 x_2\right] = 4 - a\ln a + a$，要使 $f(x_1) + f(x_2) < 6 - \ln a$，只需 $4 - a\ln a + a < 6 - \ln a$，即 $a - a\ln a + \ln a - 2 < 0$，令 $g(a) = a - a\ln a + \ln a - 2$，只需 $g(a) < 0$. 因为 $g'(a) = 1 - (\ln a + 1) + \frac{1}{a} = \frac{1}{a} - \ln a$，$g'(1) = 1 - \ln 1 > 0$，$g'(2) = \frac{1}{2} - \ln 2 < 0$，存在 $x_0 \in (1, 2)$，使得 $g'(x_0) = \frac{1}{x_0} - \ln x_0 = 0$. 当 $0 < x < x_0$ 时，$g'(x) > 0$，当 $x > x_0$ 时，$g'(x) < 0$，所以 $g(x)$ 在 $(0, x_0)$ 上单调递增，在 $(x_0, +\infty)$ 上单调递减，故 $g(a) \leqslant g(x_0) = x_0 - 2 - x_0 \ln x_0 + \ln x_0 = x_0 + \frac{1}{x_0} - 3 < 0$ 成立.

五、转化为同源函数构造新函数

对已知不等式或需要证明的不等式，进行化简和整理，观察不等式的两边是否为同源函数（结构相同，变量不同），如果是同源函数，则构造新函数，借助新函数的单调性达成目的. 如：当 $x > y > e - 1$ 时，求证：$e^x\ln(y+1) > e^y\ln(x+1)$. 事实上针对变量 x，y，$e^x\ln(y+1) > e^y\ln(x+1)$ 等价于 $\dfrac{\ln(y+1)}{e^y} > \dfrac{\ln(x+1)}{e^x}$，不等式的左右两边"同源"，构造函数 $g(t) = \dfrac{\ln(t+1)}{e^t}$ $(t > e - 1)$ 即可完成证明.

例5 已知函数 $f(x) = \ln x - ax + 1$，其中 a 为实常数，对于函数图象上任意不同的两点 $A(x_1, f(x_1))$，$B(x_2, f(x_2))$，直线 AB 的斜率为 k，若 $x_1 + x_2 + k > 0$ 恒成立，求 a 的取值范围.

由于 $k = \dfrac{f(x_1) - f(x_2)}{x_1 - x_2}$，则 $x_1 + x_2 + \dfrac{f(x_1) - f(x_2)}{x_1 - x_2} > 0$，不妨设 $x_1 > x_2 > 0$，化简整理得 $f(x_1) + x_1^2 > f(x_2) + x_2^2$，令 $g(x) = f(x) + x^2$，则 $g(x_1) > g(x_2)$，$g(x)$ 在 $(0, +\infty)$ 上单调递增，所以 $g'(x) = f'(x) + 2x = \dfrac{1}{x} + 2x - a \geq 0$ 在 $(0, +\infty)$ 上恒成立，即 $a \leq \dfrac{1}{x} + 2x$ 恒成立，因为 $\dfrac{1}{x} + 2x \geq 2\sqrt{2}$，当且仅当 $\dfrac{1}{x} = 2x$，即 $x = \dfrac{\sqrt{2}}{2}$ 时等号成立，故 $a \leq 2\sqrt{2}$.

评析： 此类问题一般给出含有 x_1，x_2 与 $f(x_1)$，$f(x_2)$ 的不等式，若能通过变形，把不等式两边转化为结构形式相同的代数式，即转化为同源函数，则可利用该函数单调性求解.

六、"主元法"

将两个参数中的一个看作自变量，另一个看成常量，构造新函数.

例6 已知函数 $f(x) = x - a - \ln x$，设 $0 < x_1 < x_2$. 求证：$\dfrac{f(x_1) - f(x_2)}{x_2 - x_1} < \dfrac{1}{x_1(x_1 + 1)}$.

在此题中，要证 $\dfrac{f(x_1) - f(x_2)}{x_2 - x_1} < \dfrac{1}{x_1(x_1 + 1)}$，其实只需证 $\dfrac{(x_1 - a - \ln x_1) - (x_2 - a - \ln x_2)}{x_2 - x_1} < \dfrac{1}{x_1(x_1 + 1)}$，即证 $\ln x_2 - \ln x_1 - x_2 + x_1 - \dfrac{x_2 - x_1}{x_1(x_1 + 1)} < 0$. 不妨将 x_1 看作常数，将 x_2 看作变量. 令 $F(x) = \ln x - x - \dfrac{x - x_1}{x_1(x_1 + 1)} + x_1 - \ln x_1$ $(x > x_1 > 0)$，即证 $F(x) < 0$. $F'(x) = \dfrac{1}{x} - 1 - \dfrac{1}{x_1(x_1 + 1)}$，令 $H(x) = \dfrac{1}{x} - 1 - \dfrac{1}{x_1(x_1 + 1)}$，$H'(x) = -\dfrac{1}{x^2} < 0$，$H(x)$ 在 $(x_1, +\infty)$ 上单调递减，所以 $H(x) < H(x_1) = \dfrac{1}{x_1} - 1 - \dfrac{1}{x_1(x_1 + 1)} = \dfrac{-x_1^2}{x_1(x_1 + 1)} < 0$，即 $F'(x) < 0$，$F(x)$ 在 $(x_1, +\infty)$ 上单调递减，所以

$F\ (x)\ <F\ (x_1)\ =0$ 成立．

七、指对均值不等式

求解双变量问题的一个重要工具就是指数均值不等式和对数均值不等式，好处是双变量 x_1，x_2 可以通过均值不等式的形式整体化掉．

1. 指数均值不等式

对于任意的 a，$b>0$ $(a\neq b)$，有 $\mathrm{e}^{\frac{a+b}{2}}<\dfrac{\mathrm{e}^a-\mathrm{e}^b}{a-b}<\dfrac{\mathrm{e}^a+\mathrm{e}^b}{2}$．

例 7 已知函数 $f\ (x)\ =x-a\mathrm{e}^x$（a 为常数）有两个不同的零点 x_1，x_2，证明：$x_1+x_2>2$．

不妨设 $x_1>x_2>0$，因为 x_1，x_2 为函数 $f\ (x)$ 的两个不同零点，所以 $f\ (x_1)$ $=f\ (x_2)\ =0$，即 $x_1=a\mathrm{e}^{x_1}$，$x_2=a\mathrm{e}^{x_2}$，两式相加减得 $x_1+x_2=a\ (\mathrm{e}^{x_1}+\mathrm{e}^{x_2})$ 和 $x_1-x_2=a\ (\mathrm{e}^{x_1}-\mathrm{e}^{x_2})$，即 $a=\dfrac{x_1-x_2}{\mathrm{e}^{x_1}-\mathrm{e}^{x_2}}$，则 $x_1+x_2=\dfrac{x_1-x_2}{\mathrm{e}^{x_1}-\mathrm{e}^{x_2}}\ (\mathrm{e}^{x_1}+\mathrm{e}^{x_2})\ >$ $\dfrac{2}{\mathrm{e}^{x_1}+\mathrm{e}^{x_2}}\ (\mathrm{e}^{x_1}+\mathrm{e}^{x_2})\ =2$ 成立．

2. 对数均值不等式

对于任意的 a，$b>0$ $(a\neq b)$，有 $\sqrt{ab}<\dfrac{a-b}{\ln a-\ln b}<\dfrac{a+b}{2}$．

例 8 已知函数 $f\ (x)\ =\ln x-ax$（a 为常数）有两个不同的零点 x_1，x_2，证明：$x_1x_2>\mathrm{e}^2$．

不妨设 $x_1>x_2>0$，因为 x_1，x_2 为 $f\ (x)$ 的两个不同零点，所以 $f\ (x_1)\ =$ $f\ (x_2)=0$，即 $\ln x_1-ax_1=0$，$\ln x_2-ax_2=0$，两式相减得 $\ln x_1-\ln x_2=a\ (x_1-x_2)$，两式相加得 $\ln x_1+\ln x_2=a\ (x_1+x_2)$，将 $a=\dfrac{\ln x_1-\ln x_2}{x_1-x_2}$ 代入，$\ln x_1+\ln x_2=$ $\dfrac{\ln x_1-\ln x_2}{x_1-x_2}\ (x_1+x_2)\ >\dfrac{2}{x_1+x_2}\ (x_1+x_2)\ =2$，即 $\ln x_1x_2>2$，故 $x_1x_2>\mathrm{e}^2$．

评析： 消去参数 a 后，根据对数均值不等式，对 $x_1>x_2>0$ 有 $\dfrac{x_1-x_2}{\ln x_1-\ln x_2}<$ $\dfrac{x_1+x_2}{2}$，进而得 $\dfrac{\ln x_1-\ln x_2}{x_1-x_2}>\dfrac{2}{x_1+x_2}$，命题得证．

同构法解决复合型函数问题

同构式是指除了变量不同，其余地方均相同的表达式，也叫"同源型表达式"．同构法构造函数要注意：（1）指对分两边，参数是关键；（2）寻找常用的"母函数"，如 $f(x) = xe^x$，$f(x) = x\ln x$，$f(x) = e^x \pm x$ 等；（3）凑同构、凑常数、凑 x、凑参数；（4）复合函数比较大小，利用单调性求参数范围．

一、同构形式比较明显

在不等式中，如果不等式的两侧呈现同构特征，则可将相同的结构构造为一个函数，进而和该函数的单调性找到联系．

例1　（多选）已知正实数 x，y 满足 $\log_2 x + \log_{\frac{1}{2}} y < \left(\dfrac{1}{2}\right)^x - \left(\dfrac{1}{2}\right)^y$，则下列结论中正确的是（　　）．

A. $\dfrac{1}{x} < \dfrac{1}{y}$ 　　　　　　　　B. $x^3 < y^3$

C. $\ln(y - x + 1) > 0$ 　　　　D. $2^{x-y} < \dfrac{1}{2}$

由 $\log_2 x + \log_{\frac{1}{2}} y < \left(\dfrac{1}{2}\right)^x - \left(\dfrac{1}{2}\right)^y$ 得 $\log_2 x - \left(\dfrac{1}{2}\right)^x < \log_2 y - \left(\dfrac{1}{2}\right)^y$（不等式两边同构），令 $f(x) = \log_2 x - \left(\dfrac{1}{2}\right)^x$，则 $f(x) < f(y)$，因为 $f'(x) = \dfrac{1}{x\ln 2} + \left(\dfrac{1}{2}\right)^x \ln 2 > 0$，所以 $f(x)$ 在 $(0, +\infty)$ 上单调递增，所以 $0 < x < y$．故选 BC．

变式　已知等差数列 $\{a_n\}$ 的前 n 项和为 S_n，若 $(a_2 - 1)^3 + 2012(a_2 - 1) = 1$，$(a_{2011} - 1)^3 + 2012(a_{2011} - 1) = -1$，则下列四个命题中属于真命题的是（　　）．

①$S_{2011} = 2011$　　②$S_{2012} = 2012$　　③$a_{2011} < a_2$　　④$S_{2011} < S_2$
A. ①②　　　　　　B. ①③　　　　　　C. ②③　　　　　　D. ③④

令 $f(x) = x^3 + 2012x$, 因为 $f'(x) = 3x^2 + 2012 > 0$, $f(x)$ 在 **R** 上既是奇函数, 又是增函数, 且 $f(a_2 - 1) = 1$, $f(a_{2011} - 1) = -1$, 所以 $f(a_2 - 1) > f(a_{2011} - 1)$, 所以 $a_2 - 1 > a_{2011} - 1$, 即 $a_2 > a_{2011}$, 故③正确. 由于 $f(a_{2011} - 1) = -f(a_2 - 1)$, 所以 $f(a_{2011} - 1) = f(-a_2 + 1)$, 所以 $a_{2011} - 1 = -a_2 + 1$, 即 $a_{2011} + a_2 = 2$. 所以 $S_{2012} = \dfrac{2012(a_1 + a_{2012})}{2} = \dfrac{2012(a_2 + a_{2011})}{2} = 2012$, 故②正确. 故选 C.

二、同构形式不明显

在方程式中, 如果方程 $f(a) = 0$ 和 $f(b) = 0$ 呈现同构特征, 则 a, b 可视为方程 $f(x) = 0$ 的两个实数根.

例 2 关于 x 的方程 $e^x - \dfrac{\ln x + k}{x} = 1$ 在 $(0, +\infty)$ 上只有一个实根, 则 $k =$ _____.

题中方程可转化为 $xe^x = k + x + \ln x$, 即 $xe^x = k + \ln(xe^x)$, 记 $t = xe^x$ $(x > 0)$, 则化为 $t = k + \ln t$, 即 $k = t - \ln t$. 记 $g(t) = t - \ln t$ $(t > 0)$, 转化为直线 $y = k$ 与函数 $g(t) = t - \ln t$ 的图象在 $(0, +\infty)$ 上有且仅有一个交点. $g'(t) = 1 - \dfrac{1}{t} = \dfrac{t-1}{t}$, 易知函数 $g(t)$ 在 $(0, 1)$ 单调递减, 在 $(1, +\infty)$ 单调递增, $g(x)_{\min} = g(1) = 1$, 又 $t \to 0$ 或 $t \to +\infty$ 时, $g(t) \to +\infty$, 所以 $k = 1$.

三、"凑"同构形式

这种"凑"同构的情况, 在等式或不等式中一般含有常见的同构变形, 即含有 xe^x 与 $x\ln x$ 等形式.

例 3 已知函数 $f(x) = \left(\dfrac{x}{2} - \dfrac{1}{4}\right)e^{2x} - x\ln x - ax^2$ 是 $(0, +\infty)$ 上的单调递增函数, 求 a 的取值范围.

$f'(x) = xe^{2x} - \ln x - 1 - 2ax$, 可知 $f'(x) \geqslant 0$ 在 $(0, +\infty)$ 上恒成立, 即 $xe^{2x} - \ln x - 1 - 2ax \geqslant 0$, 可化为 $2a \leqslant \dfrac{xe^{2x} - \ln x - 1}{x}$. 令 $g(x) = \dfrac{xe^{2x} - \ln x - 1}{x}$, 则 $2a \leqslant g(x)_{\min}$. 因为 $xe^{2x} - \ln x - 2x = e^{\ln x + 2x} - (\ln x + 2x)$, 令 $t = \ln x + 2x$, $h(t) = e^t - t$, $h'(t) = e^t - 1$, 可知 $h(t)$ 在 $(-\infty, 0)$ 上单调递减, 在 $(0, +\infty)$ 上单调递增, $h(t) \geqslant h(0) = 1$, 即 $xe^{2x} - \ln x - 1 \geqslant 2x$, 所以 $g(x) = \dfrac{xe^{2x} - \ln x - 1}{x} \geqslant \dfrac{2x}{x} = 2$, 则 $2a \leqslant 2$, $a \leqslant 1$.

变式 已知不等式 $x + a\ln x - x^a + \dfrac{1}{e^x} \geqslant 0$ 对任意 $x \in (1, +\infty)$ 恒成立，求 a 的最小值.

问题转化为 $e^{-x} - \ln e^{-x} \geqslant x^a - \ln x^a$ 对任意 $x \in (1, +\infty)$ 恒成立，设函数 $f(t) = t - \ln t$，则 $f(e^{-x}) \geqslant f(x^a)$ 对任意 $x \in (1, +\infty)$ 恒成立. 由于 $f'(t) = 1 - \dfrac{1}{t} = \dfrac{t-1}{t}$，所以 $f(t)$ 在 $(0, 1)$ 上单调递减. 因为 $x \in (1, +\infty)$ 时，$e^{-x} \in \left(0, \dfrac{1}{e}\right)$，当 $x^a \in (0, 1)$ 时，$e^{-x} \leqslant x^a$，两边取对数得 $-x \leqslant a\ln x$，即 $a \geqslant -\dfrac{x}{\ln x}$ $(x > 1)$，设 $h(x) = \dfrac{-x}{\ln x}$，$h'(x) = \dfrac{1 - \ln x}{(\ln x)^2}$，所以 $h(x)$ 在 $(1, e)$ 上单调递增，在 $(e, +\infty)$ 上单调递减，所以 $h(x)_{\max} = h(e) = -e$，故 $a \geqslant -e$.

熟悉常见的同构变形，可以大大提高解题的速度. 如 $x = \ln e^x$ 或 $x = e^{\ln x}$，此外常见的有：

(1) $axe^{ax} \geqslant x\ln x \Rightarrow ax \cdot e^{ax} \geqslant \ln x \cdot e^{\ln x}$，构造函数 $f(x) = xe^x$.

(2) $x^2\ln x = a\ln a - a\ln x \Rightarrow x\ln x = \dfrac{a}{x}\ln\dfrac{a}{x}$，构造函数 $f(x) = x\ln x$.

(3) $\dfrac{e^x}{a} + 1 > \ln(ax - a)$ $(a > 0)$ $\Rightarrow \dfrac{e^x}{a} + \ln\dfrac{e^x}{a} > (x-1) + \ln(x-1)$，构造函数 $f(x) = x + \ln x$.

(4) $x + \dfrac{1}{e^x} \geqslant x^\alpha - \ln x^\alpha$ $(x > 0)$ $\Rightarrow \dfrac{1}{e^x} - \ln\dfrac{1}{e^x} \geqslant x^\alpha - \ln x^\alpha$，构造函数 $f(x) = x - \ln x$.

(5) $x^{\alpha+1}e^x \geqslant -\alpha\ln x \Rightarrow xe^x \geqslant -\alpha\ln x \cdot e^{-\alpha\ln x}$，构造函数 $f(x) = xe^x$.

洛必达法则在解题中的应用

有一类含参函数式, 在求参数的取值范围时, 如果对参数进行分类讨论, 解题过程相当烦琐, 很难求到结果. 如果用分离参数法求解, 分离出的函数式的最值有时又无法取到, 会出现 "$\frac{0}{0}$" 型或 "$\frac{\infty}{\infty}$" 型极限, 这时若想到了 "洛必达法则", 可以从以下两个角度试着解一下.

法则 1 若函数 $f(x)$ 与 $g(x)$ 满足下列条件:

(1) $\lim\limits_{x \to a} f(x) = 0$ 及 $\lim\limits_{x \to a} g(x) = 0$;

(2) 在点 a 的去心邻域内, $f(x)$ 与 $g(x)$ 可导且 $g'(x) \neq 0$;

(3) $\lim\limits_{x \to a} \dfrac{f'(x)}{g'(x)} = l$,

那么 $\lim\limits_{x \to a} \dfrac{f(x)}{g(x)} = \lim\limits_{x \to a} \dfrac{f'(x)}{g'(x)} = l.$

法则 2 若函数 $f(x)$ 与 $g(x)$ 满足下列条件:

(1) $\lim\limits_{x \to a} f(x) = \infty$ 及 $\lim\limits_{x \to a} g(x) = \infty$;

(2) 在点 a 的去心邻域内, $f(x)$ 与 $g(x)$ 可导且 $g'(x) \neq 0$;

(3) $\lim\limits_{x \to a} \dfrac{f'(x)}{g'(x)} = l$,

那么 $\lim\limits_{x \to a} \dfrac{f(x)}{g(x)} = \lim\limits_{x \to a} \dfrac{f'(x)}{g'(x)} = l.$

例 1 已知函数 $f(x) = \ln(1+x) - (\ln a)x \ (a > 0)$. 若实数 $a \in \mathbf{N}^*$, 当 $x \in (0, +\infty)$ 时, $f(x) < 0$ 恒成立, 求 a 的最小值.

原问题变为 $\ln(1+x) < (\ln a)x$, 故 $\ln a > \dfrac{\ln(1+x)}{x}$, 令 $g(x) = \dfrac{\ln(x+1)}{x}$, $g'(x) = \dfrac{x(x+1)^{-1} - \ln(1+x)}{x^2}$, 令 $h(x) = \dfrac{x}{x+1} - \ln(1+x)$, $h'(x) = -\dfrac{x}{(x+1)^2}$, 易知 $h(x)$ 在 $(0, +\infty)$ 上单调递减, 所以 $h(x) <$

h (0) =0, g' (x) <0, 即 g (x) 在 (0, +∞) 上单调递减, 此时应为g (x) <g (0), 而 g (0) 不存在, 无法进行下去. 这时候可以迂回一下: 构造函数 φ (x) =x-ln (1+x), φ' (x) =$1-\dfrac{1}{x+1}=\dfrac{x}{x+1}$, 易知 φ (x) 在 (0, +∞) 上单调递增, φ (x) >φ (0) =0, 即 x>ln (1+x), 故 $0<\dfrac{\ln\ (1+x)}{x}<1$, 即 0<$g$ (x) <1, 所以 ln$a$≥1, 解得 a≥e, 又 $a∈\mathbf{N}^*$, 故最小值为 3.

以上解法三次构造新函数才达到目的, 学生在解题时很难想到. 现在用洛必达法则处理:

与前边的做法相同, 同样进行到 g (x) 在 (0, +∞) 上单调递减. 由洛必达法则知 $\lim\limits_{x\to0^+}g$ (x) $=\lim\limits_{x\to0^+}\dfrac{\ln\ (x+1)}{x}=\lim\limits_{x\to0}\dfrac{1}{x+1}=1$, 即 g (x) <1, 所以 ln$a$≥1, 解得 a≥e, 又 $a∈\mathbf{N}^*$, 故最小值为 3.

运用洛必达法则解题, 首先要判断出所分离出的函数式的单调性, 其次所分离出的函数式需为分式形式, 最后当未知数趋近于某一个数时所分离出的函数式要具备 "$\dfrac{0}{0}$" 型或 "$\dfrac{\infty}{\infty}$" 型.

例 2 已知函数 f (x) $=\dfrac{\ln x}{x+1}+\dfrac{1}{x}$, 如果当 x>0, 且 x≠1 时, f (x) >$\dfrac{\ln x}{x-1}+\dfrac{k}{x}$, 求 k 的取值范围.

(分类讨论) f (x) $-\left(\dfrac{\ln x}{x-1}+\dfrac{k}{x}\right)=\dfrac{1}{1-x^2}\left[2\ln x+\dfrac{(k-1)\ (x^2-1)}{x}\right]>0$. 设 g (x) $=2\ln x+\dfrac{(k-1)\ (x^2-1)}{x}$, g' (x) $=\dfrac{(k-1)\ (x^2+1)\ +2x}{x^2}$.

(1) 设 k≤0, 由 g' (x) $=\dfrac{k\ (x^2+1)\ -\ (x-1)^2}{x^2}$知: 当 x≠1 时, g' (x) <0, g (x) 在 (0, +∞) 上单调递减, 又 g (1) =0, 所以当 0<x<1 时, g (x) >0, $\dfrac{1}{1-x^2}g$ (x) >0; 当 x>1 时, g (x) <0, $\dfrac{1}{1-x^2}g$ (x) >0. 即当 x>0 且 x≠1 时, f (x) $-\left(\dfrac{\ln x}{x-1}+\dfrac{k}{x}\right)>0$, 即 f (x) >$\dfrac{\ln x}{x-1}+\dfrac{k}{x}$.

(2) 设 0<k<1, y= $(k-1)\ (x^2+1)\ +2x$ = $(k-1)\ x^2+2x+k-1$ 的图象开口向下, 且 $\Delta=4-4\ (k-1)^2>0$, 对称轴为 $x=\dfrac{1}{1-k}>1$, 所以当 1<x<

$\frac{1}{1-k}$ 时，$(k-1)(x^2+1)+2x>0$，故 $g'(x)>0$，又 $g(1)=0$，所以当 1

$<x<\frac{1}{1-k}$ 时，$g(x)>0$，$\frac{1}{1-x^2}g(x)<0$，与题设矛盾.

（3）设 $k\geq1$. 此时 $g'(x)>0$，又 $g(1)=0$，所以当 $x>1$ 时，$g(x)$

>0，$\frac{1}{1-x^2}g(x)<0$，与题设矛盾.

综上 $k\leq0$.

由于 $k\in\mathbf{R}$，含有 $k-1$，故从 $k\leq0$，$0<k<1$，$k\geq1$ 的角度进行分类讨论，从而淘汰 $0<k<1$，$k\geq1$ 两种情况. 以上解法思路清晰但不易想到，并且运算烦琐，需要很强的运算能力. 下面用洛必达法则处理：

（分离参数）$f(x)>\frac{\ln x}{x-1}+\frac{k}{x}$，整理得 $k-1<\frac{2x\ln x}{1-x^2}$，令 $g(x)=\frac{2x\ln x}{1-x^2}$

$(x>0, x\neq1)$，$g'(x)=2\cdot\frac{(x^2+1)\ln x-x^2+1}{(1-x^2)^2}$，令 $h(x)=(x^2+1)\ln x$

$-x^2+1$，$h'(x)=2x\ln x+\frac{1}{x}-x$，再令 $\varphi(x)=2x\ln x+\frac{1}{x}-x$，$\varphi'(x)=$

$2\ln x+1-\frac{1}{x^2}$，易知 $\varphi'(x)$ 在 $(0, +\infty)$ 上单调递增，且 $\varphi'(1)=0$，进而知：当 $0<x<1$ 时，$\varphi'(x)<0$；当 $x>1$ 时，$\varphi'(x)>0$. $\varphi(x)$ 在 $(0, 1)$ 上单调递减，在 $(1, +\infty)$ 上单调递增，所以 $\varphi(x)>\varphi(1)=0$，即 $h'(x)$ >0，$h(x)$ 在 $(0, +\infty)$ 上单调递增，又 $h(1)=0$，所以当 $0<x<1$ 时，$h(x)<0$，$g'(x)<0$，当 $x>1$ 时，$h(x)>0$，$g'(x)>0$，所以 $g(x)$ 在 $(0, 1)$ 上单调递减，在 $(1, +\infty)$ 上单调递增，由洛必达法则知，$\lim\limits_{x\to1}g(x)$

$=2\lim\limits_{x\to1}\frac{x\ln x}{1-x^2}=2\lim\limits_{x\to1}\frac{1+\ln x}{-2x}=-1$，即 $g(x)>-1$，所以 $k-1\leq-1$，即 $k\leq0$.

对同一个试题的两种解法，凸显了洛必达法则在"去心领域内极限值"的求解中的简便易行.

比较以上两种解法，如果直接讨论参数的不同取值，借助函数的性质，解题过程相当烦琐，很难求解. 采用参数与变量分离比较容易理解，但是分离出来的函数式的最值无法取到，而用洛必达法则却较好地解决了这一问题，这是一种值得借鉴的方法.

第四章

三角函数
解三角形

三角函数的单调性

一、正弦函数 $y = \sin x$

增区间为 $\left[-\dfrac{\pi}{2} + 2k\pi, \ \dfrac{\pi}{2} + 2k\pi \right]$ $(k \in \mathbf{Z})$，减区间为 $\left[\dfrac{\pi}{2} + 2k\pi, \ \dfrac{3\pi}{2} + 2k\pi \right]$ $(k \in \mathbf{Z})$.

引申：函数 $y = A\sin(\omega x + \varphi) + B$ $(A > 0, \ \omega > 0)$，

增区间： $-\dfrac{\pi}{2} + 2k\pi \leqslant \omega x + \varphi \leqslant \dfrac{\pi}{2} + 2k\pi$，求出 x 的取值范围，写成区间，注明 $k \in \mathbf{Z}$；

减区间： $\dfrac{\pi}{2} + 2k\pi \leqslant \omega x + \varphi \leqslant \dfrac{3\pi}{2} + 2k\pi$，求出 x 的取值范围，写成区间，注明 $k \in \mathbf{Z}$.

二、余弦函数 $y = \cos x$

增区间为 $[-\pi + 2k\pi, \ 2k\pi]$ $(k \in \mathbf{Z})$，减区间为 $[2k\pi, \ \pi + 2k\pi]$ $(k \in \mathbf{Z})$.

引申：函数 $y = A\cos(\omega x + \varphi) + B$ $(A > 0, \ \omega > 0)$，

增区间： $-\pi + 2k\pi \leqslant \omega x + \varphi \leqslant 2k\pi$，求出 x 的取值范围，写成区间，注明 $k \in \mathbf{Z}$；

减区间： $2k\pi \leqslant \omega x + \varphi \leqslant \pi + 2k\pi$，求出 x 的取值范围，写成区间，注明 $k \in \mathbf{Z}$.

三、正切函数 $y = \tan x$

增区间为 $\left(-\dfrac{\pi}{2} + k\pi, \ \dfrac{\pi}{2} + k\pi \right)$ $(k \in \mathbf{Z})$.

引申：函数 $y = A\tan(\omega x + \varphi) + B$ $(A > 0, \ \omega > 0)$，

增区间：$-\dfrac{\pi}{2}+k\pi<\omega x+\varphi<\dfrac{\pi}{2}+k\pi$，求出 x 的取值范围，写成区间，注明 $k\in\mathbf{Z}$.

此外，函数 $y=kf(x)$ 与 $y=f(x)$ 的单调性，若 $k>0$，则相同；若 $k<0$，则相反.

例 1 求函数 $f(x)=\sin\left(-2x+\dfrac{\pi}{6}\right)$ 的单调减区间.

$f(x)=\sin\left(-2x+\dfrac{\pi}{6}\right)=-\sin\left(2x-\dfrac{\pi}{6}\right)$ 的减区间，等价于 $y=\sin\left(2x-\dfrac{\pi}{6}\right)$ 的增区间，由于 $-\dfrac{\pi}{2}+2k\pi\leqslant 2x-\dfrac{\pi}{6}\leqslant\dfrac{\pi}{2}+2k\pi$，$-\dfrac{\pi}{6}+k\pi\leqslant x\leqslant\dfrac{\pi}{3}+k\pi$，故原函数的减区间为 $\left[-\dfrac{\pi}{6}+k\pi,\ \dfrac{\pi}{3}+k\pi\right]$ $(k\in\mathbf{Z})$.

例 2 已知 $\omega>0$，函数 $f(x)=\sin\left(\omega x+\dfrac{\pi}{4}\right)$ 在 $\left(\dfrac{\pi}{2},\ \pi\right)$ 上单调递减，求 ω 的取值范围.

思路一： 由 $\dfrac{\pi}{2}<x<\pi$，$\omega>0$，得 $\dfrac{\pi}{2}\omega+\dfrac{\pi}{4}<\omega x+\dfrac{\pi}{4}<\pi\omega+\dfrac{\pi}{4}$，由题意知，$\left(\dfrac{\pi}{2}\omega+\dfrac{\pi}{4},\ \pi\omega+\dfrac{\pi}{4}\right)\subseteq\left[\dfrac{\pi}{2}+2k\pi,\ \dfrac{3\pi}{2}+2k\pi\right]$，$k\in\mathbf{Z}$. 当 $k=0$ 时，解得 $\dfrac{1}{2}\leqslant\omega\leqslant\dfrac{5}{4}$.

思路二： 由 $\dfrac{\pi}{2}+2k\pi\leqslant\omega x+\dfrac{\pi}{4}\leqslant\dfrac{3\pi}{2}+2k\pi$，得 $\dfrac{\pi}{4\omega}+\dfrac{2k\pi}{\omega}\leqslant x\leqslant\dfrac{5\pi}{4\omega}+\dfrac{2k\pi}{\omega}$，即 $f(x)=\sin\left(\omega x+\dfrac{\pi}{4}\right)$ 的单调减区间为 $\left[\dfrac{\pi}{4\omega}+\dfrac{2k\pi}{\omega},\ \dfrac{5\pi}{4\omega}+\dfrac{2k\pi}{\omega}\right]$，$k\in\mathbf{Z}$，又 $f(x)$ 在 $\left(\dfrac{\pi}{2},\ \pi\right)$ 上单调递减，所以 $\left(\dfrac{\pi}{2},\ \pi\right)\subseteq\left[\dfrac{\pi}{4\omega}+\dfrac{2k\pi}{\omega},\ \dfrac{5\pi}{4\omega}+\dfrac{2k\pi}{\omega}\right]$，当 $k=0$ 时，解得 $\dfrac{1}{2}\leqslant\omega\leqslant\dfrac{5}{4}$.

通过上述例题解析可以看出：针对 $y=A\sin(\omega x+\varphi)+B$，$y=A\cos(\omega x+\varphi)+B$，$y=A\tan(\omega x+\varphi)+B$，求其单调区间，前提是在 $A>0$，$\omega>0$ 的条件下，求其单调性，借助 $y=\sin x$，$y=\cos x$，$y=\tan x$ 的单调区间进行"整体代换"，求出 x 的范围，写成区间的形式.

三角函数的对称轴

三角函数 $y = A\sin(\omega x + \varphi) + B$ 或 $y = A\cos(\omega x + \varphi) + B$ ($\omega > 0$) 的对称轴，要么过图象的最高点，要么过图象的最低点，即函数在对称轴处要么取得最大值，要么取得最小值.

(1) 正弦函数 $y = \sin x$ 的对称轴为 $x = \dfrac{\pi}{2} + k\pi$ ($k \in \mathbf{Z}$)，其要么过图象的最高点，要么过图象的最低点.

引申：函数 $y = A\sin(\omega x + \varphi) + B$ ($\omega > 0$) 的对称轴：由 $\omega x + \varphi = \dfrac{\pi}{2} + k\pi$，得 $x = \dfrac{\pi}{2\omega} - \dfrac{\varphi}{\omega} + \dfrac{k\pi}{\omega}$ ($k \in \mathbf{Z}$).

(2) 余弦函数 $y = \cos x$ 的对称轴为 $x = k\pi$ ($k \in \mathbf{Z}$)，其要么过图象的最高点，要么过图象的最低点；

引申：函数 $y = A\cos(\omega x + \varphi) + B$ ($\omega > 0$) 的对称轴：由 $\omega x + \varphi = k\pi$，得 $x = -\dfrac{\varphi}{\omega} + \dfrac{k\pi}{\omega}$ ($k \in \mathbf{Z}$).

(3) 函数 $y = f(x + a)$ 为偶函数，等价于 $f(-x + a) = f(x + a)$，$f(-x + 2a) = f(x)$，$f(x + 2a) = f(-x)$，即函数 $y = f(x)$ 的图象关于直线 $x = a$ 对称.

一般地，$f(a + x) = f(b - x)$，函数 $y = f(x)$ 的图象关于直线 $x = \dfrac{a+b}{2}$ 对称.

例1 求函数 $f(x) = \sin\left(-2x + \dfrac{\pi}{6}\right)$ 的对称轴.

函数 $f(x) = \sin\left(-2x + \dfrac{\pi}{6}\right) = -\sin\left(2x - \dfrac{\pi}{6}\right)$，由 $2x - \dfrac{\pi}{6} = \dfrac{\pi}{2} + k\pi$，得 $2x = \dfrac{2\pi}{3} + k\pi$，对称轴方程为 $x = \dfrac{\pi}{3} + \dfrac{k\pi}{2}$ ($k \in \mathbf{Z}$).

例2 已知函数 $y = A\sin(\omega x + \varphi)$ $\left(A > 0,\ \omega > 0,\ |\varphi| < \dfrac{\pi}{2}\right)$ 在同一周期内的图象如图 4-1 所示，若方程 $f(x) = m$ 在区间 $[0,\ \pi]$ 上有两个不同的实数根 x_1，x_2，求 $x_1 + x_2$ 的值．

如图 4-1，可得 $A = 2$，$\dfrac{1}{2}T = \dfrac{2\pi}{3} - \dfrac{\pi}{6}$，$\dfrac{1}{2} \cdot \dfrac{2\pi}{\omega}$

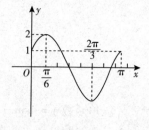

图 4-1

$= \dfrac{\pi}{2}$，所以 $\omega = 2$，所以 $f(x) = 2\sin(2x + \varphi)$，代

入 $\left(\dfrac{\pi}{6},\ 2\right)$ 可得 $\dfrac{\pi}{3} + \varphi = \dfrac{\pi}{2}$，解得 $\varphi = \dfrac{\pi}{6}$，所以 $f(x)$

$= 2\sin\left(2x + \dfrac{\pi}{6}\right)$，转化为 $y = m$ 与 $y = f(x)$ 的图象在

$[0,\ \pi]$ 上有两个不同的交点横坐标，即 $\dfrac{x_1 + x_2}{2} = \dfrac{\pi}{6}$

或 $\dfrac{x_1 + x_2}{2} = \dfrac{2\pi}{3}$，解得 $x_1 + x_2 = \dfrac{\pi}{3}$ 或 $x_1 + x = \dfrac{4\pi}{3}$．

例3 已知函数 $f(x) = 2\cos(\omega x + \varphi) + b$，对任意实数 x 有 $f\left(x + \dfrac{\pi}{4}\right) = f(-x)$ 成立，且 $f\left(\dfrac{\pi}{8}\right) = 1$，则 $b = $ ＿＿＿＿．

由 $f\left(x + \dfrac{\pi}{4}\right) = f(-x)$ 知，$f(x)$ 的一条对称轴为 $x = \dfrac{\pi}{8}$，所以

$2\cos\left(\dfrac{\pi}{8}\omega + \varphi\right) + b = 1$，$2 \times (\pm 1) + b = 1$，即 $b = -1$ 或 3．

通过上述例题解析可以看出：如果要求 $y = A\sin(\omega x + \varphi) + B$［或 $y = A\cos(\omega x + \varphi) + B$］的一条对称轴，前提是在 $\omega > 0$ 的条件下，用 $\omega x + \varphi$ 去替换函数 $y = \sin x$（或 $y = \cos x$）的对称轴，求出 x 值；如果要判断一条直线是不是上述三角函数的对称轴，只需将其代入解析式，观察是否能取到最大值或最小值即可．

三角函数的对称中心

三角函数 $y = A\sin(\omega x + \varphi) + B$ 或 $y = A\cos(\omega x + \varphi) + B$ $(\omega > 0)$ 的对称中心，在函数图象上；而 $y = A\tan(\omega x + \varphi) + B$ 的对称中心，要么在函数图象上，要么在其渐近线上．三角函数求对称中心，需要整体来看．

（1）正弦函数 $y = \sin x$ 的对称中心为 $(k\pi, 0)$ $(k \in \mathbf{Z})$，其在函数图象上．

引申：函数 $y = A\sin(\omega x + \varphi) + B$ $(\omega > 0)$ 的对称中心：由 $\omega x + \varphi = k\pi$，

得 $x = -\dfrac{\varphi}{\omega} + \dfrac{k\pi}{\omega}$ $(k \in \mathbf{Z})$，即点 $\left(-\dfrac{\varphi}{\omega} + \dfrac{k\pi}{\omega},\ B\right)$ $(k \in \mathbf{Z})$，且在函数图象上．

（2）余弦函数 $y = \cos x$ 的对称中心为 $\left(\dfrac{\pi}{2} + k\pi,\ 0\right)$ $(k \in \mathbf{Z})$，其在函数图象上．

引申：函数 $y = A\cos(\omega x + \varphi) + B$ $(\omega > 0)$ 的对称中心：由 $\omega x + \varphi = \dfrac{\pi}{2}$

$+ k\pi$，得 $x = \dfrac{\pi}{2\omega} - \dfrac{\varphi}{\omega} + \dfrac{k\pi}{\omega}$ $(k \in \mathbf{Z})$，即点 $\left(\dfrac{\pi}{2\omega} - \dfrac{\varphi}{\omega} + \dfrac{k\pi}{\omega},\ B\right)$ $(k \in \mathbf{Z})$，且在函数图象上．

（3）正切函数 $y = \tan x$ 的对称中心为 $\left(\dfrac{k\pi}{2},\ 0\right)$ $(k \in \mathbf{Z})$，其有可能在函数图象上，也有可能不在函数图象上，而在其渐近线上．

引申：函数 $y = A\tan(\omega x + \varphi) + B$ $(\omega > 0)$ 的对称中心：由 $\omega x + \varphi = \dfrac{k\pi}{2}$，

得 $x = -\dfrac{\varphi}{\omega} + \dfrac{k\pi}{2\omega}$ $(k \in \mathbf{Z})$，即点 $\left(-\dfrac{\varphi}{\omega} + \dfrac{k\pi}{2\omega},\ B\right)$ $(k \in \mathbf{Z})$，其有可能在函数图象上，也有可能不在函数图象上，而在其渐近线上．

（4）函数 $y = f(x + a)$ 为奇函数，$f(-x + a) = -f(x + a)$，$f(-x + 2a) = -f(x)$，$f(x + 2a) = -f(-x)$，即函数 $y = f(x)$ 的图象关于点 $(a, 0)$ 对称．

一般地，$f(a + x) + f(b - x) = c$，$y = f(x)$ 的图象关于点

$\left(\dfrac{a+b}{2},\ \dfrac{c}{2}\right)$ 对称.

例 1 求函数 $f(x)=\sin\left(\dfrac{\pi}{6}-2x\right)$ 的对称中心.

$f(x)=\sin\left(\dfrac{\pi}{6}-2x\right)=\sin\left[-\left(2x-\dfrac{\pi}{6}\right)\right]=-\sin\left(2x-\dfrac{\pi}{6}\right)$, 由 $2x-\dfrac{\pi}{6}=0+$

$k\pi$, 得 $x=\dfrac{\pi}{12}+\dfrac{k\pi}{2}$, 即 $f(x)$ 的对称中心为 $\left(\dfrac{\pi}{12}+\dfrac{k\pi}{2},\ 0\right)$ $(k\in\mathbf{Z})$.

例 2 设函数 $y=2\sin(\omega x+\varphi)$, $x\in\mathbf{R}$, 其中 $\omega>0$, $|\varphi|<\pi$, 若 $f\left(\dfrac{5\pi}{8}\right)=$

2, $f\left(\dfrac{11\pi}{8}\right)=0$, 且 $f(x)$ 的最小正周期大于 2π, 则下列结论中正确的是

( ).

A. $\omega=\dfrac{2}{3}$, $\varphi=\dfrac{\pi}{12}$ \qquad\qquad B. $\omega=\dfrac{2}{3}$, $\varphi=\dfrac{11\pi}{12}$

C. $\omega=\dfrac{1}{3}$, $\varphi=\dfrac{11\pi}{24}$ \qquad\qquad D. $\omega=\dfrac{1}{3}$, $\varphi=\dfrac{7\pi}{24}$

由 $\begin{cases}2\sin\left(\dfrac{5\pi}{8}\omega+\varphi\right)=2,\\[2mm]2\sin\left(\dfrac{11\pi}{8}\omega+\varphi\right)=0,\end{cases}$ 得 $\begin{cases}\dfrac{5\pi}{8}\omega+\varphi=\dfrac{\pi}{2}+2k_1\pi,\ k_1\in\mathbf{Z},\\[2mm]\dfrac{11\pi}{8}\omega+\varphi=0+k_2\pi,\ k_2\in\mathbf{Z},\end{cases}$ $\omega=-\dfrac{2}{3}-\dfrac{4}{3}$

$(2k_1-k_2)$, 由于 $f(x)$ 的最小正周期大于 2π, 所以 $\dfrac{2\pi}{\omega}>2\pi$, 所以 $0<\omega<1$,

所以 $\omega=\dfrac{2}{3}$, 代入上式可得 $\dfrac{11\pi}{8}\times\dfrac{2}{3}+\varphi=k_2\pi$, 解得 $\varphi=k_2\pi-\dfrac{11\pi}{12}$, 又 $|\varphi|<\pi$,

令 $k_2=1$, 得 $\varphi=\dfrac{\pi}{12}$. A 正确.

通过上述例题解析可以看出：针对函数 $y=A\sin(\omega x+\varphi)+B$, $y=A\cos(\omega x+\varphi)+B$, $y=A\tan(\omega x+\varphi)+B$, 求其对称中心, 前提是在 $\omega>0$ 的条件下, 用 $\omega x+\varphi$ 去替换函数 $y=\sin x$, $y=\cos x$, $y=\tan x$ 中对称中心的横坐标, 求出 x 值, 与 B 一起写成点的坐标形式, 即 $(x,\ B)$, $k\in\mathbf{Z}$.

三角函数的值域

一、化为 $y = A\sin(\omega x + \varphi) + B$ 的形式

1. 有条件的值域

这种情况是求给定区间上的值域，化简后的函数 $y = A\sin(\omega x + \varphi) + B$ 中 $\sin(\omega x + \varphi)$ 最大不一定能够取到 1，最小也不一定能够取到 -1。

例 1 求函数 $f(x) = 3\sin x + 4\cos x$，$x \in [0, \pi]$ 的值域。

原函数可转化为 $f(x) = 5\sin(x + \varphi)$，其中 $\tan\varphi = \dfrac{4}{3}$，且 $\dfrac{\pi}{4} < \varphi < \dfrac{\pi}{2}$，因为 $0 \le x \le \pi$，所以 $\varphi \le x + \varphi \le \pi + \varphi$，$-\dfrac{4}{5} \le \sin(x + \varphi) \le 1$，所以 $-4 \le 5\sin(x + \varphi) \le 5$，即 $-4 \le f(x) \le 5$。

2. 无条件的值域

这种情况是求定义域为 **R** 的函数的值域，化简后的函数 $y = A\sin(\omega x + \varphi) + B$ 中 $\sin(\omega x + \varphi)$ 最大能够取到 1，最小也能够取到 -1。

例 2 已知函数 $f(x) = \sin^2 x + 2\sin x \cos x + 3\cos^2 x$，$x \in \mathbf{R}$，求 $f(x)$ 的值域。

原函数可转化为 $f(x) = \sqrt{2}\sin\left(2x + \dfrac{\pi}{4}\right) + 2$，因为 $x \in \mathbf{R}$，所以 $-1 \le \sin\left(2x + \dfrac{\pi}{4}\right) \le 1$，即 $2 - \sqrt{2} \le f(x) \le 2 + \sqrt{2}$。

二、化为 $y = f(\sin x)$ 的形式

例 3 已知函数 $f(x) = 3\cos^2 x + 4\sin x$，$x \in \left(\dfrac{\pi}{6}, \dfrac{2\pi}{3}\right)$，求 $f(x)$ 的值域。

原函数可转化为 $f(x) = -3\sin^2 x + 4\sin x + 3$，因 $x \in \left(\dfrac{\pi}{6}, \dfrac{2\pi}{3}\right)$，令 $t = \sin x$ $\in \left(\dfrac{1}{2}, 1\right]$，化为 $y = -3t^2 + 4t + 3$，对称轴为 $t = \dfrac{2}{3}$，开口向下，距轴近则点

高，距轴远则点低，所以 $y_{\min}=y_{t=1}=4$，$y_{\max}=y_{t=\frac{2}{3}}=\dfrac{13}{3}$，则 $4\leqslant f(x)\leqslant\dfrac{13}{3}$．

变式 函数 $f(x)=\dfrac{\sin2x\sin x}{1-\cos x}$ 的值域为_____．

函数 $f(x)=2\cos^2x+2\cos x=2\left(\cos x+\dfrac{1}{2}\right)^2-\dfrac{1}{2}$，因为 $-1\leqslant\cos x<1$，所以

当 $\cos x=-\dfrac{1}{2}$ 时，$y_{\min}=-\dfrac{1}{2}$，且 $y<2\left(1+\dfrac{1}{2}\right)^2-\dfrac{1}{2}=4$，所以 $f(x)$ 的值域为

$\left[-\dfrac{1}{2},\ 4\right)$．

三、借助数形结合

例4 求函数 $f(x)=\dfrac{1}{2}(\sin x+\cos x)-\dfrac{1}{2}|\sin x-\cos x|$ 的值域．

如图 $4-2$，函数 $f(x)=\begin{cases}\sin x,\ \sin x<\cos x,\\ \cos x,\ \sin x\geqslant\cos x,\end{cases}$ 可得 $f(x)\in\left[-1,\ \dfrac{\sqrt{2}}{2}\right]$．

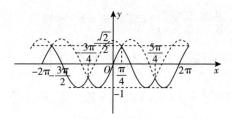

图 $4-2$

变式 求函数 $f(x)=\dfrac{2-\sin x}{2+\cos x}$ 的值域．

函数 $f(x)=\dfrac{2-\sin x}{2-(-\cos x)}$ 的值域可以看作过点 $(-\cos x,\ \sin x)$ 与点 P $(2,2)$ 的直线斜率 k 的范围．而点 $(-\cos x,\ \sin x)$ 则是以原点为圆心、1 为半径的圆 $x^2+y^2=1$ 上的动点，点 $P(2,2)$ 在圆外，过点 P 与圆有公共点的直线斜率都存在，设直线为 $y-2=k(x-2)$，即 $kx-y-2k+2=0$，圆心到该直线的距离 $\dfrac{|-2k+2|}{\sqrt{k^2+1}}\leqslant1$，解得 $\dfrac{4-\sqrt{7}}{3}\leqslant k\leqslant\dfrac{4+\sqrt{7}}{3}$．

三角函数解析式中 φ 的求法

一、代点求 φ

如果给定图象中有多个关键点，最好代入最值点坐标来确定 φ，因为该点具有唯一性.

例 1 函数 $f(x) = A\tan(\omega x + \varphi)$

$\left(A > 0, \omega > 0, |\varphi| < \dfrac{\pi}{2}\right)$ 的图象如图 $4-3$ 所示，则

$\varphi = $ _____ .

如图 $4-3$，$\dfrac{3\pi}{8} - \dfrac{\pi}{8} = \dfrac{1}{2} \cdot \dfrac{\pi}{\omega}$，解得 $\omega = 2$. 所以

$f(x) = A\tan(2x + \varphi)$，代入点 $\left(\dfrac{3\pi}{8}, 0\right)$，

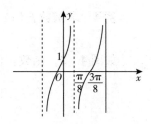

图 $4-3$

$A\tan\left(\dfrac{3\pi}{4} + \varphi\right) = 0$，解得 $\dfrac{3\pi}{4} + \varphi = 0 + k\pi$，$k \in \mathbf{Z}$，又 $|\varphi| < \dfrac{\pi}{2}$，则 $\varphi = \dfrac{\pi}{4}$.

二、根据图象平移求 φ

由一个函数图象通过左右平移获得另一个函数图象时，一般寻找两个图象平移距离与函数周期之间的倍数关系，进而确定 φ 值.

例 2 将函数 $f(x) = \sin(\omega x + \varphi)$

$\left(\omega > 0, |\varphi| < \dfrac{\pi}{2}\right)$ 的图象向左平移 θ 个单位长度

得到函数 $g(x)$ 的图象，如图 $4-4$ 所示，图中

阴影部分的面积为 $\dfrac{\pi}{2}$，则 $\varphi = $ _____ .

如图 $4-4$，根据正弦型函数图象的对称性

及图形割补，阴影部分是一个长为 2，宽为 θ 的

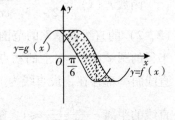

图 $4-4$

矩形. 面积 $2\theta = \dfrac{\pi}{2}$，又由图象知 $\dfrac{1}{4} \cdot \dfrac{2\pi}{\omega} = \dfrac{\pi}{4}$，得 $\omega = 2$，则有 $f(x) = \sin(2x$

$+\varphi\big)$，将点 $\left(\dfrac{\pi}{6},\ 1\right)$ 代入，$1=\sin\left(\dfrac{\pi}{3}+\varphi\right)$，$\dfrac{\pi}{3}+\varphi=\dfrac{\pi}{2}+2k\pi$，$k\in\mathbf{Z}$，因为

$|\varphi|<\dfrac{\pi}{2}$，当 $k=0$ 时，$\varphi=\dfrac{\pi}{6}$.

三、根据 $f(x)$ 的奇偶性求 φ

（1）对于正弦型 $f(x)=A\sin(\omega x+\varphi)+B$ $(A>0,\ \omega>0)$，若 $f(x)$ 为

奇函数，则 $\begin{cases}\varphi=k\pi,\ k\in\mathbf{Z},\\ B=0;\end{cases}$ 若 $f(x)$ 为偶函数，则 $\varphi=k\pi+\dfrac{\pi}{2}$，$k\in\mathbf{Z}$.

（2）对于余弦型 $f(x)=A\cos(\omega x+\varphi)+B$ $(A>0,\ \omega>0)$，若 $f(x)$

为奇函数，则 $\begin{cases}\varphi=k\pi+\dfrac{\pi}{2},\ k\in\mathbf{Z},\\ B=0;\end{cases}$ 若 $f(x)$ 为偶函数，则 $\varphi=k\pi$，$k\in\mathbf{Z}$.

例3 若将函数 $f(x)=\cos x-\sqrt{3}\sin x$ 的图象向左平移 m $(m>0)$ 个单位

后，所得图象关于 y 轴对称，求 m 的最小值.

整理后 $f(x)=2\cos\left(x+\dfrac{\pi}{3}\right)$，将函数 $f(x)$ 的图象向左平移 m $(m>0)$

个单位长度后，可得 $g(x)=\cos\left(x+m+\dfrac{\pi}{3}\right)$ 为偶函数，则有 $m+\dfrac{\pi}{3}=k\pi$，

$k\in\mathbf{Z}$，正数 m 的最小值为 $\dfrac{2\pi}{3}$.

四、正弦型函数 $f(x)=A\sin(\omega x+\varphi)$ $(A>0,\ \omega>0)$ 的初相

正弦型函数 $f(x)=A\sin(\omega x+\varphi)$ 中，$\omega x+\varphi$ 叫相位，而 $x=0$ 时的相位

φ 叫初相．其中需明确三点：（1）必须是正弦型三角函数；（2）振幅 $A>0$；

（3）角频率 $\omega>0$. 如果是余弦型三角函数，则转化成正弦型三角函数；如果 A

或 ω 不是正的，则仍然需要利用诱导公式进行转化，使其均为正的．

例4 已知函数 $f(x)=\sin x+a\cos x$ 的图象关于直线 $x=\dfrac{5\pi}{3}$ 对称，则函数

$g(x)=a\sin x+\cos x$ 的初相是_____．

函数图象关于直线 $x=\dfrac{5\pi}{3}$ 对称，有 $f(0)=f\left(\dfrac{10\pi}{3}\right)$，$a=-\dfrac{\sqrt{3}}{3}$，所以 $g(x)$

$=\dfrac{2\sqrt{3}}{3}\sin\left(x+\dfrac{2\pi}{3}\right)$，初相是 $\varphi=\dfrac{2\pi}{3}$.

三角函数中的半角公式

半角公式是利用某个角的正弦值、余弦值、正切值及其他三角函数值，求其半角的正弦值、余弦值、正切值及其他三角函数值的公式.

一、由二倍角引出

将 $\cos^2\alpha = \dfrac{1+\cos2\alpha}{2}$，$\sin^2\alpha = \dfrac{1-\cos2\alpha}{2}$ 中的 α 换成 $\dfrac{\alpha}{2}$，得 $\tan^2\dfrac{\alpha}{2} = \dfrac{1-\cos\alpha}{1+\cos\alpha}$.

欲求 $\sin\dfrac{\alpha}{2}$，$\cos\dfrac{\alpha}{2}$，$\tan\dfrac{\alpha}{2}$ 的值，只需：①先求出 $\cos\alpha$；②利用角 α 的取值范围，化出 $\dfrac{\alpha}{2}$ 的取值范围；③定出 $\sin\dfrac{\alpha}{2}$，$\cos\dfrac{\alpha}{2}$，$\tan\dfrac{\alpha}{2}$ 的正负.

二、由商数关系引出

$$\tan\frac{\alpha}{2} = \frac{\sin\dfrac{\alpha}{2}}{\cos\dfrac{\alpha}{2}} = \frac{2\sin\dfrac{\alpha}{2}\cos\dfrac{\alpha}{2}}{2\cos^2\dfrac{\alpha}{2}-1+1} = \frac{\sin\alpha}{1+\cos\alpha}，即\ \tan\frac{\alpha}{2} = \frac{\sin\alpha}{1+\cos\alpha}.\ 即欲求\ \tan\frac{\alpha}{2}，$$

只需先求出 $\sin\alpha$，$\cos\alpha$.

例1 已知 $2\sin\alpha = 1+\cos\alpha$，则 $\tan\dfrac{\alpha}{2} = $ _____ .

化简得 $2\sin\dfrac{\alpha}{2}\cos\dfrac{\alpha}{2} = \cos^2\dfrac{\alpha}{2}$，$\cos\dfrac{\alpha}{2}\left(2\sin\dfrac{\alpha}{2}-\cos\dfrac{\alpha}{2}\right) = 0$，$2\sin\dfrac{\alpha}{2}-\cos\dfrac{\alpha}{2}$

$=0$ 或 $\cos\dfrac{\alpha}{2}=0$，所以 $\tan\dfrac{\alpha}{2} = \dfrac{1}{2}$ 或不存在.

评析： 在不清楚 $\cos\dfrac{\alpha}{2}$ 是否等于 0 的情况下，不要进行约分，应当移项提取公因式.

例2 已知 α 为第三象限角，且 $\sin\alpha = -\dfrac{24}{25}$，则 $\tan\dfrac{\alpha}{2} = $ _____．

因为 α 为第三象限角，且 $\sin\alpha = -\dfrac{24}{25}$，所以 $\cos\alpha = -\dfrac{7}{25}$，$\tan\dfrac{\alpha}{2} = \dfrac{\sin\alpha}{1+\cos\alpha}$

$= -\dfrac{4}{3}$．

评析： 根据平方关系，求得 $\cos\alpha$，注意勾股数的应用：3，4，5；5，12，13；7，24，25.

例3 已知 $\tan\alpha = -\dfrac{1}{3}$，则 $\dfrac{5\sin^2\dfrac{\alpha}{2} + 8\sin\dfrac{\alpha}{2}\cos\dfrac{\alpha}{2} + 11\cos^2\dfrac{\alpha}{2} - 8}{\sqrt{2}\sin\left(\alpha - \dfrac{\pi}{4}\right)} = $

_____．

原　式　$= \dfrac{5\left(\sin^2\dfrac{\alpha}{2} + \cos^2\dfrac{\alpha}{2}\right) + 8\sin\dfrac{\alpha}{2}\cos\dfrac{\alpha}{2} + 3\left(2\cos^2\dfrac{\alpha}{2} - 1\right) - 5}{\sqrt{2}\sin\left(\alpha - \dfrac{\pi}{4}\right)} = $

$\dfrac{4\sin\alpha + 3\cos\alpha}{\sin\alpha - \cos\alpha} = \dfrac{4\tan\alpha + 3}{\tan\alpha - 1} = \dfrac{5}{4}$．

例4 已知 $\pi < \alpha < \dfrac{3\pi}{2}$，化简 $\dfrac{1+\sin\alpha}{\sqrt{1+\cos\alpha} - \sqrt{1-\cos\alpha}} + \dfrac{1-\sin\alpha}{\sqrt{1+\cos\alpha} + \sqrt{1-\cos\alpha}}$．

因为 $\pi < \alpha < \dfrac{3\pi}{2}$，$\dfrac{\pi}{2} < \dfrac{\alpha}{2} < \dfrac{3\pi}{4}$，所以 $\sin\dfrac{\alpha}{2} > 0$，$\cos\dfrac{\alpha}{2} < 0$，原式 $=$

$\dfrac{\left(\sin\dfrac{\alpha}{2} + \cos\dfrac{\alpha}{2}\right)^2}{\sqrt{2\cos^2\dfrac{\alpha}{2}} - \sqrt{2\sin^2\dfrac{\alpha}{2}}} + \dfrac{\left(\sin\dfrac{\alpha}{2} - \cos\dfrac{\alpha}{2}\right)^2}{\sqrt{2\cos^2\dfrac{\alpha}{2}} + \sqrt{2\sin^2\dfrac{\alpha}{2}}} = \dfrac{\left(\sin\dfrac{\alpha}{2} + \cos\dfrac{\alpha}{2}\right)^2}{\sqrt{2}\left(-\cos\dfrac{\alpha}{2} - \sin\dfrac{\alpha}{2}\right)} +$

$\dfrac{\left(\sin\dfrac{\alpha}{2} - \cos\dfrac{\alpha}{2}\right)^2}{\sqrt{2}\left(-\cos\dfrac{\alpha}{2} + \sin\dfrac{\alpha}{2}\right)} = -\sqrt{2}\cos\dfrac{\alpha}{2}$．

三角函数中角的拆分与拼凑

三角函数运算中，给定括号内的角一般作为一个整体不动，而是通过拆分、拼凑出所求角，再利用两角和与差的正弦、余弦、正切公式进行运算.

一、角的拆分、拼凑依据

$\sin(\alpha \pm \beta) = \sin\alpha\cos\beta \pm \cos\alpha\sin\beta$，$\cos(\alpha \pm \beta) = \cos\alpha\cos\beta \mp \sin\alpha\sin\beta$，$\tan(\alpha \pm \beta) = \dfrac{\tan\alpha \pm \tan\beta}{1 \mp \tan\alpha\tan\beta}$.

二、角的拆分、拼凑形式

一般情况下，给定括号内的角作为一个整体不动，而是通过拆分、拼凑，求出所给角. 诸如：$\alpha = (\alpha + \beta) - \beta$，$\alpha = \left(\dfrac{\pi}{4} + \alpha\right) - \dfrac{\pi}{4} = \dfrac{\pi}{4} - \left(\dfrac{\pi}{4} - \alpha\right)$，$\beta = \dfrac{\alpha + \beta}{2} - \dfrac{\alpha - \beta}{2}$，$2\alpha = (\alpha + \beta) + (\alpha - \beta) = (\alpha + \beta) - (\beta - \alpha)$，$\dfrac{\alpha + \beta}{2} = \left(\alpha - \dfrac{\beta}{2}\right) - \left(\dfrac{\alpha}{2} - \beta\right)$，$\dfrac{\alpha - \beta}{2} = \left(\alpha + \dfrac{\beta}{2}\right) - \left(\dfrac{\alpha}{2} + \beta\right)$等.

例1 已知 α，β 是锐角，$\tan(\alpha + 30°) = 3$，$\tan(15° - \beta) = \dfrac{1}{2}$，则 $\tan(\alpha + 2\beta) = $ _____ .

由 $\tan(30° - 2\beta) = \tan[2(15° - \beta)] = \dfrac{2\tan(15° - \beta)}{1 - \tan^2(15° - \beta)} = \dfrac{4}{3}$，得

$\tan(\alpha + 2\beta) = \tan[(\alpha + 30°) - (30° - 2\beta)] = \dfrac{\tan(\alpha + 30°) - \tan(30° - 2\beta)}{1 + \tan(\alpha + 30°)\tan(30° - 2\beta)}$

$= \dfrac{1}{3}$.

变式 若 $0 < \alpha < \dfrac{\pi}{2}$，$-\dfrac{\pi}{2} < \beta < 0$，$\cos\left(\dfrac{\pi}{4} + \alpha\right) = \dfrac{1}{3}$，$\cos\left(\dfrac{\pi}{4} - \dfrac{\beta}{2}\right) = \dfrac{\sqrt{3}}{3}$，则

$\cos\left(\alpha + \dfrac{\beta}{2}\right) = $ _____．

因为 $0 < \alpha < \dfrac{\pi}{2}$，$\cos\left(\dfrac{\pi}{4} + \alpha\right) = \dfrac{1}{3}$，所以 $0 < \dfrac{\pi}{4} + \alpha < \dfrac{\pi}{2}$，$\sin\left(\dfrac{\pi}{4} + \alpha\right) = \dfrac{2\sqrt{2}}{3}$．

又因为 $-\dfrac{\pi}{2} < \beta < 0$，$\cos\left(\dfrac{\pi}{4} - \dfrac{\beta}{2}\right) = \dfrac{\sqrt{3}}{3}$，所以 $\dfrac{\pi}{4} < \dfrac{\pi}{4} - \dfrac{\beta}{2} < \dfrac{\pi}{2}$，$\sin\left(\dfrac{\pi}{4} - \dfrac{\beta}{2}\right) = \dfrac{\sqrt{6}}{3}$．所以 $\cos\left(\alpha + \dfrac{\beta}{2}\right) = \cos\left[\left(\dfrac{\pi}{4} + \alpha\right) - \left(\dfrac{\pi}{4} - \dfrac{\beta}{2}\right)\right] = \cos\left(\dfrac{\pi}{4} + \alpha\right)\cos\left(\dfrac{\pi}{4} - \dfrac{\beta}{2}\right) + \sin\left(\dfrac{\pi}{4} + \alpha\right)\sin\left(\dfrac{\pi}{4} - \dfrac{\beta}{2}\right) = \dfrac{5\sqrt{3}}{9}$．

例 2　若 $\tan\alpha = 2\tan\dfrac{\pi}{5}$，则 $\dfrac{\cos\left(\alpha - \dfrac{3\pi}{10}\right)}{\sin\left(\alpha - \dfrac{\pi}{5}\right)} = $ _____．

因为 $\dfrac{3\pi}{10} = \dfrac{\pi}{2} - \dfrac{\pi}{5}$，所以 $\cos\left(\alpha - \dfrac{3\pi}{10}\right) = \cos\left(\dfrac{3\pi}{10} - \alpha\right) = \cos\left[\dfrac{\pi}{2} - \left(\alpha + \dfrac{\pi}{5}\right)\right] = \sin\left(\alpha + \dfrac{\pi}{5}\right)$，原式 $= \dfrac{\sin\left(\alpha + \dfrac{\pi}{5}\right)}{\sin\left(\alpha - \dfrac{\pi}{5}\right)} = \dfrac{\sin\alpha\cos\dfrac{\pi}{5} + \cos\alpha\sin\dfrac{\pi}{5}}{\sin\alpha\cos\dfrac{\pi}{5} - \cos\alpha\sin\dfrac{\pi}{5}} = \dfrac{\tan\alpha + \tan\dfrac{\pi}{5}}{\tan\alpha - \tan\dfrac{\pi}{5}} = 3$．

变式　计算：$\dfrac{2\cos10° - 2\sqrt{3}\cos\left(-100°\right)}{\sqrt{1 - \sin10°}} = $ _____．

原式 $= \dfrac{2\cos10° + 2\sqrt{3}\sin10°}{\sqrt{\left(\cos5° - \sin5°\right)^2}} = \dfrac{4\cos\left(60° - 10°\right)}{\cos5° - \sin5°} = \dfrac{4\cos50°}{\sqrt{2}\cos\left(45° + 5°\right)} = 2\sqrt{2}$．

评析：当 $0 \leqslant x < \dfrac{\pi}{4}$ 时，$0 \leqslant \sin x < \cos x \leqslant 1$；当 $\dfrac{\pi}{4} < x \leqslant \dfrac{\pi}{2}$ 时，$0 \leqslant \cos x < \sin x \leqslant 1$．

将正弦函数 $y = \sin x$ 与余弦函数 $y = \cos x$ 的图象画在同一个直角坐标系中，就可以比较出 $\sin x$ 与 $\cos x$ 在 $\left[0, 2\pi\right]$ 上的大小．此外，计算以下代数式的值时，需注意角的拆分：①计算 $\dfrac{\cos10°}{2\sin10°} - 2\cos10°$ 的值（$20° = 30° - 10°$）；②计算 $4\cos50° - \tan40°$ 的值（$40° = 30° + 10°$）；③计算 $\dfrac{\cos85° + \sin25°\cos30°}{\cos25°}$（$5° = 30° - 25°$）．

三角函数中的知值求角

已知三角函数值，求角的大小：①将所求角的范围压缩至 1～2 个象限内；②给角选取适当的三角函数，求值；③根据所求角的范围定出角的大小．

诸如：若 $0 < \alpha < \pi$，则可选取 $\cos\alpha$ 或 $\tan\alpha$；若 $\dfrac{\pi}{2} < \alpha < \dfrac{3\pi}{2}$，则可选取 $\sin\alpha$ 或 $\tan\alpha$；若 $\pi < \alpha < 2\pi$，则可选取 $\cos\alpha$ 或 $\tan\alpha$；若 $-\dfrac{\pi}{2} < \alpha < \dfrac{\pi}{2}$，则可选取 $\sin\alpha$ 或 $\tan\alpha$．目的是根据所取三角函数值的正负，锁定所求角所在的象限．

例1 已知 α，β，γ 均为锐角，且 $\sin\beta - \sin\alpha = \sin\gamma$，$\cos\alpha - \cos\beta = \cos\gamma$，求 $\alpha - \beta$ 的大小．

因为 γ 为锐角，且 $\sin\beta - \sin\alpha = \sin\gamma > 0$，所以 $\sin\beta > \sin\alpha$，又因为 α，β 均为锐角，所以 $\beta > \alpha$，所以 $-\dfrac{\pi}{2} < \alpha - \beta < 0$，由 $(\sin\beta - \sin\alpha)^2 = \sin^2\gamma$，$(\cos\alpha - \cos\beta)^2 = \cos^2\gamma$，得 $\sin^2\beta - 2\sin\beta\sin\alpha + \sin^2\alpha = \sin^2\gamma$，$\cos^2\beta - 2\cos\beta\cos\alpha + \cos^2\alpha = \cos^2\gamma$，两式作和得 $\cos(\alpha - \beta) = \dfrac{1}{2}$，故 $\alpha - \beta = -\dfrac{\pi}{3}$．

例2 在平面直角坐标系 xOy 中，锐角 α，β 的顶点为坐标原点 O，始边为 x 轴的非负半轴，终边与单位圆 O 的交点分别为 P，Q．已知点 P 的横坐标为 $\dfrac{2\sqrt{7}}{7}$，点 Q 的纵坐标为 $\dfrac{3\sqrt{3}}{14}$．求 $2\alpha - \beta$ 的大小．

由三角函数定义知 $\cos\alpha = \dfrac{2\sqrt{7}}{7}$，$\sin\beta = \dfrac{3\sqrt{3}}{14}$，因为 α，β 都是锐角，则 $\sin\alpha = \dfrac{\sqrt{21}}{7}$，$\cos\beta = \dfrac{13}{14}$，进而 $\sin2\alpha = 2\sin\alpha\cos\alpha = \dfrac{4\sqrt{3}}{7}$，$\cos2\alpha = 2\cos^2\alpha - 1 = \dfrac{1}{7}$，由于 $\cos\alpha = \dfrac{2\sqrt{7}}{7} > \dfrac{\sqrt{2}}{2}$，$\cos\beta = \dfrac{13}{14} > \dfrac{\sqrt{2}}{2}$，所以 $0 < \alpha < \dfrac{\pi}{4}$，$0 < \beta < \dfrac{\pi}{4}$，所以 $0 < 2\alpha < \dfrac{\pi}{2}$，$-\dfrac{\pi}{4} < -\beta < 0$，所以 $-\dfrac{\pi}{4} < 2\alpha - \beta < \dfrac{\pi}{2}$，所以 $\sin(2\alpha - \beta) = \sin2\alpha\cos\beta -$

$\cos 2\alpha \sin\beta = \dfrac{\sqrt{3}}{2}$，故 $2\alpha - \beta = \dfrac{\pi}{3}$.

例 3 若 $\sin 2\alpha = \dfrac{\sqrt{5}}{5}$，$\sin(\beta - \alpha) = \dfrac{\sqrt{10}}{10}$，且 $\alpha \in \left[\dfrac{\pi}{4},\ \pi\right]$，$\beta \in \left[\pi,\ \dfrac{3\pi}{2}\right]$，求 $\alpha + \beta$ 的大小.

因为 $\alpha \in \left[\dfrac{\pi}{4},\ \pi\right]$，$\beta \in \left[\pi,\ \dfrac{3\pi}{2}\right]$，所以 $2\alpha \in \left[\dfrac{\pi}{2},\ 2\pi\right]$，又因为 $0 < \sin 2\alpha = \dfrac{\sqrt{5}}{5} < \dfrac{1}{2}$，所以 $2\alpha \in \left(\dfrac{5\pi}{6},\ \pi\right)$，即 $\alpha \in \left(\dfrac{5\pi}{12},\ \dfrac{\pi}{2}\right)$，所以 $-\alpha \in \left(-\dfrac{\pi}{2},\ -\dfrac{5\pi}{12}\right)$，所以 $\beta - \alpha \in \left(\dfrac{\pi}{2},\ \dfrac{13\pi}{12}\right)$，又 $\sin(\beta - \alpha) = \dfrac{\sqrt{10}}{10} > 0$，所以 $\beta - \alpha \in \left(\dfrac{\pi}{2},\ \pi\right)$，所以 $\cos(\beta - \alpha) = -\dfrac{3\sqrt{10}}{10}$. 由 $2\alpha \in \left(\dfrac{5\pi}{6},\ \pi\right)$ 及 $\sin 2\alpha = \dfrac{\sqrt{5}}{5}$，得 $\cos 2\alpha = -\dfrac{2\sqrt{5}}{5}$. 由 $\alpha \in \left(\dfrac{5\pi}{12},\ \dfrac{\pi}{2}\right)$，$\beta \in \left[\pi,\ \dfrac{3\pi}{2}\right]$，得 $\alpha + \beta \in \left(\dfrac{17\pi}{12},\ 2\pi\right)$，所以 $\cos(\alpha + \beta) = \cos\left[2\alpha + (\beta - \alpha)\right] = \cos 2\alpha \cos(\beta - \alpha) - \sin 2\alpha \sin(\beta - \alpha) = \dfrac{\sqrt{2}}{2}$，所以 $\alpha + \beta = \dfrac{7\pi}{4}$.

例 4 已知 $3\pi \le \theta \le 4\pi$，且 $\sqrt{\dfrac{1 + \cos\theta}{2}} + \sqrt{\dfrac{1 - \cos\theta}{2}} = \dfrac{\sqrt{6}}{2}$，则 $\theta = $ _____.

因为 $3\pi \le \theta \le 4\pi$，所以 $\dfrac{3\pi}{2} \le \dfrac{\theta}{2} \le 2\pi$，则 $\sqrt{\dfrac{1 + \cos\theta}{2}} + \sqrt{\dfrac{1 - \cos\theta}{2}} = \sqrt{\cos^2\dfrac{\theta}{2}} + \sqrt{\sin^2\dfrac{\theta}{2}} = \cos\dfrac{\theta}{2} - \sin\dfrac{\theta}{2} = \sqrt{2}\cos\left(\dfrac{\theta}{2} + \dfrac{\pi}{4}\right) = \dfrac{\sqrt{6}}{2}$，即 $\cos\left(\dfrac{\theta}{2} + \dfrac{\pi}{4}\right) = \dfrac{\sqrt{3}}{2}$，所以 $\dfrac{\theta}{2} + \dfrac{\pi}{4} = \dfrac{\pi}{6} + 2k\pi$ 或 $\dfrac{\theta}{2} + \dfrac{\pi}{4} = -\dfrac{\pi}{6} + 2k\pi$，即 $\theta = -\dfrac{\pi}{6} + 4k\pi$ 或 $\theta = -\dfrac{5\pi}{6} + 4k\pi$，$k \in \mathbf{Z}$，因为 $3\pi \le \theta \le 4\pi$，所以 $\theta = \dfrac{19\pi}{6}$ 或 $\dfrac{23\pi}{6}$.

在已知三角函数值求角的过程中，注意所求角的最后取值应与其确定的范围一致. 如：若已知 $-\pi < \alpha < 0$，且 $\cos\alpha = \dfrac{\sqrt{2}}{2}$，则对应角 $\alpha = -\dfrac{\pi}{4}$；若已知 $\pi < \alpha < 2\pi$，且 $\cos\alpha = \dfrac{\sqrt{2}}{2}$，则对应角 $\alpha = \dfrac{7\pi}{4}$.

三角函数中的动态求值

已知函数 $f(x) = \sin(\omega x + \varphi)$（$\omega > 0$）在 $[m, n]$ 上满足给定条件，求得 $\omega x + \varphi \in [\omega m + \varphi, \omega n + \varphi]$，令 $t = \omega x + \varphi$，结合函数 $y = \sin t$ 的图象，就能解决相应的问题.

一、在给定区间上明确值域

例 1 已知函数 $f(x) = \sin\left(\omega x - \dfrac{\pi}{3}\right)$（$\omega > 0$）在 $\left[0, \dfrac{\pi}{2}\right]$ 上的值域为 $\left[-\dfrac{\sqrt{3}}{2}, 1\right]$，求 ω 的取值范围.

因为 $0 \leqslant x \leqslant \dfrac{\pi}{2}$，所以 $0 \leqslant \omega x \leqslant \dfrac{\pi \omega}{2}$，所以 $-\dfrac{\pi}{3} \leqslant \omega x - \dfrac{\pi}{3} \leqslant \dfrac{\pi \omega}{2} - \dfrac{\pi}{3}$，又因为 $\sin\left(-\dfrac{\pi}{3}\right) = -\dfrac{\sqrt{3}}{2}$，且 $-\dfrac{\sqrt{3}}{2} \leqslant \sin\left(\omega x - \dfrac{\pi}{3}\right) \leqslant 1$，令 $t = \omega x - \dfrac{\pi}{3}$，结合 $y = \sin t$ 的图象，只需 $\dfrac{\pi}{2} \leqslant \dfrac{\pi \omega}{2} - \dfrac{\pi}{3} \leqslant \dfrac{4\pi}{3}$，解得 $\dfrac{5}{3} \leqslant \omega \leqslant \dfrac{10}{3}$.

二、在给定区间上明确单调性

例 2 若函数 $f(x) = \sin(2x - \varphi)$（$0 < \varphi < \dfrac{\pi}{2}$）在 $\left[0, \dfrac{\pi}{3}\right]$ 上是增函数，且 $f(x)$ 在 $\left(0, \dfrac{7\pi}{8}\right)$ 上有最小值，则 φ 的取值范围是（　　）.

A. $\left[\dfrac{\pi}{6}, \dfrac{\pi}{2}\right)$　　　　B. $\left[\dfrac{\pi}{6}, \dfrac{\pi}{4}\right)$　　　　C. $\left[\dfrac{\pi}{3}, \dfrac{\pi}{2}\right)$　　　　D. $\left[\dfrac{\pi}{4}, \dfrac{\pi}{3}\right)$

因为 $0 \leqslant x \leqslant \dfrac{\pi}{3}$，所以 $-\varphi \leqslant 2x - \varphi \leqslant \dfrac{2\pi}{3} - \varphi$，又因为 $f(x)$ 在 $\left[0, \dfrac{\pi}{3}\right]$ 上单调递增，设 $t = 2x - \varphi$，结合 $y = \sin t$ 的图象，可得 $\dfrac{2\pi}{3} - \varphi \leqslant \dfrac{\pi}{2}$，又 $0 < \varphi < \dfrac{\pi}{2}$，所

以 $\dfrac{\pi}{6} \leqslant \varphi < \dfrac{\pi}{2}$ ①，当 $0 < x < \dfrac{7\pi}{8}$ 时，$-\varphi < 2x - \varphi < \dfrac{7\pi}{4} - \varphi$，仍然结合 $y = \sin t$ 的图象，可得 $\dfrac{7\pi}{4} - \varphi > \dfrac{3\pi}{2}$，即 $\varphi < \dfrac{\pi}{4}$ ②，由①②得 $\dfrac{\pi}{6} \leqslant \varphi < \dfrac{\pi}{4}$.

三、在给定区间上明确有多少个极值点或零点

例3 若函数 $f(x) = \sin\left(\omega x + \dfrac{\pi}{6}\right)$ 在 $[0, \pi]$ 上有三个极值点和两个零点，求 ω 的取值范围.

当 $\omega < 0$ 时，不能满足在区间 $(0, \pi)$ 上极值点比零点多，所以 $\omega > 0$. 由 $x \in [0, \pi]$ 得 $\omega x + \dfrac{\pi}{6} \in \left[\dfrac{\pi}{6}, \omega\pi + \dfrac{\pi}{6}\right]$，要使 $f(x)$ 在区间 $[0, \pi]$ 上恰有三个极值点、两个零点，令 $t = \omega x + \dfrac{\pi}{6}$，结合 $y = \sin t$ 的图象，则 $\omega x + \dfrac{\pi}{6}$ 的取值应包括 $\dfrac{\pi}{2}$，π，$\dfrac{3\pi}{2}$，2π，$\dfrac{5\pi}{2}$，只需 $\dfrac{5\pi}{2} \leqslant \omega\pi + \dfrac{\pi}{6} < 3\pi$，解得 $\dfrac{7}{3} \leqslant \omega < \dfrac{17}{6}$.

变式 若函数 $f(x) = \sin\left(\omega x + \dfrac{\pi}{3}\right)$ 在区间 $(0, \pi)$ 上恰有三个极值点、两个零点，求 ω 的取值范围.

同上可得 $\dfrac{5\pi}{2} < \omega\pi + \dfrac{\pi}{3} \leqslant 3\pi$，解得 $\dfrac{13}{6} < \omega \leqslant \dfrac{8}{3}$.

通过上述例题的解析可以看出：已知含有参数 ω（或 φ）的函数在给定区间（特别注意区间的开闭）上满足明确单调性、最值、极值点个数、零点个数等条件时，先根据给定区间 x 的范围，推导出含有参数 ω（或 φ）的范围，借助基本初等函数 $y = \sin t$，$y = \cos t$ 的图象特点，列出含有参数 ω（或 φ）的不等式或不等式组，进而求得 ω（或 φ）的取值或范围.

三角形内角平分线的应用

（1）三角形内角平分线性质定理：三角形任意两边之比等于它们夹角的平分线分对边之比.

（2）角平分线分得的两个三角形面积之和等于原三角形的面积.

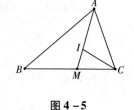

图 4 – 5

如图 4 – 5，在 $\triangle ABC$ 中，因为 AM 平分 $\angle BAC$，所以 $\dfrac{AB}{AC} = \dfrac{BM}{MC}$. 此外，$S_{\triangle ABC} = S_{\triangle ABM} + S_{\triangle ACM}$.

（3）内心到一个顶点的距离与它到对边交点的距离之比等于该平分线的两邻边之和与分得的两线段之和的比. 设内心为 I，有 $\dfrac{S_{\triangle ACI}}{S_{\triangle MCI}} = \dfrac{AI}{IM} = \dfrac{AC}{CM} = \dfrac{AB}{BM}$，$\dfrac{AI}{IM} = \dfrac{AB + AC}{BM + CM}$.

一、等面积法或角平分线性质定理

解决与角平分线有关的三角形问题，可以选择等面积法或三角形内角平分线性质定理.

例 1 已知 $\triangle ABC$ 的角 A，B，C 所对的边分别为 a，b，c，且 $\sin A$（$c\cos B + b\cos C$）$- c\sin B = c\sin C + b\sin B$. 若 AD 平分 $\angle BAC$，交线段 BC 于点 D，且 $AD = 2$，$BD = 2CD$，求 $\triangle ABC$ 的周长.

求得角 $A = \dfrac{2\pi}{3}$，因为 AD 平分 $\angle BAC$，所以 $\angle BAD = \angle CAD = \dfrac{\pi}{3}$，由 $S_{\triangle ABD} + S_{\triangle ACD} = S_{\triangle ABC}$，可得 $\dfrac{1}{2}c \cdot AD\sin\dfrac{\pi}{3} + \dfrac{1}{2}b \cdot AD\sin\dfrac{\pi}{3} = \dfrac{1}{2}b \cdot c\sin\dfrac{2\pi}{3}$，得 $2(b + c) = bc$，过 A 作 $AE \perp BC$ 于 E，则 $\dfrac{S_{\triangle ABD}}{S_{\triangle ACD}} = \dfrac{c \cdot AD}{b \cdot AD} = \dfrac{AE \cdot BD}{AE \cdot CD}$，得 $\dfrac{c}{b} = \dfrac{BD}{CD} = 2$. 由 $\begin{cases} 2b + 2c = bc, \\ c = 2b, \end{cases}$ 得 $\begin{cases} b = 3, \\ c = 6. \end{cases}$ 由余弦定理得 $a^2 = b^2 + c^2 - 2bc\cos A = 63$，$a = 3\sqrt{7}$. 所以

$\triangle ABC$ 的周长为 $a+b+c=9+3\sqrt{7}$.

二、角相等及正、余弦定理

解决与角平分线有关的解三角形问题，可以选择角相等及正、余弦定理.

例 2 在锐角 $\triangle ABC$ 中，内角 A，B，C 所对的边分别为 a，b，c，且 $c-2b\cos A=b$. ①求证：$A=2B$. ②若角 A 的平分线交 BC 于 D，且 $c=2$，求 $\triangle ABD$ 面积的取值范围.

根据正弦定理及三角形和差公式可得 $A=2B$，所以在 $\triangle ABD$ 中，$\angle ABC=\angle BAD$，$\dfrac{AD}{\sin B}=\dfrac{AB}{\sin\ (\pi-2B)}=\dfrac{2}{\sin 2B}$，则 $AD=BD=\dfrac{1}{\cos B}$，所以 $S_{\triangle ABD}=\dfrac{1}{2}AB\cdot AD\sin B=\dfrac{\sin B}{\cos B}=\tan B$，又因为 $\triangle ABC$ 为锐角三角形，所以 $0<2B<\dfrac{\pi}{2}$，$0<\pi-3B<\dfrac{\pi}{2}$，解得 $\dfrac{\pi}{6}<B<\dfrac{\pi}{4}$. 所以 $\dfrac{\sqrt{3}}{3}<\tan B<1$，即 $\dfrac{\sqrt{3}}{3}<S_{\triangle ABD}<1$.

三、三角形全等及二倍角公式

解决与角平分线有关的圆锥曲线问题，可以选择三角形全等及二倍角公式.

例 3 双曲线的光学性质：从双曲线的一个焦点发出的光线，经双曲线反射后，反射光线的反向延长线经过双曲线的另一个焦点. 由此可得，过双曲线上任意一点的切线，平分该点与两焦点连线的夹角. 已知 F_1，F_2 分别为双曲线 C：$\dfrac{x^2}{3}-y^2=1$ 的左、右焦点，过 C 右支上一点 A (x_0,y_0) $(x_0>\sqrt{3})$ 作直线 l，交 x 轴于点 $M\left(\dfrac{3}{x_0},0\right)$，则过点 F_1 作 $F_1H\perp AM$，垂足为 H，则 $|OH|=$ _____.

如图 $4-6$，显然 AM 为双曲线的切线，且斜率存在，由双曲线的光学性质可知，AM 平分 $\angle F_1AF_2$，延长 F_1H 与 AF_2，延长线交于点 E，则 $AH\perp F_1E$，即点 H 为 F_1E 的中点，$\triangle AF_1H$ 与 $\triangle AEH$ 全等，所以 $|AF_1|=|AE|$. 又 O 为 F_1F_2 的中点，所以在 $\triangle EF_1F_2$ 中，$|OH|=\dfrac{1}{2}|F_2E|=\dfrac{1}{2}\ (|AE|-|AF_2|)\ =\dfrac{1}{2}\ (|AF_1|-|AF_2|)\ =\dfrac{1}{2}\cdot 2a=\sqrt{3}$.

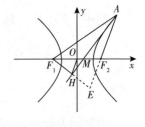

图 4-6

变式 抛物线有如下光学性质：由其焦点射出的光线经抛物线反射后，沿平行于抛物线对称轴的方向射出．反之，平行于抛物线对称轴的入射光线经抛物线反射后必过抛物线的焦点．已知抛物线 C：$y^2 = 2x$，O 为坐标原点，一束平行于 x 轴的光线 l_1 从点 P（m，2）射出，经过 C 上的点 A（x_1，y_1）反射后，再经过 C 上另一点 B（x_2，y_2）反射，沿直线 l_2 射出，经过点 Q，若 PB 平分 $\angle ABQ$，则 $m =$ _____．

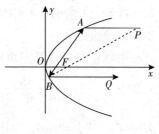

图 4 - 7

如图 4 - 7，由题意知焦点 $F\left(\dfrac{1}{2}, 0\right)$，将 A（x_1，2）代入 $y^2 = 2x$，得 $x_1 = 2$，所以点 A 的坐标为（2，2），直线 AB 的斜率 $k = \dfrac{2-0}{2-2^{-1}} = \dfrac{4}{3}$，直线 AB 的方程为 $y - 0 = \dfrac{4}{3}\left(x - \dfrac{1}{2}\right)$，与抛物线方程联立解得点 B 的坐标为 $\left(\dfrac{1}{8}, -\dfrac{1}{2}\right)$，设 PB 的倾斜角为 θ，斜率为 k，直线 AB 的倾斜角为 α，若 PB 平分 $\angle ABQ$，即 $\angle ABQ = 2\angle PBQ$，也就是 $\alpha = 2\theta$，$\tan\alpha = \tan 2\theta = \dfrac{2\tan\theta}{1 - \tan^2\theta}$，即 $\dfrac{4}{3} = \dfrac{2k}{1 - k^2}$，$k > 0$，解得 $k = \dfrac{1}{2}$，又 $k = \dfrac{2 - (-2^{-1})}{m - 8^{-1}} = \dfrac{1}{2}$，解得 $m = \dfrac{41}{8}$．

四、三角形内心到一顶点的距离与其到对边交点的距离之比

$\triangle ABC$ 中，I 为内心，角 A 的平分线交 BC 于 D，则 $\dfrac{AI}{ID} = \dfrac{AB}{BD} = \dfrac{AC}{CD}$，根据比例线段的等比性质，进而得 $\dfrac{AI}{ID} = \dfrac{AB + AC}{BD + CD}$．

例 4 已知 F_1，F_2 分别为椭圆 C：$\dfrac{x^2}{16} + \dfrac{y^2}{12} = 1$ 的左、右焦点，P 为椭圆上任意一点（不在 x 轴上），$\triangle PF_1F_2$ 内切圆的圆心为 I，直线 PI 交 x 轴于点 M，则 $\dfrac{|PI|}{|PM|} =$ _____．

由椭圆方程知 $a = 4$，$c = 2$，由角平分线的性质知 $\dfrac{PI}{IM} = \dfrac{PF_2}{F_2M} = \dfrac{PF_1}{F_1M}$，所以 $\dfrac{PI}{IM} = \dfrac{PF_1 + PF_2}{F_1M + F_2M} = \dfrac{2a}{2c} = 2$，即 $PI = 2IM$，所以 $\dfrac{|PI|}{|PM|} = \dfrac{2}{3}$．

第五章

平面向量
复数

平面向量中的坐标运算

平面向量的运算，主要有两种形式：一是直接根据向量运算法则和运算律的综合法；二是建立平面直角坐标系后的坐标运算．

一、有标准平面图形背景

1. 有条件的数量积

这类问题，一般有标准图形背景，给出的两个向量的数量积满足一定的条件，可通过建立平面直角坐标系，找出相应点的坐标，转化为二次函数求最值问题．

例 1 在 $\triangle ABC$ 中，$AB = AC = 2$，$BC = 3$，点 E 是边 BC 上的动点，当 $\overrightarrow{EA} \cdot \overrightarrow{EB}$ 取得最小值时，求 $\overrightarrow{EA}$ 的长度．

如图 5 - 1，取边 BC 的中点 O，连接 OA，建立如图所示平面直角坐标系，则点 $A\left(0, \dfrac{\sqrt{7}}{2}\right)$，$B\left(-\dfrac{3}{2}, 0\right)$，

设点 E 的坐标为 $(x, 0)$，则 $\overrightarrow{EA} \cdot \overrightarrow{EB} = \left(x + \dfrac{3}{4}\right)^2 - \dfrac{9}{16}$，因为 $-\dfrac{3}{2} \leqslant x \leqslant \dfrac{3}{2}$，当 $x = -\dfrac{3}{4}$ 时，$\overrightarrow{EA} \cdot \overrightarrow{EB}$ 取得最小值，即 $|\overrightarrow{EA}| = \dfrac{\sqrt{37}}{4}$．

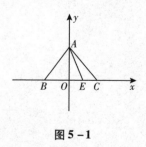

图 5 - 1

2. 涉及某一动点的数量积

这类问题，一般有标准图形背景，在某一线段上有一个动点，可通过建立平面直角坐标系，找出相应点的坐标，借助共线向量定理，求出该点的坐标（含变量）．

例 2 如图 5 - 2，在平面四边形 $ABCD$ 中，$AB \perp BC$，$AD \perp CD$，$\angle BAD = 120^{\circ}$，$AB = AD = 1$．若点 E 为边 CD 上的动点，求 $\overrightarrow{AE} \cdot \overrightarrow{BE}$ 的最小值．

如图 5 – 2，取 BD 的中点 O，建立平面直角坐标

系，在 $\triangle ABD$ 中，由余弦定理得 $BD = \sqrt{3}$. 则点

$A\left(0, -\dfrac{1}{2}\right)$，$B\left(\dfrac{\sqrt{3}}{2}, 0\right)$，$C\left(0, \dfrac{3}{2}\right)$，$D\left(-\dfrac{\sqrt{3}}{2}, 0\right)$，

点 E 在 CD 上，则 $\overrightarrow{DE} = \lambda \overrightarrow{DC}$ $(0 \leqslant \lambda \leqslant 1)$. 设点 E 的

坐标为 (x, y)，有 $\left(x + \dfrac{\sqrt{3}}{2}, y\right) = \lambda\left(\dfrac{\sqrt{3}}{2}, \dfrac{3}{2}\right)$，可得

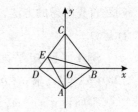

图 5 – 2

$E\left(\dfrac{\sqrt{3}}{2}\lambda - \dfrac{\sqrt{3}}{2}, \dfrac{3}{2}\lambda\right)$，且 $\overrightarrow{AE} = \left(\dfrac{\sqrt{3}}{2}\lambda - \dfrac{\sqrt{3}}{2}, \dfrac{3}{2}\lambda + \dfrac{1}{2}\right)$，$\overrightarrow{BE} = \left(\dfrac{\sqrt{3}}{2}\lambda - \sqrt{3}, \dfrac{3}{2}\lambda\right)$，所

以 $\overrightarrow{AE} \cdot \overrightarrow{BE} = 3\left(\lambda - \dfrac{1}{4}\right)^2 + \dfrac{21}{16}$，当 $\lambda = \dfrac{1}{4}$ 时，$\overrightarrow{AE} \cdot \overrightarrow{BE}$ 取得最小值 $\dfrac{21}{16}$.

3. 涉及某一定点的数量积

这类问题，一般有标准图形背景，该定点位于两条线段的交点处，可通过
建立平面直角坐标系，求出所在两条直线的方程，联立解方程组，求得该定点
的坐标.

例3 如图 5 – 3，在边长为 2 的菱形 $ABCD$ 中，

$\angle ABC = 60°$，E 为 CD 的中点，$\overrightarrow{BF} = \dfrac{2}{3}\overrightarrow{BC}$，$AF$ 与 BE

交于点 G，则 $\overrightarrow{BG} \cdot \overrightarrow{DG} = $ _____ .

如图 5 – 3，以 D 为坐标原点，DC 所在直线为 x

轴，建立平面直角坐标系. 则点 D $(0, 0)$，B $(3,$

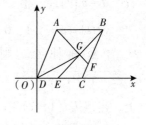

图 5 – 3

$\sqrt{3})$，E $(1, 0)$，C $(2, 0)$，A $(1, \sqrt{3})$. 设点 F 的

坐标为 (x, y)，由 $\overrightarrow{BF} = \dfrac{2}{3}\overrightarrow{BC}$ 知 $(x - 3, y - \sqrt{3}) = \dfrac{2}{3}(-1, -\sqrt{3})$，解得

$F\left(\dfrac{7}{3}, \dfrac{\sqrt{3}}{3}\right)$. 直线 AF 为 $y - \sqrt{3} = -\dfrac{\sqrt{3}}{2}(x - 1)$，直线 BE 为 $y = \dfrac{\sqrt{3}}{2}(x - 1)$，两者

联立解得 $G\left(2, \dfrac{\sqrt{3}}{2}\right)$，$\overrightarrow{BG} \cdot \overrightarrow{DG} = \left(-1, -\dfrac{\sqrt{3}}{2}\right) \cdot \left(2, \dfrac{\sqrt{3}}{2}\right) = -\dfrac{11}{4}$.

二、无平面图形背景

1. 综合法不易解决的数量积

用向量的综合法解决问题，就是借助向量的加法法则、减法法则、平行四边
形法则以及向量的运算律等解决问题，它不涉及向量的坐标运算. 这是解决向量

问题首先考虑的方法，如果这种方法无思路，或难以破解问题，再考虑向量的坐标运算.

例 4 已知平面向量 a, b, e 满足 $|e| = 1$, $a \cdot e = 1$, $b \cdot e = -2$, $|2a + b| = 2$, 求 $a \cdot b$ 的最大值.

不妨设 $a = (m, n)$, $b = (a, b)$, $e = (1, 0)$, 且 $n > 0$, $b > 0$. 由 $a \cdot e = m = 1$, $b \cdot e = a = -2$, 得 $a = (1, n)$, $b = (-2, b)$, $|2a + b| = |2n + b| = 2n + b = 2$, 则 $a \cdot b = -2 + bn = -2 + \frac{1}{2} \cdot 2n \cdot b \leqslant -2 + \frac{1}{2}\left(\frac{2n + b}{2}\right)^2 = -\frac{3}{2}$, 当且仅当 $2n = b$ 时等号成立.

2. 单位正交向量作基底

用单位正交向量作基底来表示其他向量时，其前面的系数可以当作被表示向量的坐标. 如 $|i| = |j| = 1$, 且 $i \perp j$, 则 $a = xi + yj = (x, y)$. 涉及这种情况，也可以设一个向量的坐标为 $(1, 0)$, 则另一个向量的坐标为 $(0, 1)$.

例 5 已知平面向量 a, b, c 都是单位向量，且 $a \cdot b = 0$, 求 $|c - a - b|$ 的最大值.

设 $\overrightarrow{OA} = a = (1, 0)$, $\overrightarrow{OB} = b = (0, 1)$, $\overrightarrow{OC} = c = (x, y)$, 且 $D (1, 1)$, O 为坐标原点，则 $c - a - b = (x - 1, y - 1)$, $|c - a - b| = \sqrt{(x - 1)^2 + (y - 1)^2} = |CD|$, 因为 $|c| = 1$, 则动点 $C (x, y)$ 在圆 $x^2 + y^2 = 1$ 上，定点 $D (1, 1)$ 在圆外，所以 $|CD|_{\max} = |OD| + r = \sqrt{2} + 1$.

3. 向量夹角为锐角或钝角

设非零向量 a 与 b 的夹角为 θ. 一方面，由于 θ 为锐角，有 $\cos\theta = \frac{a \cdot b}{|a||b|} > 0$, 即 $a \cdot b > 0$. 另一方面，当 $\theta = 0$ 时，有 $\cos\theta = \frac{a \cdot b}{|a||b|} = 1 > 0$, 即 $a \cdot b > 0$. 而 $\theta = 0$ 时，向量 a 与 b 同向，满足 $b = \lambda a$ $(\lambda > 0)$, 故 θ 为锐角 $\Leftrightarrow$ $\begin{cases} a \cdot b > 0, \\ b \neq \lambda a \ (\lambda > 0); \end{cases}$ 同理，θ 为钝角 $\Leftrightarrow$ $\begin{cases} a \cdot b < 0, \\ b \neq \lambda a \ (\lambda < 0). \end{cases}$

平面向量的几何应用

在求平面向量的模或数量积的最值时，如果运用向量的线性运算公式不好解决，不妨考虑一下向量在几何中的应用，关键是画出图形，有必要就建立直角坐标系，培养学生数形结合的能力．

一、两向量反向时模相加最大

例1 已知$\triangle ABC$是顶角为$120°$，腰长为2的等腰三角形，P为平面ABC内一点，求$\overrightarrow{PA} \cdot (\overrightarrow{PB} + \overrightarrow{PC})$的最小值．

如图$5-4$，取BC的中点为D，$AD \perp BC$，$AD = \frac{1}{2}AB = 1$，且$\overrightarrow{PB} + \overrightarrow{PC} = 2\overrightarrow{PD}$，所以$\overrightarrow{PA} \cdot (\overrightarrow{PB} + \overrightarrow{PC})$

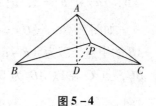

图 5-4

$= 2\overrightarrow{PD} \cdot \overrightarrow{PA} = 2|\overrightarrow{PD}| \cdot |\overrightarrow{PA}|\cos \langle \overrightarrow{PD}, \overrightarrow{PA} \rangle$，要使$\overrightarrow{PA} \cdot (\overrightarrow{PB} + \overrightarrow{PC})$最小，则$\cos \langle \overrightarrow{PD}, \overrightarrow{PA} \rangle$最小，$|\overrightarrow{PD}| \cdot |\overrightarrow{PA}|$最大．当$\overrightarrow{PD}$与$\overrightarrow{PA}$共线反向时，$\cos \langle \overrightarrow{PD}, \overrightarrow{PA} \rangle$最小为$-1$，此时$|\overrightarrow{PD}| \cdot |\overrightarrow{PA}| \leqslant \left(\frac{|PD| + |PA|}{2}\right)^2 = \left(\frac{|AD|}{2}\right)^2 = \frac{1}{4}$，$\overrightarrow{PA} \cdot (\overrightarrow{PB} + \overrightarrow{PC})$的最小值为$-\frac{1}{2}$．

类例 向量$\boldsymbol{a}$，$\boldsymbol{b}$，$\boldsymbol{c}$满足$|\boldsymbol{a}| = |\boldsymbol{b}| \neq 0$，若$\boldsymbol{a} \perp \boldsymbol{b}$，$|\boldsymbol{c}| = 2\sqrt{2}$，$|\boldsymbol{c} - \boldsymbol{a}| = 1$，求$|\boldsymbol{a} + \boldsymbol{b} - \boldsymbol{c}|$的最大值．

设$\boldsymbol{n} = \boldsymbol{b} - (\boldsymbol{c} - \boldsymbol{a})$，当$|\boldsymbol{n}|$最大时，$\boldsymbol{b}$与$\boldsymbol{c} - \boldsymbol{a}$反向，因为$\boldsymbol{a} \perp \boldsymbol{b}$，则$\boldsymbol{a} \perp (\boldsymbol{c} - \boldsymbol{a})$，有$|\boldsymbol{a}| = \sqrt{\boldsymbol{c}^2 - (\boldsymbol{c} - \boldsymbol{a})^2} = \sqrt{(2\sqrt{2})^2 - 1} = \sqrt{7}$，故$|\boldsymbol{n}|$最大值是$\sqrt{7} + 1$．

二、线性规划的同侧一定点与一动点间的距离最大问题

例2 在$\triangle ABC$中，$AB = 3$，$AC = 2$，$\angle BAC = 60°$，点P是$\triangle ABC$内一点

（含边界），若$\overrightarrow{AP} = \dfrac{2}{3}\overrightarrow{AB} + \lambda\overrightarrow{AC}$，求$|\overrightarrow{AP}|$的最大值.

如图5-5，以A为原点，以AB所在的直线为x轴，建平面直角坐标系，则点A（0，0），B（3，0），C（1，$\sqrt{3}$），设点P的坐标为（x，y），$0 \leqslant x \leqslant 3$，$0 \leqslant y \leqslant \sqrt{3}$，由$\overrightarrow{AP} = \dfrac{2}{3}\overrightarrow{AB} + \lambda\overrightarrow{AC}$，得（$x$，$y$）$= \dfrac{2}{3}$

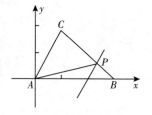

（3，0）$+ \lambda$（1，$\sqrt{3}$），则$\begin{cases} x = 2 + \lambda \\ y = \sqrt{3}\lambda \end{cases}$，即点$P$在直线$y$

图5-5

$= \sqrt{3}$（$x - 2$）上运动. 当P为直线$y = \sqrt{3}$（$x - 2$）和直线BC的交点时，$|\overrightarrow{AP}|$取得最大值.

三、非零向量a，b满足不等式$\big||a| - |b|\big| \leqslant |a \pm b| \leqslant |a| + |b|$

例3 已知平面向量a，b，c满足a与b的夹角为$\dfrac{2\pi}{3}$，（$c - a$）·（$c - b$）$= 0$，$|a| + |b| = 2$，记M是$|c - a - b|$的最大值，求M的最小值.

如图5-6，设$\overrightarrow{OA} = a$，$\overrightarrow{OB} = b$，$\overrightarrow{OC} = c$，点E为AB的中点，因为（$c - a$）·（$c - b$）$= 0$，则$AC \perp BC$，点C在以AB为直径的圆E上，令$|a| = x$，$|b| = y$，$|AB| = 2r$，$|OE| = t$，则$\angle AOB = \dfrac{2\pi}{3}$，$x + y$

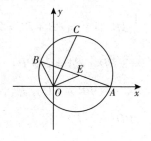

$= 2$①，则$\overrightarrow{OA} \cdot \overrightarrow{OB} = (\overrightarrow{OE} + \overrightarrow{EA}) \cdot (\overrightarrow{OE} + \overrightarrow{EB}) =$

$|\overrightarrow{OE}|^2 - \dfrac{1}{4}|AB|^2$，则$-\dfrac{1}{2}xy = t^2 - r^2$②，由余弦定理

图5-6

可得$\cos \angle AOB = \dfrac{x^2 + y^2 - 4r^2}{2xy} = -\dfrac{1}{2}$，即$4r^2 = (x + y)^2 - xy$③，由①③可得$r^2 = 1$

$- \dfrac{xy}{4}$，代入②中得$t^2 = r^2 - \dfrac{1}{2}xy = 1 - \dfrac{3}{4}xy$，由①知$xy \in$（0，1]，因为

$|c - a - b| = |c - (a + b)| = |\overrightarrow{OC} - (\overrightarrow{OA} + \overrightarrow{OB})| = |\overrightarrow{OE} + \overrightarrow{EC} - 2\overrightarrow{OE}| =$

$|\overrightarrow{EO} + \overrightarrow{EC}| \leqslant |\overrightarrow{EO}| + |\overrightarrow{EC}|$，所以$M = |c - a - b|_{\max} = |\overrightarrow{EO}| + |\overrightarrow{EC}| = t + r =$

$\sqrt{1 - \dfrac{3}{4}xy} + \sqrt{1 - \dfrac{1}{4}xy} \geqslant \dfrac{1 + \sqrt{3}}{2}$.

评析： 根据$xy \leqslant \left(\dfrac{x + y}{2}\right)^2 = 1$，当且仅当$x = y = 1$，即$|a| = |b| = 1$时等

号成立.

四、转化为圆上一点到圆外一条直线的距离的最值问题

例 4 已知 a, b, e 是平面向量, 且 e 是单位向量, 若非零向量 a 与 e 的夹角为 $\dfrac{\pi}{3}$, 向量 b 满足 $b^2 - 4e \cdot b + 3 = 0$, 求 $|a - b|$ 的最小值.

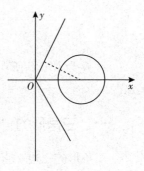

如图 5-7, 方程变形为 $(b - e) \cdot (b - 3e) = 0$, 有 $(b - e) \perp (b - 3e)$, 不妨设 $e = (1, 0)$, 则 b 的终点在以 $(2, 0)$ 为圆心、1 为半径的圆周上, 又非零向量 a 与 e 的夹角为 $\dfrac{\pi}{3}$, 则 a 的终点在不含端点 O 的两条射线 $y = \pm\sqrt{3}x$ $(x > 0)$ 上. 以 $y = \sqrt{3}x$ 为例, 则 $|a - b|$ 的最小值是圆心 $(2, 0)$ 到直线 $\sqrt{3}x - y = 0$ 的距离减 1, 即 $\dfrac{|2\sqrt{3}|}{\sqrt{(\sqrt{3})^2 + 1}} - 1 = \sqrt{3} - 1$.

图 5-7

119

三角形的四 "心" 运算

设 O 为 $\triangle ABC$ 所在平面内一点，内角分别为 A，B，C，所对的边分别为 a，b，c。

一、三角形的 "外心"

三角形的三边垂直平分线相交于一点，该点叫作三角形的外心，也是三角形外接圆的圆心。外心到三个顶点的距离相等，且在各边的中垂线上。设 O 为 $\triangle ABC$ 的外心，R 为 $\triangle ABC$ 的外接圆半径，则 $|\overrightarrow{OA}| = |\overrightarrow{OB}| = |\overrightarrow{OC}| = R$，由正弦定理可得 $R = \dfrac{a}{2\sin A}$。要证一个动点过外心，只需证该动点在一条边的垂直平分线上。

例 1 已知 $\triangle ABC$ 所在平面内的动点 M 满足 $\overrightarrow{AC}^2 - \overrightarrow{AB}^2 = 2\overrightarrow{AM} \cdot \overrightarrow{BC}$，则点 M 的轨迹必过 $\triangle ABC$ 的 _____ 心。

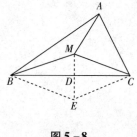

图 5 – 8

如图 5 – 8 所示，由 $\overrightarrow{AC}^2 - \overrightarrow{AB}^2 = 2\overrightarrow{AM} \cdot \overrightarrow{BC}$ 得 $(\overrightarrow{MC} + \overrightarrow{MB}) \cdot \overrightarrow{BC} = 0$，设以 $\overrightarrow{MB}$，$\overrightarrow{MC}$ 为邻边的平行四边形 $MBEC$ 的对角线交点为 D，$\overrightarrow{MC} + \overrightarrow{MB} = \overrightarrow{ME}$，则 $ME \perp BC$，D 是 BC 中点，所以点 M 的轨迹是 BC 的垂直平分线，即必过 $\triangle ABC$ 的外心。

二、三角形的 "内心"

三角形的三内角平分线相交于一点，该点叫作三角形的内心，也是三角形内切圆的圆心。内心到三边的距离相等。设 O 为 $\triangle ABC$ 的内心，满足 $|\overrightarrow{BC}| \cdot \overrightarrow{OA} + |\overrightarrow{AC}| \cdot \overrightarrow{OB} + |\overrightarrow{AB}| \cdot \overrightarrow{OC} = \mathbf{0}$。要证一个动点过内心，只需证该动点在一内角平

分线上.

例 2 在 $\triangle ABC$ 中，$|\overrightarrow{AB}| = 3$，$|\overrightarrow{AC}| = 2$，$\overrightarrow{AD} = \dfrac{1}{2}\overrightarrow{AB} + \dfrac{3}{4}\overrightarrow{AC}$，则直线 AD 通过 $\triangle ABC$ 的_____心．

由边长可得 $\dfrac{1}{2}|\overrightarrow{AB}| = \dfrac{3}{4}|\overrightarrow{AC}|$，设 $\overrightarrow{AE} = \dfrac{1}{2}\overrightarrow{AB}$，$\overrightarrow{AF} = \dfrac{3}{4}\overrightarrow{AC}$，则 $|\overrightarrow{AE}| = |\overrightarrow{AF}|$，已知等式变成了 $\overrightarrow{AD} = \overrightarrow{AE} + \overrightarrow{AF}$，$\overrightarrow{AD}$ 平分 $\angle EAF$，即 $\overrightarrow{AD}$ 在 $\angle BAC$ 的平分线上，所以直线 AD 通过 $\triangle ABC$ 的内心．

变式 设 O 为平面内一定点，A，B，C 为平面内不共线的三点，动点 P 满足 $\overrightarrow{OP} = \overrightarrow{OA} + \lambda\left(\dfrac{\overrightarrow{AB}}{|\overrightarrow{AB}|} + \dfrac{\overrightarrow{AC}}{|\overrightarrow{AC}|}\right)$，$\lambda \geqslant 0$，则点 P 的轨迹一定经过 $\triangle ABC$ 的_____心．

作 $\angle BAC$ 的平分线 AD，由平面向量的基本定理知，存在实数 μ 使 $\dfrac{\overrightarrow{AB}}{|\overrightarrow{AB}|} + \dfrac{\overrightarrow{AC}}{|\overrightarrow{AC}|} = \mu \cdot \dfrac{\overrightarrow{AD}}{|\overrightarrow{AD}|}$，则 $\overrightarrow{AP} = \lambda\left(\dfrac{\overrightarrow{AB}}{|\overrightarrow{AB}|} + \dfrac{\overrightarrow{AC}}{|\overrightarrow{AC}|}\right) = \lambda \cdot \mu \cdot \dfrac{1}{|\overrightarrow{AD}|} \cdot \overrightarrow{AD}$，所以 $\overrightarrow{AP}$ 与 $\overrightarrow{AD}$ 共线，点 P 在 $\triangle ABC$ 内角平分线上，其轨迹一定经过 $\triangle ABC$ 的内心．

三、三角形的"重心"

三角形的三条中线相交于一点，该点叫作三角形的重心．重心到顶点的距离是它到对边中点距离的 2 倍，即重心分中线之比为 $1 : 2$. 设 O 为 $\triangle ABC$ 的重心，则 $\overrightarrow{OA} + \overrightarrow{OB} + \overrightarrow{OC} = \mathbf{0}$. 要证一个动点过重心，只需证该动点在一条中线上．

例 3 已知 A，B，C 是平面内不共线的三点，O 为坐标原点，动点 P 满足 $\overrightarrow{OP} = \dfrac{1}{3}(1-\lambda)\overrightarrow{OA} + \dfrac{1}{3}(1-\lambda)\overrightarrow{OB} + \dfrac{1}{3}(1+2\lambda)\overrightarrow{OC}$，$\lambda \in R$，则点 P 的轨迹一定经过 $\triangle ABC$ 的_____心．

取 AB 的中点 D，则 $\overrightarrow{OA} + \overrightarrow{OB} = 2\overrightarrow{OD}$，有 $\overrightarrow{OP} = \dfrac{2(1-\lambda)}{3}\overrightarrow{OD} + \dfrac{1+2\lambda}{3}\overrightarrow{OC}$，因为 $\dfrac{2(1-\lambda)}{3} + \dfrac{1+2\lambda}{3} = 1$，所以点 P，D，C 共线，即点 P 在中线 CD 上，所以点 P 的轨迹一定经过 $\triangle ABC$ 的重心．

四、三角形的"垂心"

三角形的三条高线相交于一点，该点叫作三角形的垂心．设 O 为 $\triangle ABC$ 的垂心，则 $\overrightarrow{OA} \cdot \overrightarrow{OB} = \overrightarrow{OB} \cdot \overrightarrow{OC} = \overrightarrow{OC} \cdot \overrightarrow{OA} = 0$. 要证一个动点过垂心，只需证该动点在一边的高线上．

例4 已知 O 是平面内的一个定点，A，B，C 是平面上不共线的三个点，动点 P 满足 $\overrightarrow{OP} = \overrightarrow{OA} + \lambda \left(\dfrac{\overrightarrow{AB}}{|\overrightarrow{AB}|\cos B} + \dfrac{\overrightarrow{AC}}{|\overrightarrow{AC}|\cos C} \right)$ $(\lambda > 0)$，则动点 P 的轨迹通过 $\triangle ABC$ 的_____心．

移项得 $\overrightarrow{AP} = \lambda \left(\dfrac{\overrightarrow{AB}}{|\overrightarrow{AB}|\cos B} + \dfrac{\overrightarrow{AC}}{|\overrightarrow{AC}|\cos C} \right)$，两边同乘 $\overrightarrow{BC}$，得到 $\overrightarrow{AP} \cdot \overrightarrow{BC} = \lambda \left(\dfrac{\overrightarrow{AB} \cdot \overrightarrow{BC}}{|\overrightarrow{AB}|\cos B} + \dfrac{\overrightarrow{AC} \cdot \overrightarrow{BC}}{|\overrightarrow{AC}|\cos C} \right)$. 根据数量积定义，化简得 $\overrightarrow{AP} \cdot \overrightarrow{BC} = \lambda (-|\overrightarrow{BC}| + |\overrightarrow{BC}|) = 0$，所以 $\overrightarrow{AP} \perp \overrightarrow{BC}$，点 P 在 BC 的高线上，其轨迹通过 $\triangle ABC$ 的垂心．

五、外心的应用

提到三角形的外心，一定会联想到"边的垂直平分线"，即垂直、中点．

例5 O 是 $\triangle ABC$ 的外心，$AB = 6$，$AC = 4$，$\angle BAC$ 为钝角，点 M 是边 BC 的中点，求 $\overrightarrow{AM} \cdot \overrightarrow{AO}$ 的值．

如图 $5 - 9$，设点 O 在 AB，AC 的垂直平分线上，且垂足分别为 E，F，则点 E，F 分别为 AB，AC 的中点，$\overrightarrow{AM} \cdot \overrightarrow{AO} = \dfrac{1}{2} (\overrightarrow{AB} + \overrightarrow{AC}) \cdot \overrightarrow{AO} = \dfrac{1}{2} (\overrightarrow{AB} \cdot \overrightarrow{AO} + \overrightarrow{AC} \cdot \overrightarrow{AO})$. 根据数量积的几何意义，有 $\overrightarrow{AB} \cdot \overrightarrow{AO} = \dfrac{1}{2} |\overrightarrow{AB}|^2 = 18$，$\overrightarrow{AC} \cdot \overrightarrow{AO} = \dfrac{1}{2} |\overrightarrow{AC}|^2 = 8$，所以 $\overrightarrow{AM} \cdot \overrightarrow{AO} = \dfrac{1}{2} (18 + 8) = 13$.

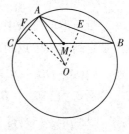

图 $5 - 9$

如果三角形是正三角形，那么它还有一个中心，与三角形的外心、内心、重心、垂心重合于一点．明确这一点，有利于今后解决正三角形的有关问题．

复数的几何意义

　　用直角坐标系来表示复数的平面叫作复平面，x 轴叫实轴，y 轴叫虚轴．其中实轴上的点都表示实数；虚轴上的点除了原点外，其他的点都表示纯虚数．一般情况下，复数不能比较大小，如果两个复数能够比较大小，那么它们已经是实数了．

　　复数的几何意义在于复数对应复平面上的点，其实部、虚部分别为该点的横坐标、纵坐标，且此点与起点在原点的平面向量的终点对应．例如：复数 $z = -1 - 2i$（i 为虚数单位），在复平面内对应的点为 $(-1, -2)$，该点位于第三象限，体现的是"数"与"形"的相互转化．

一、转化为平面图形中的"三角形""四边形"

　　例 1　$\triangle ABC$ 的三个顶点对应的复数分别为 z_1，z_2，z_3，复数 z 满足 $|z - z_1| = |z - z_2| = |z - z_3|$，则 z 对应的点是 $\triangle ABC$ 的_____心．

　　设复数 z_1，z_2，z_3 对应的点分别为 A，B，C，复数 z 的对应点为 O，则原等式转化为 $|OA| = |OB| = |OC|$，所以复数 z 对应的点是 $\triangle ABC$ 的外心．

　　变式　设复数 z_1，z_2 满足 $|z_1| = |z_2| = 2$，$|z_1 + z_2| = 2\sqrt{3}$，则 $|z_1 - z_2| = $ _____．

　　设复数 z_1，z_2 对应的向量分别为 $\overrightarrow{OA}$，$\overrightarrow{OB}$，向量 $z_1 + z_2$ 对应的向量为 $\overrightarrow{OC}$，由 $|z_1| = |z_2| = 2$，$|z_1 + z_2| = 2\sqrt{3}$ 可得四边形 $OACB$ 为菱形，且边长为 2，$\angle AOB = 60°$，所以复数 $z_1 - z_2$ 对应的向量为 $\overrightarrow{BA} = \overrightarrow{OA} - \overrightarrow{OB}$，所以 $|z_1 - z_2| = |\overrightarrow{BA}| = 2$．

二、转化为平面图形中的"圆"

　　例 2　若复数 z 满足条件 $|z| = 2$，求 $|1 + \sqrt{3}i + z|$ 的取值范围．

　　设复数 $z = x + yi$（x，$y \in \mathbf{R}$），则 $\sqrt{x^2 + y^2} = 2$，即 $x^2 + y^2 = 4$．所以

$|1 + \sqrt{3}i + z| = |(x+1) + (y+\sqrt{3})i| = \sqrt{(x+1)^2 + (y+\sqrt{3})^2} = |PA|$，其中点 $P(x, y)$ 是复数 z 的对应点，点 $A(-1, -\sqrt{3})$ 为定点. 因为点 A, P 均在圆 $x^2 + y^2 = 4$ 上，所以 $0 \leqslant |PA| \leqslant 4$.

变式 若 i 为虚数单位，复数 z 满足 $1 \leqslant |z+1+i| \leqslant \sqrt{2}$，求 $|z-1-i|$ 的最大值.

设复数 $z = x + yi$ $(x, y \in \mathbf{R})$，则满足 $1 \leqslant |(x+1) + (y+1)i| \leqslant \sqrt{2}$，即 $1 \leqslant \sqrt{(x+1)^2 + (y+1)^2} \leqslant \sqrt{2}$，设点 $P(x, y)$，$A(-1, -1)$，则有 $1 \leqslant |PA| \leqslant \sqrt{2}$. 设点 $B(1, 1)$，则 $|z-1-i| = \sqrt{(x-1)^2 + (y-1)^2} = |PB|$，因为 $|AB| = 2\sqrt{2} > 2$，所以点 $B(1, 1)$ 在圆环 $1 \leqslant (x+1)^2 + (y+1)^2 \leqslant 2$ 外，$|PB|_{\max} = |AB| + \sqrt{2} = 3\sqrt{2}$.

三、转化为平面图形中的"直线"

例 3 求复数 $z = (a^2 - 2a + 4) - (a^2 - 2a + 2)i$ $(a \in \mathbf{R})$ 在复平面内对应点的轨迹方程.

设复数 z 在复平面内对应的点为 $P(a^2 - 2a + 4, -(a^2 - 2a + 2))$，则

$$\begin{cases} x - 3 = (a-1)^2, \\ y + 1 = -(a-1)^2, \end{cases}$$ 消参后得 $x + y - 2 = 0$ $(x \geqslant 3)$.

四、转化为平面向量运算

例 4 已知复数 $z_1 = -1 + 2i$，$z_2 = 1 - i$，$z_3 = 3 - 4i$，它们在复平面内对应的点分别为 A，B，C，若 $\overrightarrow{OC} = \lambda \overrightarrow{OA} + \mu \overrightarrow{OB}$ $(\lambda, \mu \in \mathbf{R})$，求 $\lambda + \mu$ 的值.

复数 z_1，z_2，z_3 对应的点分别为 $A(-1, 2)$，$B(1, -1)$，$C(3, -4)$，$\overrightarrow{OA} = (-1, 2)$，$\overrightarrow{OB} = (1, -1)$，$\overrightarrow{OC} = (3, -4)$，代入已知式中，有 $(3, -4) = \lambda(-1, 2) + \mu(1, -1)$，解得 $\lambda = -1$，$\mu = 2$.

上述问题，就是一个"三者"，即复数、复平面内的点、起点在原点的平面向量之间的相互转化问题. 已知是复数的情况下，或转化为平面向量运算，或转化为几何图形中的点、线段、圆之间的关系，多考虑几何法，利用数形结合解决问题.

第六章

数 列

由递推式求通项公式

求数列的通项公式是数列的核心内容之一，有了通项公式便可以求出数列的任意一项以及前 n 项和，因此求数列的通项公式往往是解题的突破口、关键点．通过等差、等比数列的定义、性质，观察法，累加、累乘法等求通项公式，学生比较熟悉，下面是几种常考的由递推式求通项公式的试题．

一、由构造法求通项

1. 形如 $a_{n+1} = pa_n + q$（$p \neq 0$，1，$q \neq 0$）的递推式

该等式两边同时加上一个常数可以构造一个等比数列，即 $a_{n+1} + x = p\left(a_n + x\right)$，其中 $x = \dfrac{q}{p-1}$（$p \neq 1$），构造等比数列 $\{a_n + x\}$．此外有：

（1）形如 $a_{n+1} = \dfrac{Aa_n}{Ba_n + C}$（$A$，$B$，$C \neq 0$）的递推式，取倒数可得 $\dfrac{1}{a_{n+1}} = \dfrac{C}{A} \cdot \dfrac{1}{a_n} + \dfrac{B}{A}$，等同于 $a_{n+1} = pa_n + q$（$p \neq 0$，1，$p \neq 0$）的形式；

（2）形如 $a_{n+1} = \lambda a_n^2$（$\lambda > 0$）的递推式，取对数可得 $\ln a_{n+1} = 2\ln a_n + \ln\lambda$，也等同于 $a_{n+1} = pa_n + q$（$p \neq 0$，1，$p \neq 0$）的形式．

例1 已知数列 $\{a_n\}$ 满足 $a_1 = 1$，$na_{n+1} - 2\left(n+1\right)a_n = n^2 + n$（$n \in \mathbf{N}^*$）．求证：$\left\{\dfrac{a_n}{n} + 1\right\}$ 为等比数列，并求通项 a_n．

两边同除以 $n\left(n+1\right)$，可得 $\dfrac{a_{n+1}}{n+1} = 2 \cdot \dfrac{a_n}{n} + 1$，即 $\dfrac{a_{n+1}}{n+1} + 1 = 2\left(\dfrac{a_n}{n} + 1\right)$，所以 $\left\{\dfrac{a_n}{n} + 1\right\}$ 为等比数列，$\dfrac{a_n}{n} + 1 = \left(\dfrac{a_1}{1} + 1\right) \cdot 2^{n-1}$，即 $a_n = n\left(2^n - 1\right)$．

2. 形如 $a_{n+2} = pa_{n+1} + qa_n$（$p \neq 0$，$q \neq 0$）的递推式

将等式写成 $a_{n+2} - \mu a_{n+1} = \lambda\left(a_{n+1} - \mu a_n\right)$，其中 λ，μ 是待定系数，进行系

数对比，有 $\begin{cases} \lambda + \mu = p, \\ -\lambda\mu = q, \end{cases}$ 构造等比数列 $\{a_{n+1} - \mu a_n\}$，λ 为公比，进而求得 a_n.

例2 在数列 $\{a_n\}$ 中，$a_1 = a_2 = 3$，$a_{n+1} = a_n + 2a_{n-1}$（$n \geq 2$，$n \in \mathbf{N}^*$），求通项 a_n.

设 $a_{n+1} - \mu a_n = \lambda(a_n - \mu a_{n-1})$，与已知递推式对应，得 $\begin{cases} \lambda = 2, \\ \mu = -1, \end{cases}$ 即 $a_{n+1} + a_n = 2(a_n + a_{n-1})$（$n \geq 2$），所以 $\{a_{n+1} + a_n\}$ 为等比数列，$a_{n+1} + a_n = (a_2 + a_1) \cdot 2^{n-1} = 3 \cdot 2^n$，即 $a_{n+1} = -a_n + 3 \cdot 2^n$，两边同除以 2^{n+1} 可得 $\dfrac{a_{n+1}}{2^{n+1}} = -\dfrac{1}{2} \cdot \dfrac{a_n}{2^n} + \dfrac{3}{2}$，整理为 $\dfrac{a_{n+1}}{2^{n+1}} - 1 = -\dfrac{1}{2}\left(\dfrac{a_n}{2^n} - 1\right)$，所以 $\left\{\dfrac{a_n}{2^n} - 1\right\}$ 为等比数列，$\dfrac{a_n}{2^n} - 1 = \left(\dfrac{a_1}{2^1} - 1\right)\left(-\dfrac{1}{2}\right)^{n-1}$，即 $a_n = 2^n - (-1)^n$.

3. 形如 $a_{n+1} = pa_n + q \cdot p^{n+1}$（$p \neq 0$，$1$，$q \neq 0$）的递推式

将等式两边同除以 p^{n+1}，构造等差数列 $\left\{\dfrac{a_n}{p^n}\right\}$. 这种根据递推公式通过除法构造等差数列的方法，还有：

（1）由 $a_{n+1} = a_n - pa_{n+1}a_n$（$p \neq 0$），得 $\dfrac{1}{a_{n+1}} - \dfrac{1}{a_n} = p$，构造等差数列 $\left\{\dfrac{1}{a_n}\right\}$；

（2）由 $na_{n+1} = (n+1)a_n + pn(n+1)$（$p \neq 0$），得 $\dfrac{a_{n+1}}{n+1} - \dfrac{a_n}{n} = p$，构造等差数列 $\left\{\dfrac{a_n}{n}\right\}$；

（3）由 $a_{n+1}b_n = a_nb_{n+1} + pb_{n+1}b_n$（$p \neq 0$），得 $\dfrac{a_{n+1}}{b_{n+1}} - \dfrac{a_n}{b_n} = p$，构造等差数列 $\left\{\dfrac{a_n}{b_n}\right\}$.

例3 已知数列 $\{a_n\}$ 的前 n 项和为 S_n，$2S_n = a_{n+1} - 2^{n+1} + 1$，$n \in \mathbf{N}^*$，且 a_1，$a_2 + 5$，19 成等差数列. 证明 $\left\{\dfrac{a_n}{2n} + 1\right\}$ 为等比数列，并求 $\{a_n\}$ 的通项公式.

先求得 $a_1 = 1$，$a_2 = 5$，当 $n \geq 2$ 时，由 $\begin{cases} 2S_n = a_{n+1} - 2^{n+1} + 1, \\ 2S_{n-1} = a_n - 2^n + 1, \end{cases}$ 得 $a_{n+1} = 3a_n + 2^n$，$\dfrac{a_{n+1}}{2^{n+1}} = \dfrac{3}{2} \cdot \dfrac{a_n}{2^n} + \dfrac{1}{2}$，分解成 $\dfrac{a_{n+1}}{2^{n+1}} + 1 = \dfrac{3}{2}\left(\dfrac{a_n}{2^n} + 1\right)$，又 $\dfrac{a_2}{2^2} + 1 = \dfrac{3}{2}\left(\dfrac{a_1}{2^1} + 1\right)$ 也

适合上式，所以 $\left\{\dfrac{a_n}{2^n}+1\right\}$ 为等比数列，且 $\dfrac{a_n}{2^n}+1=\left(\dfrac{a_1}{2^1}+1\right)\left(\dfrac{3}{2}\right)^{n-1}$，故 $a_n=3^n-2^n$.

二、"类比"策略求通项

形如 $a_1+a_2+a_3+\cdots+a_{n-1}+a_n=f(n)$，先求 a_1，当 $n\geq2$ 时，类比上式少写一项得 $a_1+a_2+a_3+\cdots+a_{n-1}=f(n-1)$，两式作差可求 a_n，验证 a_1 是否适合 a_n 即可；同理，形如 $a_1\cdot a_2\cdot a_3\cdot\cdots\cdot a_{n-1}\cdot a_n=f(n)$，仍然是先求 a_1，当 $n\geq2$ 时，类比上式少写一项得 $a_1\cdot a_2\cdot a_3\cdot\cdots\cdot a_{n-1}=f(n-1)$，两式作商可求 a_n，最后验证 a_1 是否适合 a_n.

例4 已知等差数列 $\{a_n\}$ 的前 n 项和为 S_n，$a_2=1$，$S_7=14$，数列 $\{b_n\}$ 满足 $b_1\cdot b_2\cdot\cdots\cdot b_n=2^{\frac{n^2+n}{2}}$，求 $\{a_n\}$ 和 $\{b_n\}$ 的通项公式.

设 $\{a_n\}$ 的公差为 d，由 $\begin{cases}a_1+d=1,\\7a_1+21d=14,\end{cases}$ 得 $d=\dfrac{1}{2}$，所以 $a_n=a_2+(n-2)d=\dfrac{1}{2}n$；因为 $b_1\cdot b_2\cdot\cdots\cdot b_{n-1}\cdot b_n=2^{\frac{n^2+n}{2}}$，$b_1\cdot b_2\cdot\cdots\cdot b_{n-1}=2^{\frac{(n-1)^2+(n-1)}{2}}$（$n\geq2$），两式相除得 $b_n=2^n$（$n\geq2$），又 $b_1=2$ 也适合上式，故 $b_n=2^n$.

三、归纳法求通项

根据数列的前几项值，先猜测出通项公式，再用数学归纳法加以证明. 这种根据数列的前几项求其通项公式的方法，离不开观察，需要抓住几个方面的特征：①各项的符号特征，通过 $(-1)^n$ 或 $(-1)^{n+1}$ 来调节正负项；②考虑分子、分母各自与 n 的关系或寻找分子、分母之间的关系；③相邻项（或其绝对值）的变化特征；④拆、添项后的特征；⑤通过通分等方法转化后，观察是否有规律.

例5 设正整数数列 $\{a_n\}$ 满足 $a_2=4$，且对于任何 $n\in\mathbf{N}^*$，有 $2+\dfrac{1}{a_{n+1}}<\dfrac{\dfrac{1}{a_n}+\dfrac{1}{a_{n+1}}}{\dfrac{1}{n}-\dfrac{1}{n+1}}<2+\dfrac{1}{a_n}$，求 $\{a_n\}$ 的通项公式.

由于 $2+\dfrac{1}{a_{n+1}}<n(n+1)\left(\dfrac{1}{a_n}+\dfrac{1}{a_{n+1}}\right)<2+\dfrac{1}{a_n}$，当 $n=1$ 时，$2+\dfrac{1}{4}<\dfrac{2}{a_1}+\dfrac{2}{4}<2+\dfrac{1}{a_1}$，解得 $\dfrac{2}{3}<a_1<\dfrac{8}{7}$，因为 a_1 为正整数，所以 $a_1=1$；当 $n=2$ 时，$2+\dfrac{1}{a_3}$

$< 6\left(\dfrac{1}{4}+\dfrac{1}{a_3}\right)<2+\dfrac{1}{4}$，解得 $8<a_3<10$，同理得 $a_3=9$；……猜想 $a_n=n^2$.

四、借助函数式求通项

由于数列是特殊的函数，这种以函数为背景的数列，往往需要先对函数解析式进行化简处理，利用函数与数列之间的"联系"（即已知条件）求得所求内容.

例 6 已知函数 $f(x)=ax^2+bx+c$ $(a>0)$ 有 1 和 2 两个零点，数列 $\{x_n\}$ 满足 $x_{n+1}=x_n-\dfrac{f(x_n)}{f'(x_n)}$，设 $a_n=\ln\dfrac{x_n-2}{x_n-1}$，若 $a_1=\dfrac{1}{2}$，$x_n>2$，求 $\{a_n\}$ 的通项公式.

根据函数 $f(x)$ 有 1 和 2 两个零点，可得 $f(x)=a(x-1)(x-2)$，则 $f'(x)=a(2x-3)$，所以 $x_{n+1}=x_n-\dfrac{f(x_n)}{f'(x_n)}=\dfrac{x_n^2-2}{2x_n-3}$，类比 $a_n=\ln\dfrac{x_n-2}{x_n-1}$ 得

$a_{n+1}=\ln\dfrac{x_{n+1}-2}{x_{n+1}-1}=\ln\dfrac{(x_n-2)^2}{(x_n-1)^2}=2\ln\dfrac{x_n-2}{x_n-1}=2a_n$，所以 $\{a_n\}$ 是以 $\dfrac{1}{2}$ 为首项、2 为公比的等比数列，$a_n=\dfrac{1}{2}\times 2^{n-1}=2^{n-2}$.

五、从题设或结论中"挖掘"信息

要证明数列是等差数列或等比数列，通常有两种方法：一是定义法，对于任意自然数 n，验证 $a_{n+1}-a_n$ 或 $\dfrac{a_{n+1}}{a_n}$ 为同一常数；二是中项法，验证 $2a_n=a_{n+1}+a_{n-1}$ $(n\geqslant2)$ 或 $a_n^2=a_{n+1}a_{n-1}$ $(n\geqslant2)$ 成立. 如果以上两种方法不能直接应用时，可以迂回一下，从题中寻求有价值的线索加以应用：①从已知条件中寻找提示；②根据结论的第一问明确做题的方向.

例 7 已知数列 $\{a_n\}$ 满足 $(a_{n+1}-1)(a_n-1)=3(a_n-a_{n+1})$，$a_1=2$，令 $b_n=\dfrac{1}{a_n-1}$. 求证：$\{b_n\}$ 是等差数列，并求 $\{a_n\}$ 的通项公式.

由于 $\dfrac{1}{a_{n+1}-1}-\dfrac{1}{a_n-1}=\dfrac{a_n-a_{n+1}}{(a_{n+1}-1)(a_n-1)}=\dfrac{1}{3}$，即 $b_{n+1}-b_n=\dfrac{1}{3}$，所以 $\{b_n\}$ 是等差数列；$b_1=\dfrac{1}{a_1-1}=1$，$b_n=\dfrac{1}{3}n+\dfrac{2}{3}$，即 $\dfrac{1}{a_n-1}=\dfrac{n+2}{3}$，故 $a_n=\dfrac{n+5}{n+2}$.

取整函数与数列求和

取整函数 $f(x) = [x]$ 应用于数列 $\{a_n\}$ 中，有通项公式 $a_n = [f(x)]$ 或 $a_n = [x[x]]$，其中 $[x]$ 表示不超过 x 的最大整数．

一、取整函数与数列的通项公式 $a_n = [f(x)]$

例1 设数列 $\{a_n\}$ 的前 n 项和为 S_n，且满足 $a_1 + a_2 = 2$，$a_{n+1} = S_n + \dfrac{2}{3}$，设 $b_n = [a_n]$，数列 $\{b_n\}$ 的前 $2n$ 项和为 T_{2n}，求使 $T_{2n} > 2000$ 成立的最小正整数 n．

求得 $a_1 = \dfrac{2}{3}$，$a_2 = \dfrac{4}{3}$，进而求得 $a_{n+1} = 2a_n$ $(n \geqslant 2)$，又 $a_2 = 2a_1$，所以 $\{a_n\}$ 是等比数列，$a_n = \dfrac{2^n}{3}$，$b_n = [a_n] = \left[\dfrac{2^n}{3}\right]$．当 $n=1$ 时，$T_2 = 0 + 1 = 1 = \dfrac{2^3}{3} - 1 - \dfrac{2}{3}$；当 $n=2$ 时，$T_4 = T_2 + 2 + 5 = 8 = \dfrac{2^5}{3} - 2 - \dfrac{2}{3}$；当 $n=3$ 时，$T_6 = T_4 + 10 + 21 = 39 = \dfrac{2^7}{3} - 3 - \dfrac{2}{3}$，$\cdots\cdots$ 则 $T_{2n} = b_1 + b_2 + \cdots + b_{2n} = \dfrac{2^{2n+1}}{3} - n - \dfrac{2}{3}$．由于当 $n = 5$ 时，$T_{10} = 677 < 2000$，当 $n = 6$ 时，$T_{12} = 2724 > 2000$，故最小正整数 $n = 6$．

类例 设数列 $\{a_n\}$ 满足 $a_1 = 2$，$a_2 = 6$，$a_3 = 12$，$\{a_n\}$ 的前 n 项和为 S_n，且 $\dfrac{S_{n+2} - S_{n-1} + 1}{S_{n+1} - S_n + 1} = 3$ $(n \in \mathbf{N}^*，n \geqslant 2)$，$b_n = \left[\dfrac{(n+1)^2}{a_n}\right]$，求 $\{b_n\}$ 的前 2020 项和 T_{2020}．

由已知等式可得 $\{a_{n+1} - a_n\}$ 是等差数列，$a_{n+1} - a_n = 2n + 2$．累加后得 $a_n = n(n+1)$，由于 $b_1 = 2$，当 $n \geqslant 2$ 时，$b_n = \left[\dfrac{n+1}{n}\right] = \left[1 + \dfrac{1}{n}\right] = 1$，所以 $T_{2020} = 2 + 2019 = 2021$．

二、取整函数与数列的通项公式 $a_n = [x[x]]$

例2 已知函数 $f(x) = [x[x]]$ $(n < x < n+1，n \in \mathbf{N}^*)$，定义 a_n 是

$f(x)$ 值域中的元素个数，数列 $\{a_n\}$ 的前 n 项和为 S_n，若 $\sum\limits_{i=1}^{n}\dfrac{1}{S_i}<\dfrac{m}{10}$ 对 $n\in\mathbf{N}^*$ 均成立，则最小正整数 $m=$ _____．

由 $f(x)=[x[x]]$ $(n<x<n+1,\ n\in\mathbf{N}^*)$，知 $[x]=n$，$x[x]=nx$，所以 $f(x)=[nx]$．当 $n=1$ 时，$1<x<2$，$f(x)=[x]=1$，$a_1=1$；当 $n=2$ 时，$2<x<3$，$f(x)=[2x]=4,5$，$a_2=2$；当 $n=3$ 时，$3<x<4$，$f(x)=[3x]=9,10,11$，$a_2=3$；……归纳出 $a_n=n$，求得 $S_n=\dfrac{n\cdot(n+1)}{2}$，即 $\dfrac{1}{S_n}=2\left(\dfrac{1}{n}-\dfrac{1}{n+1}\right)$．所以 $\sum\limits_{i=1}^{n}\dfrac{1}{S_i}=2\left(1-\dfrac{1}{n+1}\right)<2$．由于 $\sum\limits_{i=1}^{n}\dfrac{1}{S_i}<\dfrac{m}{10}$ 恒成立，所以 $2\leqslant\dfrac{m}{10}$，即 $m\geqslant20$．

类例 设 a_n 为 $[x[x]]$ $(x\in[0,n))$ 能取到所有值的个数，S_n 是数列 $\left\{\dfrac{1}{a_n+2n}\right\}$ 的前 n 项和，判断 190 是否是数列 $\{a_n\}$ 中的项．

当 $n=1$ 时，$x\in[0,1)$，$[x[x]]=[0]=0$，$a_1=1$；当 $n=2$ 时，$x\in[0,2)$，$[x[x]]=0,1$，$a_2=2$；当 $n=3$ 时，$x\in[0,3)$，$[x[x]]=0,1,4,5$，$a_3=4$；当 $n=4$ 时，$x\in[0,4)$，$[x[x]]=0,1,4,5,9,10,11$，$a_4=7$；当 $n=5$ 时，$x\in[0,5)$，$[x[x]]=0,1,4,5,9,10,11,16,17,18,19$，$a_5=11$；……由 $a_2-a_1=1$，$a_3-a_2=2$，$a_4-a_3=3$，$\cdots$，$a_n-a_{n-1}=n-1$，可得 $a_n=\dfrac{n(n-1)}{2}+1$，因为 $a_{19}=172$，$a_{20}=191$，所以 190 不是数列 $\{a_n\}$ 中的项．

三、取整函数在数列求和中的综合应用

例 3 如果 $b_n=n$，$a_n=n+\dfrac{1}{n}$，满足 $c_n=[a_n+a_{n+1}]+b_n$，求 $\{c_n\}$ 的前 n 项和．

代入化简得到 $c_n=\left[2n+1+\dfrac{1}{n}+\dfrac{1}{n+1}\right]+n=\begin{cases}5,&n=1,\\3n+1,&n\geqslant2,\end{cases}$ 即 $\{c_n\}$ 是从第二项起的等差数列，$S_n=5+7(n-1)+\dfrac{(n-1)(n-2)}{2}\times3=\dfrac{1}{2}(3n^2+5n+2)$．

再如 $a_n=10n-9$，$b_n=[\lg a_n]=[\lg(10n-9)]$，有 $b_1=0$，$b_2,\cdots,b_{10}=1$，$b_{11},\cdots,b_{100}=2$，$b_{101}=3$，所以数列 $\{b_n\}$ 的前 101 项和 $S_{101}=b_1+(b_2+\cdots+b_{10})+(b_{11}+\cdots+b_{100})+b_{101}=0+1\times9+2\times90+3=192$．

数列求和中的奇、偶数项分类讨论

在数列求和中有一类因奇、偶数项通项不统一，需要对项数 n 进行奇、偶数讨论的试题，难度较大，考试中学生遇到时往往因思维受阻而束手无策，或因解题烦琐而半途而废．现从例题解析的角度对其加以整理，以便尝试掌握其解题规律．

这种数列中的奇、偶数项分类讨论问题，其常考类型大致有以下五种情况．

一、已知条件中含有明确的奇、偶数项

数列的奇、偶数项问题，是指数列的通项公式因为项数分奇数、偶数而有所不同．解答此类试题的过程中，通常要采用奇偶分析法，即对项数的奇偶性进行分类讨论．这类试题的通项公式多为 $a_n = \begin{cases} b_n, & n \text{ 为奇数,} \\ c_n, & n \text{ 为偶数} \end{cases}$ 的形式，求解时可以奇数项一组、偶数项一组分别求解，有时也可以根据相邻奇、偶数项的结构特点，采用分组转化求和法解决．

例 1 已知数列 $\{a_n\}$ 满足 $a_1 = 1$，且 $a_{n+1} = \begin{cases} a_n + 1, & n \text{ 为奇数,} \\ 2a_n, & n \text{ 为偶数} \end{cases}$ $(n \in \mathbf{N}^*)$．

设 $b_n = a_{2n-1}$，且 $\{b_n + 2\}$ 为等比数列，求 $\{a_n\}$ 的前 $2n$ 项和．

先求得 $b_n = 3 \cdot 2^{n-1} - 2$，即 $a_{2n-1} = 3 \cdot 2^{n-1} - 2$，由等式 $a_{n+1} = \begin{cases} a_n + 1, & n = 2k - 1, \\ 2a_n, & n = 2k \end{cases}$ $(k \in \mathbf{N}^*)$，可得 $a_{2n} = a_{2n-1} + 1$，所以 $\{a_n\}$ 的前 $2n$ 项和 S_{2n}

$= (a_1 + a_3 + \cdots + a_{2n-1}) + (a_2 + a_4 + \cdots + a_{2n}) = 2(a_1 + a_3 + \cdots + a_{2n-1}) + n$

$= 6(2^0 + 2^1 + \cdots + 2^{n-1}) - 3n = \dfrac{1 - 2^n}{1 - 2} \times 6 - 3n = 6(2^n - 1) - 3n.$

二、已知等差或等比数列的奇数项、偶数项之和

这类试题可以直接利用公式法加以解决．在等差数列 $\{a_n\}$ 中，若项数为

$2n$（$n \in \mathbf{N}^*$），则 $S_偶 - S_奇 = nd$，$\dfrac{S_偶}{S_奇} = \dfrac{a_{n+1}}{a_n}$；若项数为 $2n+1$，则 $S_奇 - S_偶 = a_1 + nd$，$\dfrac{S_奇}{S_偶} = \dfrac{n+1}{n}$. 在等比数列 $\{a_n\}$ 中，若项数为 $2n$（$n \in \mathbf{N}^*$），则 $\dfrac{S_偶}{S_奇} = q$（公比），若项数为 $2n+1$，则 $\dfrac{S_奇 - a_1}{S_偶} = q$.

例 2 项数为奇数的等差数列 $\{a_n\}$，奇数项之和为 44，偶数项之和为 33，求这个数列的中间项及项数.

设共有 $2n+1$ 项，奇数项有 $n+1$ 项，偶数项有 n 项，$\dfrac{S_奇}{S_偶} = \dfrac{n+1}{n} = \dfrac{44}{33}$，$n=3$，项数为 $2n+1 = 7$，中间项为第 $\dfrac{(2n+1)+1}{2}$ 项，即第 $n+1 = 4$ 项，由 $S_偶 = 3a_4 = 33$，知 $a_4 = 11$.

三、已知通项公式中涉及 $(-1)^n$ 或 $(-1)^{n-1}$ 的类型

1. 已知通项公式中直接含有 $(-1)^n$ 或 $(-1)^{n-1}$

例如求数列 $\{(-1)^n (4n-3)\}$ 的前 n 项和 S_n. 通项公式 $a_n = (-1)^n (4n-3)$ 中直接含有 $(-1)^n$，这种数列的相邻两项符号相异，可以考虑奇、偶数项分类讨论法.

例 3 等比数列 $\{a_n\}$ 中，a_1，a_2，a_3 分别是表 6 – 1 第一、二、三行中的某一个数，且 a_1，a_2，a_3 中任何两个数不在下表的同一列. 若数列 $\{b_n\}$ 满足 $b_n = a_n + (-1)^n \ln a_n$，求 $\{b_n\}$ 的前 n 项和 S_n.

表 6 – 1

	第一列	第二列	第三列
第一行	3	2	10
第二行	6	4	14
第三行	9	8	18

由表格求得 $a_n = 2 \cdot 3^{n-1}$，代入 b_n 的等式中，得 $b_n = 2 \cdot 3^{n-1} + (-1)^n \ln \dfrac{2}{3} + (-1)^n n \ln 3$，$S_n$ 分三部分，$S_n = 2(3^0 + 3^1 + \cdots + 3^{n-1}) + [-1 + 1 - \cdots + (-1)^n] \ln \dfrac{2}{3} + [-1 + 2 - \cdots + (-1)^n n] \ln 3$. 当 n 为偶数时，$S_n = 2 \times \dfrac{1-3^n}{1-3}$

$+ \dfrac{n}{2} \ln 3 = 3^n + \dfrac{n}{2} \ln 3 - 1$；当 n 为奇数时，$S_n = 2 \times \dfrac{1 - 3^n}{1 - 3} - \ln \dfrac{2}{3} + \left(\dfrac{n-1}{2} - n \right) \ln 3$

$= 3^n - \dfrac{n-1}{2} \ln 3 - \ln 2 - 1$. 最终写成分段函数的形式.

评析：求数列的前 n 项和 S_n 时，因为通项公式中含有 $(-1)^n$，一般要对 n 进行奇偶数讨论，可以先求 n 为偶数情况下的 S_n 值，则 n 为奇数情况下 $S_n = S_{n-1} + b_n$（或 $S_n = S_{n+1} - b_{n+1}$），其中 S_{n-1}（或 S_{n+1}）的值可以"借用"前面 n 为偶数情况下的 S_n 值，以免重复运算.

2. 通项公式中间接含有 $(-1)^n$ 或 $(-1)^{n-1}$

如果通项公式中含有 $\cos n\pi$ 或 $\sin\left(n\pi + \dfrac{\pi}{2}\right)$，这种三角函数也可以转化为上述类型，即 $\cos n\pi = (-1)^n$，$\sin\left(n\pi + \dfrac{\pi}{2}\right) = (-1)^n$，此外如 $(-2)^n = (-1)^n \cdot 2^n$，$\left(-\dfrac{1}{3}\right)^n = (-1)^n \cdot \left(\dfrac{1}{3}\right)^n$ 等均可分出 $(-1)^n$ 的形式.

例 4 已知 S_n 是数列 $\{a_n\}$ 的前 n 项和，且 $S_n = 2a_n + n^2 - 3n - 2$（$n \in \mathbf{N}^*$）. 若 $\{a_n - 2n\}$ 为等比数列，设 $b_n = a_n \cdot \cos n\pi$，求 $\{b_n\}$ 的前 n 项和 T_n.

求得 $a_n - 2n = (a_1 - 2) \cdot 2^{n-1}$，$a_1 = 4$，所以 $a_n = 2^n + 2n$，又 $\cos n\pi = (-1)^n$，则 b_n 的等式可化为 $b_n = (-1)^n \cdot 2^n + (-1)^n \cdot 2n$ 两部分. 当 n 为偶数时，设 $n = 2k$（$k \in \mathbf{N}^*$），则 $T_n = T_{2k} = (-2 + 2^2 - \cdots + 2^{2k}) + 2(-1 + 2 - \cdots + 2k) = \dfrac{-2\left[1 - (-2)^{2k}\right]}{1 - (-2)} + 2k = \dfrac{2}{3}(2^n - 1) + n$；当 n 为奇数时，设 $n = 2k + 1$（$k \in N^*$），则 $T_n = T_{2k+1} = T_{2k} + b_{2k+1} = \dfrac{-2\left[1 - (-2)^{2k}\right]}{1 - (-2)} + 2k - 2^{2k+1} - 2(2k+1) = -\dfrac{2^{n+1}}{3} - n - \dfrac{5}{3}$. 综上，将结论写成分段函数的形式.

评析：当 n 为偶数时，设 $n = 2k$（$k \in \mathbf{N}^*$），则 $T_n = T_{2k}$，先求 T_{2k} 的值，再用 $k = \dfrac{n}{2}$ 转到 T_n 的值上. 当 n 为奇数时，设 $n = 2k + 1$（$k \in \mathbf{N}^*$），则 $T_n = T_{2k+1} = T_{2k} + b_{2k+1}$，方法同上；也可设 $n = 2k - 1$（$k \in \mathbf{N}^*$），则 $T_n = T_{2k-1} = T_{2k} - b_{2k}$，所得答案不变.

四、已知条件中含有连续两项的和或积的形式

诸如 $a_n + a_{n+1} = f(n)$，$a_n \cdot a_{n+1} = f(n)$ 这种相邻两项之和为变量，相邻两项之积为变量的，可转化为相间两项之差为常数（$a_{n+2} - a_n = d$），相间两项

之商为常数 $\left(\dfrac{a_{n+2}}{a_n}=q\right)$ 的形式，其中 d，q 为常数，解题时需要对项数 n 进行奇、偶数分类讨论，分解成含有 $\{a_{2k}\}$ 与 $\{a_{2k-1}\}$ （$k\in\mathbf{N}^*$）的两部分.

例 5 已知 a_n，a_{n+1} 为方程 $x^2-c_nx+\left(\dfrac{1}{3}\right)^n=0$ 的两根，$n\in\mathbf{N}^*$，$a_1=2$，$S_n=c_1+c_2+\cdots+c_n$. 求 $\{c_n\}$ 的前 $2n$ 项和 S_{2n}.

由根与系数之间的关系得 $a_n\cdot a_{n+1}=\left(\dfrac{1}{3}\right)^n$，类比 $a_{n+1}\cdot a_{n+2}=\left(\dfrac{1}{3}\right)^{n+1}$，作商得 $\dfrac{a_{n+2}}{a_n}=\dfrac{1}{3}$，其中 $a_1=2$，$a_2=\dfrac{1}{6}$，所以 a_1，a_3，a_5，$\cdots$，a_{2n-1} 和 a_2，a_4，a_6，$\cdots$，a_{2n} 均为等比数列. 当 n 为偶数时，$a_n=a_2\left(\dfrac{1}{3}\right)^{\frac{n}{2}-1}=\dfrac{1}{2}\left(\dfrac{1}{3}\right)^{\frac{n}{2}}$，且 $n+1$ 为奇数，$c_n=a_n+a_{n+1}=\dfrac{5}{2}\left(\dfrac{1}{3}\right)^{\frac{n}{2}}$，$c_2+c_4+c_6+\cdots+c_{2n}=\dfrac{5}{4}\left(1-\dfrac{1}{3^n}\right)$；当 n 为奇数时，$a_n=a_1\left(\dfrac{1}{3}\right)^{\frac{n+1}{2}-1}=2\left(\dfrac{1}{3}\right)^{\frac{n-1}{2}}$，且 $n+1$ 为偶数，$c_n=a_n+a_{n+1}=\dfrac{13}{6}\left(\dfrac{1}{3}\right)^{\frac{n-1}{2}}$，$c_1+c_3+\cdots+c_{2n-1}=\dfrac{13}{4}\left(1-\dfrac{1}{3^n}\right)$. 故 $S_{2n}=\left(c_1+c_3+\cdots+c_{2n-1}\right)+\left(c_2+c_4+\cdots+c_{2n}\right)=\dfrac{9}{2}\left(1-\dfrac{1}{3^n}\right)$.

评析： 通过对项数 n 进行奇、偶数分类讨论，将 S_{2n} 转化为分别求数列中的偶数项数列 $\{c_{2n}\}$ 与奇数项数列 $\{c_{2n-1}\}$ 的前 n 项和.

变式 已知数列 $\{a_n\}$ 满足 $a_{n+1}+a_n=2n+7$（$n\in\mathbf{N}^*$），且 $a_1=4$. 求数列 $\{a_n\}$ 的通项公式.

因为 $a_{n+1}+a_n=2n+7$，$a_n+a_{n-1}=2n+5$（$n\geqslant2$），两式作差，得 $a_{n+1}-a_{n-1}=2$（$n\geqslant2$），所以 $\{a_n\}$ 的奇数项与偶数项各自成等差数列，且公差均为 2，$a_1=4$，$a_2=5$，所以 $a_{2n-1}=a_1+2(n-1)=(2n-1)+3$，$a_{2n}=a_2+2(n-1)=2n+3$，综上，$a_n=n+3$.

五、数列运算中隐含着奇、偶数项分类讨论

像这种从表面上根本看不出奇、偶数项分类讨论的问题，在毫无解题思路的情况下，不妨从奇、偶数项的角度切入，分别探究一下.

例 6 大衍数列的前 10 项依次是 0，2，4，8，12，18，24，32，40，50，此数列记为 $\{a_n\}$，其前 n 项的和记为 S_n，则 $a_n=$_____，$S_n=$_____.

$$\left(\text{附：}\ 1^2 + 2^2 + 3^2 + \cdots + n^2 = \frac{n\ (n+1)\ (2n+1)}{6}\right)$$

由不完全归纳知：奇数项 $a_1 = 0$，$a_3 = 4 = 4 \times 1$，$a_5 = 12 = 4 \times 3 = 4\ (1+2)$，

$a_7 = 24 = 4 \times 6 = 4\ (1+2+3)$，$\cdots$，当 n 为奇数时，$a_n = 4\left(1 + 2 + \cdots + \frac{n-1}{2}\right) =$

$\dfrac{n^2 - 1}{2}$；偶数项 $a_2 = 2 = \dfrac{1}{2} \times 2^2$，$a_4 = 8 = \dfrac{1}{2} \times 4^2$，$a_6 = 18 = \dfrac{1}{2} \times 6^2$，$a_8 = 32 = \dfrac{1}{2}$

$\times 8^2$，$\cdots$，当 n 为偶数时，$a_n = \dfrac{1}{2} n^2$. 综上，将通项公式写成分段函数的形式.

当 n 为偶数时，$S_n = a_1 + a_2 + \cdots + a_n = \dfrac{1}{2}\ (1^2 + 2^2 + \cdots + n^2)\ - \dfrac{1}{2}\ (1 + 0 + 1 + 0$

$+ \cdots + 1 + 0)\ = \dfrac{n\ (n+2)\ (2n-1)}{12}$；当 n 为奇数时，$n-1$ 为偶数，$S_n = S_{n-1} +$

$a_n = \dfrac{(n-1)\ (n+1)\ (2n-3)}{12} + \dfrac{1}{2}\ (n^2 - 1)\ = \dfrac{(n-1)\ (n+1)\ (2n+3)}{12}$. 结论

仍然写成分段函数的形式.

评析：直接利用奇数项数据和偶数项数据的内在规律归纳出数列的通项公式，根据奇、偶数项通项的不同，展开对项数 n 的分类讨论，参照前面阐述的方法，先求 n 为偶数情况下的前 n 项和，再求 n 为奇数情况下的前 n 项和.

上述数列求和中对 n 进行奇、偶数项分类讨论，总的解题思路就是：①能写出通项公式的先写出通项公式；②奇数项与偶数项能够分别求和的，先分别求和，然后相加得到前 n 项和；③若不能分别求和，将奇数项、偶数项写在一起，采用分组转化求和的方法，构造成常见的等差数列、等比数列或常数列的几组形式分别求和，然后相加得到前 n 项和.

数列的前 n 项和大于（小于）某一常数

数列求和中不等式的证明，多是对数列通项公式进行裂项求和，通常有两种证明方法：一是先对所要证明的数列通项公式进行放缩，再进行裂项；二是数列求和后，对化简结果依据数列的单调性进行处理.

一、通过将数列通项公式放缩证明不等式

1. 将通项公式放大

$\dfrac{1}{n^2} < \dfrac{1}{(n-1)\,n} = \dfrac{1}{n-1} - \dfrac{1}{n}$；$\dfrac{1}{n^2} < \dfrac{1}{n^2-1} = \dfrac{1}{(n-1)\,(n+1)} = \dfrac{1}{2}$ $\left(\dfrac{1}{n-1} - \dfrac{1}{n+1}\right)$ $(n \geqslant 2)$.

例1 已知数列 $\{a_n\}$ 的前 n 项和为 S_n，且 $2S_n = (n+2)\,a_n - 2$. 若数列 $\left\{\dfrac{1}{a_n^2}\right\}$ 的前 n 项和为 T_n，求证：$T_n < \dfrac{2}{3}$.

当 $n = 1$ 时，$a_1 = 2$. 当 $n \geqslant 2$ 时，$2S_n = (n+2)\,a_n - 2$，$2S_{n-1} = (n+1)\,a_{n-1} - 2$，作差得 $2a_n = (n+2)\,a_n - (n+1)\,a_{n-1}$，即 $\dfrac{a_n}{a_{n-1}} = \dfrac{n+1}{n}$，由累乘得 $a_n = n+1$. 所以 $\dfrac{1}{a_n^2} = \dfrac{1}{(n+1)^2} = \dfrac{4}{4(n+1)^2} < \dfrac{4}{4(n+1)^2 - 1} = 2\left[\dfrac{1}{2(n+1)\,-1} - \dfrac{1}{2(n+1)\,+1}\right]$，$T_n$ 进行裂项求和，得 $2\left[\dfrac{1}{3} - \dfrac{1}{2(n+1)\,+1}\right] < \dfrac{2}{3}$.

评析： 将分式的分子、分母同乘4后，分母再减1，分母变小，分式变大.

变式1 已知正项数列 $\{a_n\}$ 的前 n 项和为 S_n，且 $a_1 = 1$，$a_n = \sqrt{S_n} + \sqrt{S_{n-1}}$，$(n \in \mathbf{N}^*$，且 $n \geqslant 2)$. 证明：当 $n \geqslant 2$ 时，$\dfrac{1}{a_1} + \dfrac{1}{2a_2} + \dfrac{1}{3a_3} + \cdots + \dfrac{1}{na_n} < \dfrac{3}{2}$.

由 $S_n - S_{n-1} = \sqrt{S_n} + \sqrt{S_{n-1}}$，得 $\sqrt{S_n} - \sqrt{S_{n-1}} = 1$ $(n \geqslant 2)$，所以 $\{\sqrt{S_n}\}$ 是等差数列，$S_n = n^2$. 进而求得 $a_n = 2n - 1$. 当 $n \geqslant 2$ 时，$\dfrac{1}{na_n} = \dfrac{1}{n\,(2n-1)} < \dfrac{1}{n\,(2n-2)}$

$= \dfrac{1}{2}\left(\dfrac{1}{n-1} - \dfrac{1}{n}\right)$. 通过裂项相消求得不等式左边 $= 1 + \dfrac{1}{2}\left(1 - \dfrac{1}{n}\right) < \dfrac{3}{2}$.

评析：将分母中的 $2n-1$ 再减 1，变成 $n(2n-2)$，分母变小分式变大.

变式 2 已知各项均为正数的数列 $\{a_n\}$ 满足 $a_1 = 3$，$a_n^2 - 3a_n = a_{n-1}^2 + 3a_{n-1}$（$n \in \mathbf{N}^*$，且 $n \geqslant 2$），数列 $\{b_n\}$ 的前 n 项和为 S_n，且满足 $S_n = 2b_n - 2$.

设 $C_n = \dfrac{a_n}{b_{n+2} - 4}$（$n \in \mathbf{N}^*$），证明：$C_1 + C_2 + C_3 + \cdots + C_n < \dfrac{9}{4}$.

由 $a_n - a_{n-1} = 3$（$n \geqslant 2$）得 $a_n = 3n$，由 $b_n = 2b_{n-1}$（$n \geqslant 2$）得 $b_n = 2^n$，$C_n = $

$\dfrac{3n}{2^{n+2} - 4} = \dfrac{3}{4} \cdot \dfrac{n}{2^n - 1} < \dfrac{3}{4} \cdot \dfrac{n+1}{(2^n - 1) + 1} = \dfrac{3}{4} \cdot \dfrac{n+1}{2^n}$，通过错位相减得 $C_1 + C_2 +$

$C_3 + \cdots + C_n < \dfrac{3}{4}\left(3 - \dfrac{n+3}{2^n}\right) < \dfrac{9}{4}$.

评析：将分式 $\dfrac{n}{2^n - 1}$ 的分子、分母同时加 1，则有 $\dfrac{n}{2^n - 1} < \dfrac{n+1}{(2^n - 1) + 1}$.

2. 将通项公式缩小

$\dfrac{1}{n^2} > \dfrac{1}{n(n+1)} = \dfrac{1}{n} - \dfrac{1}{n+1}$（$n \in \mathbf{N}^*$），$\dfrac{a}{b} < \dfrac{a+n}{b+n}$（$b > a > 0$，$n \in \mathbf{N}^*$）.

例 2 已知数列 $\{a_n\}$ 的前 n 项和为 S_n，点 $P_n\left(a_n, -\dfrac{1}{a_{n+1}}\right)$（$n \in \mathbf{N}^*$）在曲

线 $f(x) = -\sqrt{4 + \dfrac{1}{x^2}}$ 上，且 $a_1 = 1$，$a_n > 0$. 求证：$S_n > \dfrac{1}{2}(\sqrt{4n+1} - 1)$.

由点 $P_n\left(a_n, -\dfrac{1}{a_{n+1}}\right)$ 在曲线上，得 $-\dfrac{1}{a_{n+1}} = -\sqrt{4 + \dfrac{1}{a_n^2}}$，即 $\dfrac{1}{a_{n+1}^2} - \dfrac{1}{a_n^2} = 4$，所以

$\left\{\dfrac{1}{a_n^2}\right\}$ 为等差数列，得 $a_n = \dfrac{1}{\sqrt{4n-3}} = \dfrac{2}{2\sqrt{4n-3}} > \dfrac{2}{\sqrt{4n-3} + \sqrt{4n+1}} = \dfrac{1}{2}(\sqrt{4n+1}$

$- \sqrt{4n-3})$，故 $S_n > \dfrac{1}{2}[(\sqrt{5} - 1) + (\sqrt{9} - \sqrt{5}) + \cdots + (\sqrt{4n+1} - \sqrt{4n-3})] = $

$\dfrac{1}{2}(\sqrt{4n+1} - 1)$.

评析：将分母中的一个 $\sqrt{4n-3}$ 换成 $\sqrt{4n+1}$，分母变大，分式变小.

二、将数列求和化简后根据单调性证明不等式

先对所求数列的通项公式进行裂项，再进行数列求和，根据化简后的结果组成的新数列的单调性，进行取值证明.

例 3 已知等差数列 $\{a_n\}$ 满足公差 $d \neq 0$，$a_1 \neq 0$，$a_t = 0$（t 为给定常数），

S_n 为 $\{a_n\}$ 的前 n 项和，且 $S_{m_1} = S_{m_2}$（$m_1 < m_2$），数列 $\{b_n\}$ 为 $m_2 - m_1$ 所有可能取值由小到大组成的数列．设 $c_n = (-1)^n \dfrac{2n+1}{(b_{n+1}+1)(b_n+1)}$，$T_n$ 为数列 $\{c_n\}$ 的前 n 项和，证明：$T_{2n} \leqslant -\dfrac{1}{6}$．

由等差数列 $\{a_n\}$，可得 $a_t = a_1 + (t-1)d = 0$，得 $a_1 = (1-t)d$；由 $S_{m_1} = S_{m_2}$，得 $m_1 a_1 + \dfrac{m_1(m_1-1)}{2}d = m_2 a_1 + \dfrac{m_2(m_2-1)}{2}d$，化简得 $m_1 + m_2 = 2t-1$．因为 $m_1 < m_2$，所以 $2t-1 > 2m_1$，所以 $1 \leqslant m_1 \leqslant t-1$，又 $m_2 - m_1 = -2m_1 + 2t - 1$，所以当 m_1 在 $1 \leqslant m_1 \leqslant t-1$ 范围内取值时，$m_2 - m_1$ 的所有取值为 $2t-3$，$2t-5$，$\cdots$，5，3，1，所以 $b_n = 2n-1$．将 b_n 的等式代入得 $c_n = (-1)^n \dfrac{2n+1}{4n(n+1)} = (-1)^n \dfrac{1}{4}\left(\dfrac{1}{n} + \dfrac{1}{n+1}\right)$，裂项求和得 $T_{2n} = \dfrac{1}{4}\left(-1 + \dfrac{1}{2n+1}\right)$，由于 $\{T_{2n}\}$ 单调递减（$1 \leqslant n \leqslant t-1$），所以 $T_{2n} \leqslant T_2 = -\dfrac{1}{6}$．

通过上述例题解析，可以看出对数列通项公式进行放缩，只是稍微加以放大或缩小，目的是便于裂项求和．

不完全归纳法在数列中的应用

解数列问题时要注意归纳推理的应用，通过数列前面若干项满足的规律推出其一般性规律，如周期性、单调性等．当然，推出的结论需要用数学归纳法加以证明．

一、在分段数列中的应用

数列中涉及奇数项、偶数项时，一般根据起始项，分别归纳各自的规律．

例1 已知 $\{a_n\}$ 是等差数列，$\{b_n\}$ 是正项的等比数列，且前 n 项和为 S_n，若 $a_1 = b_1 = 1$，$a_2 = b_2 + 1$，$a_4 = S_3$．令 $c_n = \begin{cases} a_n, & n = 2k-1, \\ b_n, & n = 2k \end{cases}$ $(k \in \mathbf{N}^*)$，求 $\{c_n\}$ 的前 12 项和 T_{12}．

求得 $a_n = 2n - 1$，$b_n = 2^{n-1}$，得 $c_n = \begin{cases} 2n-1, & n = 2k-1, \\ 2^{n-1}, & n = 2k \end{cases}$ $(k \in \mathbf{N}^*)$，数列 $\{c_n\}$ 中奇数项组成等差数列，偶数项组成等比数列，$T_{12} = (a_1 + a_3 + \cdots + a_{11})$ + $(b_2 + b_4 + \cdots + b_{12})$ $= 6 \times 1 + \dfrac{6 \times (6-1)}{2} \times 4 + \dfrac{2 \times (1 - 4^6)}{1 - 4} = 2796$．

二、在以实物图形为背景的习题中的应用

给出实物图形，一般根据图形内部结构，从起始项入手，归纳出其规律．

例2 按照图 6-1 甲所示的分形规律可得一个树形图（乙）：记乙中第 n 行白圈的个数为 a_n，黑圈的个数为 b_n，则 a_n _____，b_n _____．

进行如下不完全归纳：

$a_1 = 1$，$b_1 = 0$，$a_1 + b_1 = 1 = 3^0$，$a_1 - b_1 = 1$；

$a_2 = 2$，$b_2 = 1$，$a_2 + b_2 = 3 = 3^1$，$a_2 - b_2 = 1$；$a_3 =$

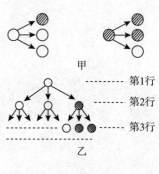

图 6-1

5，$b_3 = 4$，$a_3 + b_3 = 9 = 3^2$，$a_3 - b_3 = 1$；$\cdots\cdots$得出 $a_n + b_n = 3^{n-1}$，$a_n - b_n = 1$，解得 $a_n = \dfrac{3^{n-1} + 1}{2}$，$b_n = \dfrac{3^{n-1} - 1}{2}$．

三、在周期数列中的应用

周期数列，先从起始项入手，找出周期，借助循环、重复的特点，形成规律．

例 3 若数列 $\{a_n\}$ 满足 $a_{n+1} = -\dfrac{1}{a_n + 1}$，$a_1 = 1$，数列 $\{b_n\}$ 的通项公式为 $b_n = 2n - 1$，求 $\{a_n b_n\}$ 的前 15 项和 S_{15}．

由于 $a_1 = 1$，$a_2 = -\dfrac{1}{2}$，$a_3 = -2$，$a_4 = 1$，$\cdots$，得周期为 3，则 $S_{15} = a_1\,(b_1 + b_4 + \cdots + b_{13}) + a_2\,(b_2 + b_5 + \cdots + b_{14}) + a_3\,(b_3 + b_6 + \cdots + b_{15}) = 5\left(13 - \dfrac{15}{2} - 2 \times 17\right) = -\dfrac{285}{2}$．

四、在已知数列中插入若干项构成新数列的习题中的应用

例 4 已知等比数列 $\{a_n\}$ 的前 n 项和为 S_n，且 $S_3 = 7$，$a_4 + a_5 + a_6 = 56$．在 $\{a_n\}$ 中的 a_i 和 a_{i+1} $(i \in \mathbf{N}^*)$ 之间插入 i 个数 m_1，m_2，m_3，$\cdots$，m_i，使 a_i，m_1，m_2，m_3，$\cdots$，m_i，a_{i+1} 成等差数列，这样得到一个新数列 $\{b_n\}$，设 $\{b_n\}$ 的前 n 项和为 T_n，求 T_{21}．

先求得 $a_n = 2^{n-1}$．$\{b_n\}$ 的前 21 项，就是在 a_1 到 a_6 每两项之间各插入一组数，共插入五组得到：a_1，m_1，a_2；a_2，m_2，m_3，a_3；a_3，m_4，m_5，m_6，a_4；a_4，m_7，m_8，m_9，m_{10}，a_5；a_5，m_{11}，m_{12}，m_{13}，m_{14}，m_{15}，a_6．$\{b_n\}$ 成等差数列，$T_{21} = (a_1 + m_1 + a_2) + \cdots + (a_5 + m_{11} + \cdots + m_{15} + a_6 - a_5) = \dfrac{3\,(a_1 + a_2)}{2} + \dfrac{4\,(a_2 + a_3)}{2} - a_2 + \dfrac{5\,(a_3 + a_4)}{2} - a_3 + \dfrac{6\,(a_4 + a_5)}{2} - a_4 + \dfrac{7\,(a_5 + a_6)}{2} - a_5 = \dfrac{513}{2}$．

五、在含 $(-1)^n$ 的数列中的应用

例 5 在数列 $\{a_n\}$ 中，已知 $a_1 = 1$，$a_{n+1} + (-1)^n a_n = \cos\left[(n+1)\,\pi\right]$，记 S_n 为 $\{a_n\}$ 的前 n 项和，求 S_{2021}．

由 $a_1 = 1$，推得 $a_2 = 2$，$a_3 = -3$，$a_4 = -2$，$a_5 = 1$，…，数列 $\{a_n\}$ 的周期为 4，且 $a_1 + a_2 + a_3 + a_4 = -2$，$S_{2021} = 505\,(a_1 + a_2 + a_3 + a_4) + a_{2021} = 505 \times (-2) + a_1 = -1009$．

以上五种类型，从不同侧面阐述了最基本的破解数列求和的方法．今后解题时，不妨从不完全归纳入手，试着找出数列通项的规律，用数学归纳法加以证明．

第七章

立体几何
空间向量

几何体的表面展开图

对于几何体表面上的线段最短问题，可以将几何体表面展开，利用"两点之间线段最短"来解决，即"化曲为直，化空间为平面".

一、直接将表面展开，兼顾底面

例1 三棱锥 $A-BCD$ 的各个面都是正三角形，棱长为 2，点 P 在棱 AB 上移动，点 Q 在棱 CD 上移动，求沿三棱锥表面从点 P 到点 Q 的最短距离.

如图 7-1，在侧面上，将三棱锥沿侧棱 BA 展开，三个侧面三角形恰好构成一个等腰梯形，可得 $PQ = \sqrt{2^2 - 1^2} = \sqrt{3}$ 时最短. 在底面上，如果点 P 与点 B 重合，点 Q 在 CD 的中点处，仍有 $PQ = \sqrt{2^2 - 1^2} = \sqrt{3}$. 综上，沿三棱锥表面从点 P 到点 Q 的最短距离为 $\sqrt{3}$.

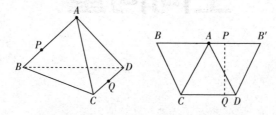

图 7-1

例2 如图 7-2，几何体是由圆锥与圆柱构成的组合体，点 P 为所在母线的中点，点 Q 为母线与底面圆的交点，求表面上从点 P 到点 Q 的最短路径的长.

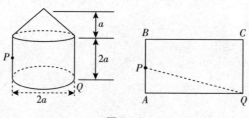

图 7-2

在侧面上,沿点 P 与点 Q 所在的母线剪开,得到圆柱的一半侧面,如图 7 -2,Rt$\triangle PAQ$ 中,$PQ = \sqrt{PA^2 + AQ^2} = \sqrt{a^2 + (\pi a)^2} = \sqrt{1 + \pi^2}a$;过底面时,点 P 到点 Q 的捷径应为 $a + 2a = 3a < \sqrt{1 + \pi^2}a$,所以表面上从点 P 到点 Q 的最短路径长为 $3a$.

二、从不同的角度将表面展开

例3 如图 $7-3$,在底面为正三角形的直三棱柱 $ABC - A_1B_1C_1$ 中,$AB = 2\sqrt{3}$,$AA_1 = 2$,点 M 为 AC 的中点,已知小虫从 B_1 处沿三棱柱的表面爬行到 M 处,则小虫爬行的最短路程等于_____.

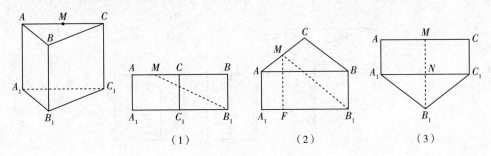

图 $7-3$

如图 $7-3$(1),在 Rt$\triangle B_1BM$ 中,$B_1B = 2$,$BM = 3\sqrt{3}$,则 $B_1M = \sqrt{2^2 + (3\sqrt{3})^2} = \sqrt{31}$;如图 $7-3$(2),在 Rt$\triangle B_1MF$ 中,$MF = \frac{1}{2}(2+5) = \frac{7}{2}$,$B_1F = \frac{3\sqrt{3}}{2}$,则 $B_1M = \sqrt{\left(\frac{7}{2}\right)^2 + \left(\frac{3\sqrt{3}}{2}\right)^2} = \sqrt{19}$;如图 $7-3$(3)中,$B_1M = B_1N + NM = 3 + 2 = 5$.综上,$\sqrt{31} > 5 > \sqrt{19}$,所以小虫爬行的最短路程等于 $\sqrt{19}$.

例4 如图 $7-4$,长方体 $ABCD - A_1B_1C_1D_1$ 的长、宽、高分别为 3,2,1,求从点 A 到点 C_1 沿长方体的表面的最短路程.

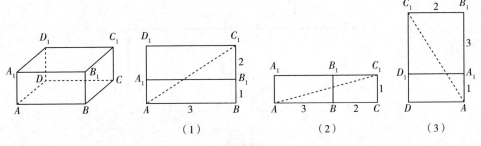

图 $7-4$

将长方体的部分表面展开，出现了以下三种情况：如图 7 - 4（1），$AC_1 = \sqrt{3^2 + (1+2)^2} = 3\sqrt{2}$；如图 7 - 4（2），$AC_1 = \sqrt{(3+2)^2 + 1^2} = \sqrt{26}$；如图 7 - 4（3），$AC_1 = \sqrt{2^2 + (1+3)^2} = 2\sqrt{5}$。因为 $\sqrt{26} > 2\sqrt{5} > 3\sqrt{2}$，所以从点 A 到点 C_1 沿长方体的表面的最短路程为 $3\sqrt{2}$。

三、侧面展开图

例 5　如图 7 - 5，已知正三棱柱 $ABC - A_1B_1C_1$ 的底面边长为 2cm，高为 5cm，求一质点自点 A 出发，沿着三棱柱的侧面绕行两周到达点 A_1 的最短路线的长．

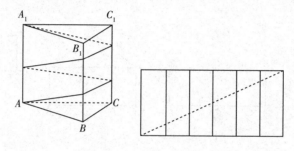

图 7 - 5

将正三棱柱 $ABC - A_1B_1C_1$ 沿侧棱展开，再拼接一次，可得一个矩形侧面展开图，最短路线恰为对角线，其长度为 $d = \sqrt{12^2 + 5^2} = 13$（cm）．

四、拼凑、补形后将侧面展开

例 6　如图 7 - 6，有两个相同的直三棱柱，高为 $\dfrac{2}{a}$，底面三角形的三边长分别为 $3a$，$4a$，$5a$（$a > 0$），用它们拼成一个三棱柱或四棱柱，在所有的情形中，全面积最小的是一个四棱柱，求 a 的取值范围．

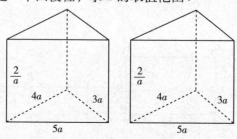

图 7 - 6

分两种情况：

（1）当拼成一个三棱柱时，全面积有三种情况：

① 将上下底面对接，其全面积为 $S_1 = 2 \times \dfrac{1}{2} \times 3a \times 4a + 2 \times \dfrac{2}{a} \times (3a + 4a + 5a) = 12a^2 + 48$；

② 将 $3a$ 边合在一起，其全面积为 $S_2 = 2 \times \dfrac{1}{2} \times 3a \times 8a + \dfrac{2}{a} \times (8a + 5a + 5a) = 24a^2 + 36$；

③ 将 $4a$ 边合在一起，其全面积为 $S_3 = 2 \times \dfrac{1}{2} \times 4a \times 6a + \dfrac{2}{a} \times (6a + 5a + 5a) = 24a^2 + 32$.

（2）如图 7-7，当拼成一个四棱柱时，有四种情况：

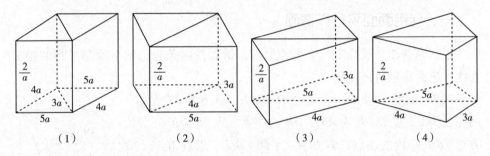

（1）　　　　（2）　　　　（3）　　　　（4）

图 7-7

① 将 $5a$ 边合在一起的两种情况的全面积相等，即其全面积为 $T_1 = 2 \times 3a \times 4a + \dfrac{2}{a} \times 2 \times (3a + 4a) = 24a^2 + 28$；

② 将 $3a$ 边合在一起，其全面积为 $T_2 = 2 \times 3a \times 4a + \dfrac{2}{a} \times 2 \times (4a + 5a) = 24a^2 + 36$；

③ 将 $4a$ 边合在一起，其全面积为 $T_3 = 2 \times 3a \times 4a + \dfrac{2}{a} \times 2 \times (3a + 5a) = 24a^2 + 32$.

由于全面积最小的是一个四棱柱，有 $\begin{cases} 24a^2 + 28 < 12a^2 + 48, \\ 24a^2 + 28 < 24a^2 + 32, \end{cases}$ 解得 $0 < a < \dfrac{\sqrt{15}}{3}$.

对于涉及几何体展开图的问题，需要明确是表面还是侧面．如果是侧面，则不涉及底面；如果是表面，则既要考虑几何体的侧面，还要考虑其底面．

几何体的截面图

立体几何中，截面是指用一个平面去截一个几何体（包括圆柱、圆锥、球、棱柱、棱锥、长方体、正方体等）得到的平面图形．立体图形的截面方式主要有三种：横截（多为中截面）、竖截（多为轴截面）、斜截．

一、利用面面平行作截面

根据两条相交线确定一个平面原理，试着找两条与已知平面都平行的相交直线，进而确定所需截面．

例 1 如图 $7-8$ 所示，正方体 $ABCD-A_1B_1C_1D_1$ 的棱长为 2，点 E，F 为 AA_1，AB 的中点，点 M 是正方形 ABB_1A_1 内的动点，若 $C_1M /\!/$ 平面 CD_1E，求点 M 的轨迹长度．

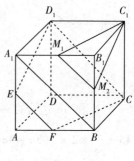

如图 $7-8$，取 A_1B_1，BB_1 的中点 M_1，M_2，连接 C_1M_1，C_1M_2，M_1M_2，A_1B. 由 $\triangle CBF \cong \triangle C_1B_1M_1$ 得 $C_1M_1 /\!/ CF$，证得 C_1M_1，$C_1M_2 /\!/$ 平面 CD_1EF，得平面 $C_1M_1M_2 /\!/$ 平面 CD_1EF，当 $M \in M_1M_2$ 时，满足题意，$M_1M_2 = \dfrac{1}{2}A_1B = \sqrt{2}$.

图 $7-8$

二、球面在平面内的弧线

关于球面上的弧线，需要搞清楚该弧线是大圆弧线还是小圆弧线，因为圆心不同，所以计算时需要的半径也不同．

例 2 已知直四棱柱 $ABCD-A_1B_1C_1D_1$ 的棱长为 2，$\angle BAD = 60°$，求以 D_1 为球心，$\sqrt{5}$ 为半径的球面与侧面 BCC_1B_1 内的交线长．

如图 $7-9$，连接 D_1B_1，取 B_1C_1 的中点 E，在等边 $\triangle B_1C_1D_1$ 中，$D_1E = \sqrt{3}$，$D_1E \perp B_1C_1$，由平面 $A_1B_1C_1D_1 \perp$ 平面 BCC_1B_1，可得 $D_1E \perp$ 平面 BCC_1B_1，则问

题转化为以 E 为圆心，以 $\sqrt{\left(\sqrt{5}\right)^2 - \left(\sqrt{3}\right)^2} = \sqrt{2}$ 为半径的圆在平面 BCC_1B_1 内交

BB_1 于 F，交 CC_1 于 G. 即在平面 BCC_1B_1 内的轨迹为 $\dfrac{1}{4}$ 圆弧，长度为 $\dfrac{\sqrt{2}\pi}{2}$.

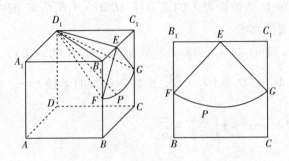

图 7 - 9

三、作平行线补全截面

如果只告知部分截面，需要补全，可借助两条平行线确定一个平面原理，寻求过某点的平行线.

例 3 在棱长为 2 的正方体 $ABCD - A_1B_1C_1D_1$ 中，点 M，N 分别为棱 A_1D_1，A_1B_1 的中点，点 P 是棱 CD 上的动点（含端点），求平面 MNP 与侧面 BCC_1B_1 相交的线段中最长一条线段的长度.

如图 7 - 10，连接 BD，设 $DP = x$（$0 \leqslant x \leqslant 2$），平面 MNP 与 BC 的交点为 Q，与 BB_1 的交点为 H，连接 NH，HQ，PQ，易知 $PQ \parallel BD$，$BQ = x$，由 $\triangle BHQ$

$\backsim \triangle B_1HN$，得 $BH = \dfrac{2x}{x+1}$，所以 $HQ^2 = BH^2 + BQ^2 = \dfrac{4x^2}{(x+1)^2} + x^2 = \dfrac{4}{(1 + x^{-1})^2} + x^2$，

由于上式在 $[0, 2]$ 上单调递增，所以当 $x = 2$ 时，HQ 取得最大值 $\dfrac{2\sqrt{13}}{3}$.

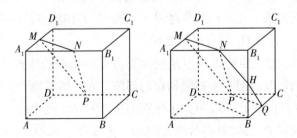

图 7 - 10

四、平面切球得截面圆

事实上，用一个平面截球，无论从哪个角度入手，都可截得一个圆面.

例 4 已知球 O 是棱长为 1 的正方体 $ABCD - A_1B_1C_1D_1$ 的内切球，求平面 ACD_1 截球 O 的截面面积.

如图 $7-11$，平面 ACD_1 截球 O 的截面为 $\triangle ACD_1$ 的内切圆，因为正方体的棱长为 1，所以 $AC = CD_1 = AD_1 = \sqrt{2}$，所以内切圆的半径 $r = \dfrac{1}{2} \cdot AD_1 \times \tan 30° = \dfrac{\sqrt{6}}{6}$，故截面面积 $S = \pi r^2 = \pi \left(\dfrac{\sqrt{6}}{6} \right)^2 = \dfrac{\pi}{6}$.

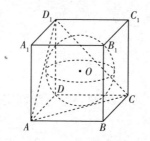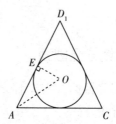

图 7 - 11

五、柱锥台球的轴截面

柱锥台球的轴截面，是一个标准的平面图形，可以通过添加辅助线构造比例线段求得所需内容. 如果涉及多个三角形面，不妨考虑一下三角形全等和相似的理论.

例 5 在一个底面边长为 2，侧棱长为 $\sqrt{10}$ 的正四棱锥 $P - ABCD$ 中，球 O_1 内切于该四棱锥，球 O_2 与球 O_1 及四棱锥的四个侧面相切，球 O_3 与球 O_2 及四棱锥的四个侧面相切，$\cdots$，依次作球 O_{n+1} 与球 O_n 及四棱锥的四个侧面相切，求球 O_1，球 O_2，$\cdots$，球 O_n 的表面积之和.

如图 $7-12$，过正四棱锥顶点及底面正方形一组对边中点作轴截面，将原问题转化为三角形及内部一系列圆相切的问题. 在正四棱锥 $P - ABCD$ 中，令点 O 为正方形 $ABCD$ 的中心，点 M，Q 分别为边 AD，BC 的中心. 过点 P，M，Q 的平面截正四棱锥 $P - ABCD$ 得等腰 $\triangle PMQ$，截球 O_1，球 O_2，$\cdots$，球 O_n 得对应的球的截面大圆. $OM = 1$，$PM = 3$，$PO = 2\sqrt{2}$，令点 N 为圆 O_1 与 PM 的切点，

则 $O_1N \perp PM$，设球 O_1 的半径为 R_1，由三角形相似，得 $\sin \angle MPO = \dfrac{NO_1}{PO_1} = \dfrac{OM}{PM} =$

$\dfrac{1}{3}$，则 $PO_1 = 3R_1$，所以 $PO = PO_1 + OO_1 = 4R_1 = 2\sqrt{2}$，得 $R_1 = \dfrac{\sqrt{2}}{2}$，求得 $S_1 = 2\pi$.

设球 O_2 的半径为 R_2，同理可得 $R_2 = \dfrac{1}{2}R_1$，$\cdots$，$R_n = \dfrac{1}{2}R_{n-1}$，设球 O_n 的表面积

为 S_n，则 $S_n = 4\pi R_n^2$，即球 O_1，球 O_2，$\cdots$，球 O_n 的表面积依次排成一个等比数

列 $\{S_n\}$，$S_1 = 2\pi$ 为首项，$\dfrac{1}{4}$ 为公比，面积之和为 $\dfrac{8}{3}\pi\left[1 - \left(\dfrac{1}{4}\right)^n\right]$.

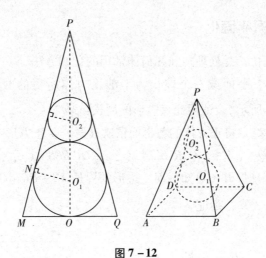

图 7 - 12

六、正多面体的削切

将一个正多面体进行削切后可以得到一个新的多面体，求解时应借助原多面体和新多面体之间的联系.

例 6 半正多面体也称阿基米德多面体，是以边数不全相同的正多边形为面的多面体. 如图 7 - 13，将正方体沿交于同一顶点的三条棱的中点截去一个三棱锥，如此共可截去八个三棱锥，得到一个有十四个面的半正多面体，其中八个面为正三角形，六个面为正方形，它们的边长都相等，我们称这样的半正多面体为二十四等边体. 现有一个体积为 V_1 的二十四等边体，其外接球体积为 V_2，求 $\dfrac{V_2}{V_1}$ 的值.

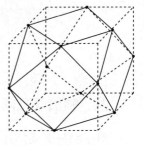

图 7 - 13

设该半正多面体是由棱长为 2 的正方体沿正方体各棱的中点截去八个三棱锥所得，内侧即为二十四等边体，其体积 $V_1 = 2 \times 2 \times 2 - 8 \times \dfrac{1}{3} \times 1 \times \dfrac{1}{2} \times 1 \times 1 = \dfrac{20}{3}$，由二十四等边体的对称性可知，其外接球的球心即为正方体中心，半径 R 为中心到一个顶点的距离，则 $R = \sqrt{2}$，故 $V_2 = \dfrac{4}{3} \pi \left(\sqrt{2}\right)^3 = \dfrac{8\sqrt{2}\pi}{3}$，从而得 $\dfrac{V_2}{V_1} = \dfrac{2\sqrt{2}\pi}{5}$.

七、侧面展开平面化

立体问题平面化，是处理空间几何体常用的化归方法.

例7 已知一个平面截一个棱长为 1 的正方体所得的截面是一个六边形［如图 7 – 14（1）所示］，证明此六边形的周长 $\geqslant 3\sqrt{2}$.

如图 7 – 14（2），将正方体的各个面依次展开，从正方形 $PQQ'P'$（前）出发，依次为 $QRR'Q'$（右），$Q'R'S'P'$（上），$R'RSS'$（后），$S'SPP'$（左），$SRQP$（下），从上述展开图可知截面六边形的周长 $AB + BC + CD + DE + EF + FA$ $\geqslant AA' = \sqrt{3^2 + 3^2} = 3\sqrt{2}$，得证.

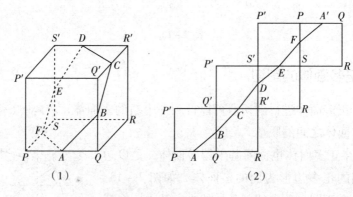

（1）　　　　　　（2）

图 7 – 14

八、斜截面几何体的割补

对于斜截面几何体，往往用割补的方法，将其恢复成一个规则几何体，求得所要的结论后，再去掉所补部分.

例8 在如图 7 – 15 所示的斜截圆柱中，已知圆柱底面的直径为 40 cm，母线长最短 50 cm，最长 80 cm，求斜截圆柱的侧面面积．

复制一个同样形状与大小的几何体，倒置后与原几何体的斜截面吻合，这样就形成了一个高为（50 + 80）cm，底面直径为 40 cm 的圆柱，其侧面面积为（50 + 80）· 40π，而所求几何体的侧面积显然是该圆柱侧面面积的一半．

总之，空间几何体经过切、截、割、补等都会出现截面，这就涉及截面问题，体现了立体问题平面化的转化与化归思想，于是用解决平面问题的方式方法去处理空间几何体问题就成了首选．

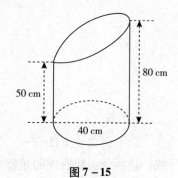

图 7 – 15

二面角

以二面角棱上任意一点为端点，在两个半平面内分别作垂直于棱的两条射线，这两条射线所成的角就是二面角的平面角.

一、三垂线定理法

如图 7 - 16，已知二面角 $\alpha - l - \beta$，在平面 β 内任取一点 P，过点 P 作 $PB \perp$ 平面 α 于点 B，过点 B 作 $BA \perp l$ 于点 A，连接 PA，则 $\angle PAB$ 即为所求二面角 $\alpha - l - \beta$ 的平面角.

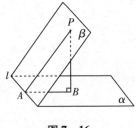

图 7 - 16

例1 已知 Rt$\triangle ABC$ 中，斜边 $BC \subset \alpha$，点 $A \notin \alpha$，$AO \perp \alpha$，O 为垂足，$\angle ABO = 30°$，$\angle ACO = 45°$，求二面角 $A - BC - O$ 的大小.

如图 7 - 17，过 O 作 $OD \perp BC$ 于点 D，连接 AD，则 $\angle ADO$ 即为所求二面角的平面角. 令 $AO = 1$，在 Rt$\triangle ABO$ 中，$AB = 2AO = 2$，在 Rt$\triangle ACO$ 中，$AC = \sqrt{2}$，在 Rt$\triangle ABC$ 中，$BC = \sqrt{6}$，由等面积法可得 $\frac{1}{2} AB \times AC$

$= \frac{1}{2} BC \times AD$，解得 $AD = \frac{2}{\sqrt{3}}$，在 Rt $\triangle ADO$ 中，

$\sin \angle ADO = \dfrac{AO}{AD} = \dfrac{\sqrt{3}}{2}$，所以 $\angle ADO = 60°$.

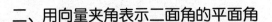

图 7 - 17

二、用向量夹角表示二面角的平面角

如图 7 - 18，已知二面角 $\alpha - l - \beta$，点 A，C 是棱 l 上任意两点，在平面 β 内作 $AB \perp l$，在平面 α 内作 $CD \perp l$，则向量夹角 $\langle \overrightarrow{AB}, \overrightarrow{CD} \rangle$，即为所求二面角 $\alpha - l - \beta$ 的平面角.

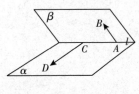

图 7 - 18

例2　把矩形 $ABCD$ 沿对角线 BD 折成二面角 $A-BD-C$，若 $AB=1$，$AD=\sqrt{3}$，且 $AC=\dfrac{\sqrt{7}}{2}$，求二面角 $A-BD-C$ 的大小.

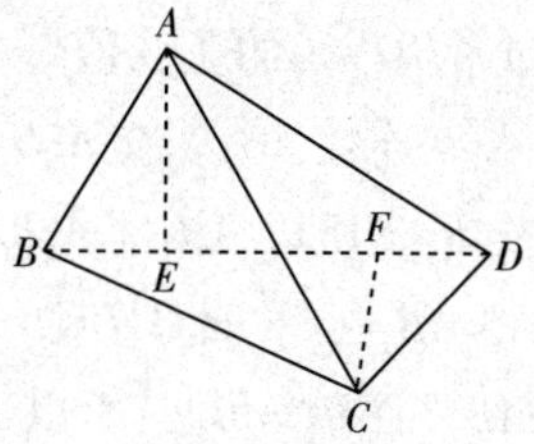

如图 $7-19$，在矩形 $ABCD$ 中，过点 A 作 $AE \perp BD$ 于点 E，过点 C 作 $CF \perp BD$ 于点 F，沿对角线 BD 折成二面角 $A-BD-C$，则 $\langle \vec{EA},\ \vec{FC} \rangle$ 即为所求二面角的平面角. 在 $\mathrm{Rt}\triangle ABD$ 中，$BD=2$，$\angle ABD=60°$，所以 $BE=DF=\dfrac{1}{2}$，$AE=CF=\dfrac{\sqrt{3}}{2}$，$EF=BD-BE-DF$

$=1$，则 $\vec{AC}=\vec{AE}+\vec{EF}+\vec{FC}$，$\vec{AC}^2=(\vec{AE}+\vec{EF}+\vec{FC})^2=$

$\vec{AE}^2+\vec{EF}^2+\vec{FC}^2+2\,\vec{AE}\cdot\vec{FC}=\dfrac{5}{2}+\dfrac{3}{2}\cos\langle\vec{AE},\ \vec{FC}\rangle=\dfrac{5}{2}+\dfrac{3}{2}\cos(180°-$

$\langle\vec{EA},\ \vec{FC}\rangle)$，解得 $\cos\langle\vec{EA},\ \vec{FC}\rangle=\dfrac{1}{2}$，又 $0°\leqslant\langle\vec{EA},\ \vec{FC}\rangle\leqslant180°$，所以

$\langle\vec{EA},\ \vec{FC}\rangle=60°$.

图 $7-19$

三、空间向量法

如图 $7-20$，设二面角 $\alpha-l-\beta$ 的大小为 θ，平面 α，β 的法向量为 $\boldsymbol{u}$，$\boldsymbol{v}$，则 $\cos\langle\boldsymbol{u},\ \boldsymbol{v}\rangle=\dfrac{\boldsymbol{u}\cdot\boldsymbol{v}}{|\boldsymbol{u}||\boldsymbol{v}|}$，$\cos\theta=\pm\,|\cos\langle\boldsymbol{u},\ \boldsymbol{v}\rangle|$，观察所求二面角，若不超过 $90°$，则取正的；若超过 $90°$，则取负的.

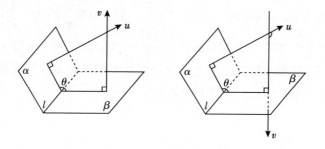

图 $7-20$

如果是求两个平面的夹角，则是指两个平面相交所成的四个二面角中不超过 $90°$ 的那个二面角.

例3 如图 7-21，直棱柱 $ABC-A_1B_1C_1$ 的体积为 4，$\triangle A_1BC$ 的面积为 $2\sqrt{2}$. 设点 D 为 A_1C 的中点，$AA_1 = AB$，平面 $A_1BC \perp$ 平面 ABB_1A_1，求二面角 $A-BD-C$ 的正弦值.

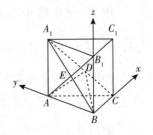

图 7-21

连接 AB_1，交 A_1B 于点 E，得四边形 ABB_1A_1 为正方形，所以 $AB_1 \perp A_1B$. 由平面 $A_1BC \perp$ 平面 ABB_1A_1，得 $AB_1 \perp$ 平面 A_1BC，所以 $BC \perp AB_1$，又 $BC \perp BB_1$，$AB_1 \cap BB_1 = B_1$，所以 $BC \perp$ 平面 ABB_1A_1，所以 $BC \perp AB$，$BC \perp A_1B$，即 AB，BC，BB_1 两两垂直，则以点 B 为原点，以 BC，BA，BB_1 所在直线分别为 x，y，z 轴，建立空间直角坐标系. 设 $AA_1 = AB = h$，由

$$\begin{cases} h \cdot \dfrac{1}{2} \cdot h \cdot BC = 4, \\ \dfrac{1}{2} \cdot BC \cdot \sqrt{2}h = 2\sqrt{2}, \end{cases}$$ 解得 $h = BC = 2$，所以 $AA_1 = AB = BC$. 则点 A $(0, 2, 0)$，

由点 B $(0, 0, 0)$，A_1 $(0, 2, 2)$，C $(2, 0, 0)$，得点 D $(1, 1, 1)$，E $(0, 1, 1)$，所以 $\overrightarrow{BA} = (0, 2, 0)$，$\overrightarrow{BD} = (1, 1, 1)$. 由 $\begin{cases} \boldsymbol{n} \cdot \overrightarrow{BA} = 0, \\ \boldsymbol{n} \cdot \overrightarrow{BD} = 0, \end{cases}$ 可得平面

ABD 的一个法向量 $\boldsymbol{n} = (1, 0, -1)$. 又 $AE \perp$ 平面 A_1BC，$\overrightarrow{AE} = (0, -1, 1)$ 为平面 BCD 的一个法向量，则 $\cos\langle \overrightarrow{AE}, \boldsymbol{n} \rangle = \dfrac{\overrightarrow{AE} \cdot \boldsymbol{n}}{|\overrightarrow{AE}||\boldsymbol{n}|} = -\dfrac{1}{2}$，设二面角 $A-$

$BD-C$ 的大小为 θ，且 $\theta > 90°$，$\cos\theta = -\dfrac{1}{2}$，正弦值为 $\sqrt{1 - \left(-\dfrac{1}{2}\right)^2} = \dfrac{\sqrt{3}}{2}$.

以上介绍了三种求二面角大小的方法：一是根据三垂线定理法，作出二面角的平面角；二是利用起点在棱上，分别在两个半平面内且与棱垂直的向量构成夹角；三是借助平面法向量的夹角余弦值.

几何体外接球球心的找法

研究几何体的外接球问题，既要考虑几何体的知识，又要考虑球的知识，还要特别注意不同几何体的有关几何元素与球的半径之间的关系．解决此类试题的关键是"定球心，找半径"，而找球心则是重中之重．

一、补形找心

通常，这种补全几何体图形找球心的方法涉及三种情况．

（1）共顶点的三条棱两两垂直，可以补成长方体，化为长方体的长、宽、高，利用长方体与外接球的中心对称原理确定球心．

例1　在三棱锥 $O-ABC$ 中，$\angle BOC=90°$，$OA\perp$ 平面 BOC，其中 $AB=\sqrt{10}$，$BC=\sqrt{13}$，$AC=\sqrt{5}$，点 O，A，B，C 均在球 S 的表面上，求球 S 的表面积．

如图 $7-22$，$OA\perp$ 平面 BOC，$\angle BOC=90°$，三棱锥的三条侧棱两两垂直，可以以三条侧棱为棱长得到一个长方体，由球的对称性知球 S 即为长方体的外接球，球心位于长方体对角线的中点，直径等于体对角线长．设球 S 的半径为 R，则有 $(2R)^2=OA^2+OB^2+OC^2$，由 $\begin{cases} OA^2+OB^2=10, \\ OB^2+OC^2=13, \\ OA^2+OC^2=5, \end{cases}$ 得 $OA^2+OB^2+OC^2=14$，

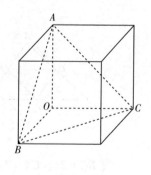

图 $7-22$

即 $4R^2=14$，故 $S=4\pi R^2=14\pi$．

（2）侧棱与底面垂直，可以补成直棱柱，利用其上下底面外接圆圆心的连线确定球心．

例2　已知球 O 是三棱锥 $P-ABC$ 的外接球，$PA=AB=BC=AC=2$，$PC=2\sqrt{2}$，点 D 是 BC 的中点，且 $PD=\sqrt{7}$，求球 O 的表面积．

157

如图 7 - 23，由 $PA = AC = 2$，$PC = 2\sqrt{2}$，得 PA $\perp AC$，由 $AB = BC = AC = 2$，点 D 是 BC 的中点，得 $AD = \sqrt{3}$，又 $PA = 2$，$PD = \sqrt{7}$，所以 $PA^2 + AD^2 = PD^2$，得 $PA \perp AD$，因为 $AD \cap AC = A$，且 $AD \subset$ 平面 ABC，$AC \subset$ 平面 ABC，所以 $PA \perp$ 平面 ABC，如图 7 - 23，以 $\triangle ABC$ 为底、PA 为侧棱补成一个直三棱柱，则球 O 也是该三棱柱的外接球，球心在上下底外接圆的圆心连线的中点处，半径为 OA. 设 $\triangle ABC$ 的外接圆圆心为 O'，球心 O 到底面 $\triangle ABC$ 的距离 $OO' = 1$，由

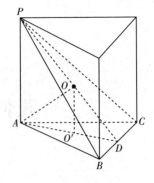

图 7 - 23

正弦定理得 $\triangle ABC$ 的外接圆半径 $2r = \dfrac{BC}{\sin \angle BAC}$，即 r

$= \dfrac{2}{\sqrt{3}}$，在 $\mathrm{Rt}\triangle OO'A$ 中，$R^2 = OA^2 = OO'^2 + r^2 = \dfrac{7}{3}$，所以 $S = 4\pi R^2 = \dfrac{28\pi}{3}$.

（3）对棱相等的四面体，可以补成长方体，棱化为长方体的面对角线，仍然利用长方体与球的中心对称原理确定球心.

例 3 如图 7 - 24，在 $\triangle ABC$ 中，$AB = 4$，$BC + CA = 12$，点 D，E，F 分别为 AB，BC，CA 的中点，沿 DE，EF，FD 折起使点 A，B，C 重合于一点 P，求三棱锥 $P - DEF$ 的外接球体积最小时三棱锥 $P - DEF$ 的体积.

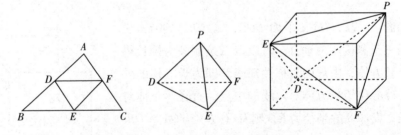

图 7 - 24

设 $BC = 2x$，$CA = 2y$，则 $x + y = 6$，设 $P - DEF$ 所在长方体的长、宽、高分别为 a，b，c，则 $\begin{cases} a^2 + b^2 = x^2, \\ a^2 + c^2 = y^2, \\ b^2 + c^2 = 4, \end{cases}$ 得 $a^2 + b^2 + c^2 = \dfrac{4 + x^2 + y^2}{2}$，$(2R)^2 = \dfrac{4 + x^2 + y^2}{2}$，

即 $8R^2 = 4 + x^2 + y^2 \geqslant 4 + \dfrac{(x + y)^2}{2} = 22$，当且仅当 $x = y = 3$ 时等号成立，所以 R

的最小值为 $\dfrac{\sqrt{11}}{2}$；此时 $a^2+b^2+c^2=11$，$a^2+b^2=9$，$b^2+c^2=4$，$a^2+c^2=9$，解

得 $a=\sqrt{7}$，$b=c=\sqrt{2}$，所以 $V_{P-DEF}=V_{长方体}-4V_{小三棱锥}=abc-4\cdot\dfrac{1}{3}\cdot a\cdot\dfrac{1}{2}bc=$

$\dfrac{1}{3}abc=\dfrac{2\sqrt{7}}{3}$.

评析： 将 $a^2+b^2\geqslant 2ab$（a，$b\in\mathbf{R}$）变形为 $a+b\leqslant\sqrt{2\left(a^2+b^2\right)}$，当 $a=b$ 时等号成立.

二、截面找心

对于圆锥、圆台、侧棱相等的棱锥等几何体，可知球心必在该几何体的高所在的直线上，由此可寻找外接球的一个轴截面，使该截面尽可能多地包含几何体的各种元素并体现这些元素间的关系，从而把空间问题平面化，即利用截面图形的几何性质确定球心，找出半径.

例4 已知点 A，B，C，P 是半径为1的球 O 球面上的四个点，且 $AC\perp BC$，$AC=BC=1$，求三棱锥 $P-ABC$ 的体积的最大值.

如图 $7-25$，底面积不变，只需高最大. 如图，以弦 AB 为直径作圆，由 $AC\perp BC$，$AC=BC=1$，得 $AB=\sqrt{2}$，取 AB 的中点 O_1，则 $OO_1\perp$ 平面 ABC，在 Rt $\triangle OO_1A$ 中，$AO_1=\dfrac{1}{2}AB=\dfrac{\sqrt{2}}{2}$，$OA=1$，则 $OO_1=\dfrac{\sqrt{2}}{2}$，所以 V_{P-ABC} 最大值 $=\dfrac{1}{3}\cdot\left(OO_1+R\right)\cdot S_{\triangle ABC}=\dfrac{1}{3}\times$

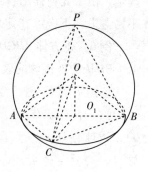

图 $7-25$

$\left(\dfrac{\sqrt{2}}{2}+1\right)\times\dfrac{1}{2}\times 1\times 1=\dfrac{2+\sqrt{2}}{12}$.

三、垂线找心

垂线找心，是指利用底面多边形与侧面三角形的外心来探索球心. 由于外接圆的圆心具有到各顶点的距离相等这一性质，过一个多边形的外心作这个多边形的垂线，在垂线上任取一点，则该点到多边形各个顶点的距离相等. 如果一个棱锥的底面图形和一个侧面图形都有外接圆，过其外心作所在图形的垂线，两垂线的交点即为该几何体外接球的球心.

例5 在菱形 $ABCD$ 中，$AB=6$，$\angle BAD=60°$，连接 BD，沿 BD 把 $\triangle ABD$

折起，使得二面角 $A-BD-C$ 的大小为 $60°$，连接 AC，求四面体 $ABCD$ 的外接球表面积．

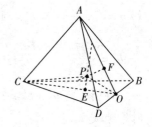

如图 7-26，因为四边形 $ABCD$ 为菱形，$\angle BAD$ $=60°$，所以 $\triangle ABD$ 与 $\triangle CBD$ 均为正三角形，取 BD 的中点 O，连接 AO，CO，取 $\triangle CBD$ 的外心 E，$\triangle ABD$ 的外心 F，过点 E 作 $\triangle CBD$ 的垂线 l_1，过点 F 作 $\triangle ABD$ 的垂线 l_2，则 l_1 与 l_2 的交点 P 即为四面体 $ABCD$ 的外接球的球心．连接 PC，则 PC 即为四面体 $ABCD$ 的外接球半径，在 $\mathrm{Rt}\triangle POE$ 中，$\angle POE=30°$，

图 7-26

$OE=\dfrac{1}{3}CO=\sqrt{3}$，$PE=OE\cdot\tan30°=1$，在 $\mathrm{Rt}\triangle PCE$ 中，$CE=\dfrac{2}{3}CO=2\sqrt{3}$，所以 $R=PC=\sqrt{CE^2+PE^2}=\sqrt{13}$，所以 $S=4\pi R^2=52\pi$．

四、设点找心

如果一个几何体易于建立空间直角坐标系，但其外接球的球心位置又不易确定，由于几何体的各顶点都在球面上，到球心的距离都等于球的半径，那么不妨考虑一下设点"定球心，找半径"的方法．

例 6 正方体 $ABCD-A_1B_1C_1D_1$ 的棱长为 2，点 M 为 BC 的中点，求三棱锥 A_1-BDM 的外接球的表面积．

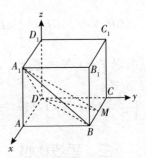

如图 7-27，建立空间直角坐标系，则点 D $(0,0,0)$，A_1 $(2,0,2)$，B $(2,2,0)$，M $(1,2,0)$，设球心 O (x,y,z)，$OA_1=OD=OB=OM=R$，知 $(x-2)^2+y^2+(z-2)^2=R^2$，$x^2+y^2+z^2=R^2$，$(x-2)^2+(y-2)^2+z^2=R^2$，$(x-1)^2+(y-2)^2+z^2=R^2$，将以上四个等式联立，可解得 $x=\dfrac{3}{2}$，$y=z$

图 7-27

$=\dfrac{1}{2}$，进而得到 $R^2=\dfrac{11}{4}$，所以 $S=4\pi R^2=11\pi$．

五、在过直角三角形的斜边中点所作该三角形面的垂线上找心

由于直角三角形斜边上的中线等于斜边的一半，过斜边的中点，作此直角三角形所在平面的垂线，此三角形所在外接球的球心就在该垂线上，因为该点与三个顶点连线所构成的三个三角形全等．

例7 已知四棱锥 $P-ABCD$ 的底面 $ABCD$ 是边长为 a 的正方形，且 $PA \perp$ 平面 $ABCD$，$PA = a$，点 M 为线段 PC 上的动点（不包含端点），求当三棱锥 $M-BCD$ 的外接球的表面积最小时 CM 的长.

如图 $7-28$，连接 MA，由对称性知三棱锥 $M-BCD$ 的外接球即四棱锥 $M-ABCD$ 的外接球，则当三棱锥 $M-BCD$ 外接球的表面积最小时，四棱锥 $M-ABCD$ 外接球的半径最小. 设四棱锥 $M-ABCD$ 外接球的球心为 O，半径为 R，连接 AC，与 BD 交于点 O_1，当点 O 与 O_1 不重合时，连接 OO_1，易知 $OO_1 \perp$ 平面 $ABCD$，则 $OO_1 \perp O_1 C$，连接 OC，在 $\mathrm{Rt}\triangle OO_1 C$ 中，$R = OC > O_1 C$，当点 O 与 O_1 重合时，$R = OC = O_1 C$，所以三棱锥 $M-BCD$ 外接球的表面积最小时，点 O 与 O_1

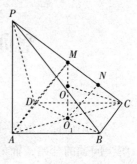

图 $7-28$

重合，$R = O_1 C$，则 $O_1 C = O_1 M$，取 CM 的中点为 N，连接 $O_1 N$，易知 $O_1 N \perp CM$，则 $\cos\angle O_1 CN = \dfrac{CN}{CO_1} = \dfrac{AC}{PC}$，解得 $CN = \dfrac{\sqrt{3}}{3} a$，所以 $CM = 2CN = \dfrac{2\sqrt{3}}{3} a$.

评析： 由正方形的对称性知，点 C 在三棱锥 $M-BCD$ 外接球的表面上，则点 A 也在三棱锥 $M-BCD$ 外接球的表面上，所以三棱锥 $M-BCD$ 的外接球就是四棱锥 $M-ABCD$ 的外接球. 要使外接球的表面积 $S = 4\pi R^2$ 最小，只需其半径 R 最小. 过对角线 AC 与 BD 的交点 O_1 作平面 $ABCD$ 的垂线，球心 O 在此垂线上. 当点 O 与 O_1 不重合时，在 $\mathrm{Rt}\triangle OO_1 C$ 中，$R = OC > O_1 C$，此时半径 OC 为直角三角形的斜边，显然不是最小的；当点 O 与 O_1 重合时，$R = OC = O_1 C$，等同于斜边 OC 逐渐逼近直角边 $O_1 C$，最终两者重合，半径 $R = OC$ 最小.

"流水无形，无所不形"，针对几何体外接球问题，本节总结出以上方法，有助于今后解决此类问题.

空间直角坐标系的构建方法

运用坐标法解题往往需要建立空间直角坐标系，而建立空间直角坐标系是解决问题的开始，而好的开始又是成功的基础，由此凸显出其重要性，现总结如下．

一、利用共顶点互相垂直的三条棱构建

这种情况多以底面为正方形、矩形、直角梯形的直四棱柱，有一个共顶点的三条侧棱两两垂直的三棱锥，底面为直角三角形的直三棱柱为背景，按右手系，以共顶点为原点，以它的三条两两垂直的棱所在的直线为坐标轴，建立空间直角坐标系．

例1 在如图 7 - 29 的六面体 $ABCDEF$ 中，平面 $ADEF \perp$ 平面 $ABCD$，$AB = AD = AF = 1$，$CD = 2$，$CD \perp AD$，$AB // CD$．求二面角 $B - CF - E$ 的正弦值．

构建方法：利用已知数据，可证得 ED，CD，AD 两两垂直，则以点 D 为原点，以 DA，DC，DE 所在直线分别为 x 轴，y 轴，z 轴建立空间直角坐标系．

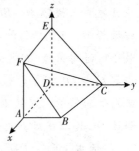

图 7 - 29

二、利用线面垂直关系构建

借助线面垂直的性质定理，如果有一条侧棱垂直于底面，底面为多边形，一般以这条侧棱的垂足为坐标原点，这条侧棱所在的直线为 z 轴，按右手系，在底面寻求两条互相垂直的直线分别作为 x 轴，y 轴建立空间直角坐标系．

例2 在四棱锥 $P - ABCD$ 中，底面 $ABCD$ 是菱形，$PA \perp$ 平面 $ABCD$，$PA = AB = 2$，$\angle ABC = 60°$，点 E 为 BC 的中点，点 F 为 PC 的中点．求平面 AEF 与平面 PCD 的夹角的余弦值．

构建方法：如图 7 – 30，连接 AE，可得 AE，AD，AP 两两垂直．以 A 为原点，以 AE，AD，AP 所在直线分别为 x 轴，y 轴，z 轴建立空间直角坐标系．

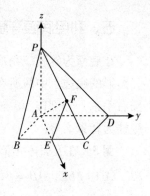

图 7 – 30

三、利用面面垂直关系构建

若题目中出现侧面和底面垂直的条件，一般利用此条件添加辅助线，在公共棱上选取一点为坐标原点，以这两个平面内过该点的两条互相垂直的线段所在的直线分别为 x 轴，z 轴，按右手法则在底面中选取过原点且与 x 轴，z 轴垂直的直线为 y 轴．

例 3 在四棱锥 $P – ABCD$ 中，侧面 $PAD \perp$ 平面 $ABCD$，$\triangle PAD$ 是以 AD 为斜边的等腰直角三角形，$BC /\!/ AD$，$CD \perp AD$，$AD = 2DC = 2CB$，点 E 为 AP 的中点．求二面角 $P – BD – E$ 的余弦值．

构建方法：如图 7 – 31，取 AD 的中点 O，连接 OP，OB，则有 $OB \perp OD$，在 $\triangle PAD$ 中，由"三线合一"可得 $OP \perp AD$，根据面面垂直的性质定理得 $OP \perp$ 平面 $ABCD$，则以 O 为原点，分别以 OB，OD，OP 所在直线为 x 轴，y 轴，z 轴建立空间直角坐标系．

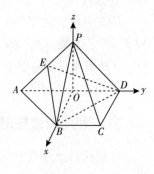

图 7 – 31

四、利用正棱锥的底面中心与高所在的直线构建

对于正棱锥，一般要以正棱锥的底面中心为坐标原点，正棱锥的高所在的直线为 z 轴，构建空间直角坐标系．此外，圆锥，圆台，底面为矩形、菱形或顶点在底面内的射影为底面对角线的交点的四棱锥也按此构建．

例 4 图 7 – 32 所示是水平摆放的两个相同的正四面体 $PABD$ 和 $QABC$. 求二面角 $Q – AP – B$ 的余弦值．

构建方法：如图 7 – 32，连接 DC，交 AB 于点 O，连接 PQ，取 PQ 的中点 M，连接 OM，以 O 为原点，以 OA，OC，OM 所在直线分别为 x 轴，y 轴，z 轴建立空间直角坐标系．

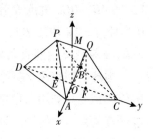

图 7 – 32

五、利用底面等腰三角形构建

在底面为等腰三角形的几何体上建立空间直角坐标系时，一般将底面等腰三角形的底边上中线所在直线，底边所在直线及过底边中点垂直于底面的垂线，按右手系，分别作为 x 轴，y 轴，z 轴建立空间直角坐标系，此种情况多以正三棱柱为背景．

例 5 在五面体 $ABCDE$ 中，$AD \perp$ 平面 ABC，$AD /\!/ BE$，$AD = 2BE$，$AB = BC$．若 $AB = \sqrt{3}$，$AC = 2$，五面体 $ABCDE$ 的体积为 $\sqrt{2}$，求直线 CE 与平面 $ABED$ 所成角的正弦值．

构建方法：如图 7－33，分别取 AC，CD 的中点为 F，H，连接 FB，FH，以点 F 为坐标原点，FB，FC，FH 所在直线分别为 x 轴，y 轴，z 轴建立如图所示的空间直角坐标系．

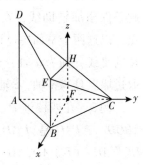

图 7－33

六、利用斜棱柱的底构建

在斜棱柱上建立空间直角坐标系时，一般根据几何体的结构特征和已知条件，从底面内寻求一个合适点为坐标原点，从原点出发选取恰当的垂直线段所在直线为 x 轴，y 轴．

例 6 在三棱柱 $ABC - A_1B_1C_1$ 中，点 B_1 在底面 ABC 内的射影恰好是点 C，点 D 是 AC 的中点，满足 $DA = DB$．若 $AC = 2BC = 2$，直线 BB_1 与底面 ABC 所成角的大小为 $\dfrac{\pi}{3}$，求二面角 $C - BD - C_1$ 的大小．

构建方法：如图 7－34，由 $DA = DB = DC = BC = 1$，知 $AB \perp BC$．过点 B 作平面 ABC 的垂线 BE，以点 B 为原点，以 BC，BA，BE 所在的直线分别为 x 轴，y 轴，z 轴建立空间直角坐标系．

构建空间直角坐标系，得依据空间几何图形的结构特征，充分利用图形中的垂直关系，或在图形中构造垂直关系．尽管同一道试题可能因坐标原点的选取不同而有不同的构建方式，但无论哪种构建方式，都得遵循三轴两两垂直的原则，都得遵循右手法则，都得以简捷明了、省时省力为目的．

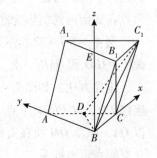

图 7－34

第八章

直线
圆
圆锥曲线

从 x^2+y^2 的视角下看直线和圆中的转化与化归

如果实数 x，y 满足 $5x+12y-60=0$，那么 x^2+y^2 的最小值如何求得呢？根据两点间的距离公式，有 $x^2+y^2=(x-0)^2+(y-0)^2=|OP|^2$，其中点 O（0，0）为坐标原点，点 P（x，y）在直线 $5x+12y-60=0$ 上，可转化为直线外一点与直线上所有点的连线中"垂线段最短"问题.

用代数方法研究几何问题，"转化与化归"思想贯穿始终. 抽丝剥茧，许多问题终究归结于"两点间的距离""点与圆的位置关系""点到直线的距离""直线与圆的位置关系""圆与圆的位置关系"等，以下通过具体实例加以解析.

一、转化为两点间的距离

两点间的距离问题，并非将两点 A（x_1，y_1）与 B（x_2，y_2）的坐标摆在那儿，直接套用两点间的距离公式 $|AB|=\sqrt{(x_1-x_2)^2+(y_1-y_2)^2}$，而是需要一种"看成"能力，透过现象看本质，读懂字里行间透露出的深意和考查的意图，通过两点间的距离公式解决问题.

例1 已知圆 C：$(x-3)^2+(y-4)^2=1$，点 A（0，-1），B（0，1），设 P 是圆 C 上的动点，令 $d=|PA|^2+|PB|^2$，求 d 的取值范围.

设点 P（x，y），圆心 C（3，4），半径 $r=1$，$d=x^2+(y+1)^2+x^2+(y-1)^2=2|OP|^2+2$，转化为圆外一点 O 到圆上一点 P 的距离最值的平方，即 $|OC|-r<|OP|<|OC|+r$，进而再求 $2|OP|^2+2$ 的范围.

评析： 圆外一点到圆上一点的最大（最小）距离为圆外一点到圆心的距离加（减）半径；同理，圆内一点到圆上一点的最大（最小）距离为半径加（减）圆内一点到圆心的距离.

变式 若实数 a，b 满足 $4^a+4^b=2^{a+1}+2^{b+1}$，求 4^a+4^b 的取值范围.

由 $(2^a)^2+(2^b)^2=2\cdot2^a+2\cdot2^b$ 得 $(2^a-1)^2+(2^b-1)^2=2$，设 $2^a=x$，$2^b=$

y，圆 C：$(x-1)^2+(y-1)^2=2$ $(x>0$，$y>0)$，圆心 C $(1$，$1)$，半径 $r=\sqrt{2}$，则 $4^a+4^b=x^2+y^2=|OP|^2$，转化成圆外一点 O（坐标原点）到半圆 C（不包括坐标轴上的交点）上一点 P 的距离的平方，即 $2<|OP|\leqslant|OC|+r$，即 $4<|OP|^2\leqslant8$.

评析： 指数式方程 $4^a+4^b=2^{a+1}+2^{b+1}$，通过换元、变形，转化为部分圆的方程，结论则转化为圆外一定点到圆上一动点间的距离问题.

二、转化为点与圆的位置关系

判断点与圆的位置关系的方法：将点的坐标代入圆的方程，比较两边大小，如果左边大于右边，则点在圆外；如果左边等于右边，则点在圆上；如果左边小于右边，则点在圆内.

例 2 直线 l：$(m+1)$ $x+2$ $(m-1)$ $y-4m=0$ 与圆 C：$x^2+y^2=6$ 的交点个数为_____.

表面上是考查直线与圆的位置关系，实则考查直线过定点时定点与圆的位置关系. 直线 l：m $(x+2y-4)$ $+$ $(x-2y)$ $=0$，不论 m 为何值，只需 $\begin{cases}x+2y-4=0,\\x-2y=0,\end{cases}$ 解得直线过定点 P $(2$，$1)$，因 $2^2+1^2<6$，故定点 P 在圆 C 内，所以直线与圆相交，有 2 个交点.

评析： 一般地，直线方程中除了 x，y 两个未知数外，还含有第三个字母（参数）时，可以考虑直线过定点，即将含参数的部分放在一个括号内，并且将参数提到括号外边，不含参数的部分在另一个括号内，不论参数取何实数，只需让两个括号内的部分同时等于零，解出 x，y 的值，即得定点坐标.

三、转化为点到直线的距离

1. 根据直线与圆的位置关系，转化为点到直线的距离

例 3 已知圆 O：$x^2+y^2=9$ 上到直线 l：a $(x+4)$ $+by=0$（a，b 是实数）的距离为 1 的点有且仅有 2 个，求直线 l 斜率的取值范围.

圆心 O $(0$，$0)$，半径 $r=3$，要保证有且仅有 2 个交点，只需圆心 O 到直线 l 的距离 d 满足 $r-1<d<r+1$，即 $2<\dfrac{|4a|}{\sqrt{a^2+b^2}}<4$，化简得 $\left|\dfrac{b}{a}\right|<\sqrt{3}$，斜率 $k<-\dfrac{\sqrt{3}}{3}$ 或 $k>\dfrac{\sqrt{3}}{3}$.

变式 将此题中"距离为 1 的点有且仅有 2 个"改为"有且仅有 1 个"，

"有且仅有 3 个"，"有且仅有 4 个"，其他条件不变，仍求直线 l 斜率的取值范围．

2. 由图形的性质，转化为点到直线的距离

例 4 已知直线 $2x+3y+m=0$ 与圆 $x^2+y^2=2$ 相交于不同的两点 A，B，且 $OA \perp OB$（O 为坐标原点），求 m 的取值范围．

由 $OA \perp OB$，$OA=OB=\sqrt{2}$，知 $\triangle OAB$ 为等腰直角三角形，转化为圆心 O 到直线的距离等于 1，即 $\dfrac{|m|}{\sqrt{2^2+3^2}}=1$，$m = \pm \sqrt{13}$．

评析： 圆中如有直角三角形、等腰三角形、等腰直角三角形、矩形、菱形、正方形等图形，不妨借助图形的性质，将问题转化为点到直线的距离问题．

四、转化为直线与圆的位置关系

判断直线与圆的位置关系通常有两种方法．一种是几何法，比较圆心到直线的距离 d 与圆的半径 r 的大小：如果 $d<r$，则相交；如果 $d=r$，则相切；如果 $d>r$，则相离．另一种是代数法，将直线方程与圆的方程联立，消元后转化为关于 x（或 y）的一元二次方程，比较判别式 Δ 与 0 的大小：如果 $\Delta>0$，则相交；如果 $\Delta=0$，则相切；如果 $\Delta<0$，则相离．不过解题时通常侧重于几何法．

例 5 若方程 $\sqrt{1-x^2}=kx+2$ 有唯一解，求 k 的取值范围．

问题转化为半圆 C：$x^2+y^2=1$（$y \geqslant 0$）与直线 l：$y=kx+2$ 有且只有一个公共点，因为直线 l 恒过定点 P（0，2），可转化为过定点 P 的直线 l 与半圆 C 有且仅有一个公共点的问题：当相切时 $k=\pm\sqrt{3}$；当相交时 $k<-2$ 或 $k>2$．

变式 已知圆 C：$x^2+y^2=4$，若点 P（x，y）为圆 C 上任意一点，求 $x-2y$ 的取值范围．

设 $x-2y=m$，则点 P（x，y）为直线 l：$x-2y-m=0$ 与圆 C：$x^2+y^2=4$ 的公共点，转化为直线与圆相交或相切问题，即圆心 C 到直线 l 的距离小于等于半径．

评析： 直线与圆的位置关系，有时并不一定直接呈现，在做题时需要进行转化与化归，或构造直线方程，或构造圆的方程，进而解决问题．

五、转化为圆与圆的位置关系

圆与圆的位置关系有相交、相切（内切、外切）、相离（内含、外离）三种情况，一般借助两圆的圆心距与两圆半径和差的大小关系来解决实际问题．

设圆 O_1、圆 O_2，半径分别为 r_1，r_2（且 $r_1 > r_2$），若 $r_1 - r_2 < |O_1O_2| < r_1 + r_2$，则相交；若 $|O_1O_2| = r_1 - r_2$，则内切；若 $|O_1O_2| = r_1 + r_2$，则外切；若 $|O_1O_2| < r_1 - r_2$，则内含；若 $|O_1O_2| > r_1 + r_2$，则外离．

例6　过圆 $x^2 + y^2 = 2$ 外一点 P（1，3）向该圆引两条切线，点 M，N 为切点，求直线 MN 的方程．

设圆心为 O（0，0），连接 OM，ON，OP，四边形 $OMPN$ 的外接圆就是以线段 OP 为直径的圆，即 $(x-0)(x-1) + (y-0)(y-3) = 0$，化简得 $x^2 + y^2 - x - 3y = 0$，与已知圆 $x^2 + y^2 - 2 = 0$ 作差，可得直线 MN 的方程 $x + 3y - 2 = 0$.

变式　圆 C：$(x-a)^2 + (y-1)^2 = 1$ 上总存在两个点到原点的距离为 2，求 a 的取值范围．

圆 C 上总存在两个点到原点 O 的距离为 2，可以转化为圆 O：$x^2 + y^2 = 4$ 与圆 C：$(x-a)^2 + (y-1)^2 = 1$ 相交（即有两个不同的公共点），等价于圆心距 $|OC|$ 大于两圆的半径之差，小于半径之和，解得 $-2\sqrt{2} < a < 2\sqrt{2}$ 且 $a \neq 0$.

评析： 解决圆与圆的位置关系问题，教材上侧重于几何角度：①两圆公共点的个数；②两圆的圆心距与半径和差的大小比较．此外也可以从两圆公切线的条数上来判断：内含 0，内切 1，相交 2，外切 3，外离 4. 几何法定性、定量地解析了两圆的位置关系．当然也可以从代数的角度判断：将两圆的方程联立，转化为关于 x（或 y）的一元二次方程，比较判别式 Δ 与 0 的大小，从而确定圆与圆的位置关系．代数法由于运算量较大，一般不常用．

以上例题很好地诠释了数学中的"转化与化归"思想，启迪学生观察细微之处以推测事物的全貌，既可培养学生观察问题、分析问题、解决问题的能力，又可使学生复习巩固所学的相关知识点，起到以点带面的作用．

隐形圆

隐形圆，又称"看不到"的圆，但它的确存在于解题过程中．一般含有隐形圆的问题总会有一些关于圆的蛛丝马迹，结合近几年高考试题及模拟题的解题实践，可知隐形圆问题的主要特征有：定长线段；定斜边的直角三角形；共斜边的直角三角形；多个点到定点的距离相等；定角．

以下介绍如何根据题目条件挖掘出隐形圆．

一、根据圆的定义进行挖掘

例 1 设 O 为坐标原点，动点 M 在椭圆 $C: \dfrac{x^2}{2} + y^2 = 1$ 上，过点 M 作 x 轴的垂线，垂足为 N，点 P 满足 $\overrightarrow{NP} = \sqrt{2}\,\overrightarrow{NM}$．求点 P 的轨迹方程．

设点 $P\,(x,\ y)$ $(y \neq 0)$，$N\,(x,\ 0)$，$\overrightarrow{NP} = (0,\ y)$，由 $\overrightarrow{NM} = \dfrac{1}{\sqrt{2}}\overrightarrow{NP} = \left(0,\ \dfrac{y}{\sqrt{2}}\right)$，得点 $M\left(x,\ \dfrac{1}{\sqrt{2}}y\right)$，又点 M 在椭圆 C 上，代入可得点 P 的轨迹方程为 $x^2 + y^2 = 2$ $(y \neq 0)$．

二、根据勾股定理的逆定理进行挖掘

例 2 i 是虚数单位，复数 $z = a + bi$ $(a \in \mathbf{R},\ b \in \mathbf{R})$，且 $|z| = 1$，求 $|z - \sqrt{3} + i|$ 的最大值．

复数 $z = a + bi$ $(a,\ b \in \mathbf{R})$ 在复平面内的对应点 $P\,(a,\ b)$ 满足 $|z| = 1$，所以点 P 为圆 $O: x^2 + y^2 = 1$ 上的动点，$|z - \sqrt{3} + i| = |(a - \sqrt{3}) + (b + 1)\,i| = \sqrt{(a - \sqrt{3})^2 + (b + 1)^2}$，令点 $Q\,(\sqrt{3},\ -1)$，圆外一点 Q 到圆 O 上一点 P 的距离的最大值为 $|OQ| + r = 3$．

变式 在平面直角坐标系 xOy 中，点 $P\,(2,\ 2)$，$Q\,(0,\ -4)$ 为两个定点，动

点 M 在直线 $x = -1$ 上，动点 N 满足 $NO^2 + NQ^2 = 16$，求 $|\overrightarrow{PM} + \overrightarrow{PN}|$ 的最小值.

设点 N (x_0, y_0)，由 $NO^2 + NQ^2 = 16$ 知点 N 在以 OQ 为直径的圆 $x^2 + (y+2)^2 = 4$ 上，即 $x_0^2 + (y_0+2)^2 = 4$. 设点 M $(-1, m)$，MN 的中点为 A (x, y)，则 $x = \dfrac{x_0 - 1}{2}$，$y = \dfrac{y_0 + m}{2}$，即 $x_0 = 2x + 1$，$y_0 = 2y - m$，代入上述圆的方程化简得 $\left(x + \dfrac{1}{2}\right)^2 + \left(y - \dfrac{m}{2} + 1\right)^2 = 1$，问题转化为点 A 在以点 $B\left(-\dfrac{1}{2}, \dfrac{m}{2} - 1\right)$ 为圆心、1 为半径的圆上，所以 $|\overrightarrow{PM} + \overrightarrow{PN}| = 2|\overrightarrow{PA}| = 2(|PB| - r) \geqslant 2\left[\sqrt{\left(2 + \dfrac{1}{2}\right)^2 + \left(3 - \dfrac{m}{2}\right)^2} - 1\right] = 3$，当且仅当 $3 - \dfrac{m}{2} = 0$ 时等号成立.

三、根据含有的直角进行挖掘

例3　若单位向量 $\boldsymbol{a}$，$\boldsymbol{b}$ 满足 $\boldsymbol{a} \cdot \boldsymbol{b} = 0$，向量 $\boldsymbol{c}$ 满足 $|\boldsymbol{c} - \boldsymbol{a} + \boldsymbol{b}| = 1$，求 $|\boldsymbol{c} - \boldsymbol{b}|$ 的取值范围.

设 $\boldsymbol{a} = (1, 0)$，$\boldsymbol{b} = (0, 1)$，$\boldsymbol{c} = (x, y)$，向量 $\boldsymbol{c}$ 满足 $|\boldsymbol{c} - \boldsymbol{a} + \boldsymbol{b}| = 1$，则 $|(x - 1, y + 1)| = 1$，点 P (x, y) 在圆 M：$(x - 1)^2 + (y + 1)^2 = 1$ 上，圆心 M $(1, -1)$，半径 $r = 1$. 又因为 $|\boldsymbol{c} - \boldsymbol{b}| = \sqrt{x^2 + (y - 1)^2} = |PQ|$，其中点 Q $(0, 1)$，且点 Q 在圆 M 外，所以 $|QM| - r \leqslant |PQ| \leqslant |QM| + r$，即 $\sqrt{5} - 1 \leqslant |PQ| \leqslant \sqrt{5} + 1$.

四、根据阿波罗尼斯圆的条件进行挖掘

古希腊数学家阿波罗尼斯在《圆锥曲线论》中有这样一个命题：平面内与两个定点的距离的比为常数 k $(k > 0$ 且 $k \neq 1)$ 的点的轨迹是圆，后人将这个圆称为阿波罗尼斯圆.

例4　如果动点 M 与两个定点的距离之比为 λ $(\lambda > 0$，$\lambda \neq 1)$，那么点 M 的轨迹就是阿波罗尼斯圆. 已知圆 O：$x^2 + y^2 = 1$ 和 $A\left(-\dfrac{1}{2}, 0\right)$，点 B $(1, 1)$，点 M 为圆 O 上点动点，求 $|MA| + \dfrac{1}{2}|MB|$ 的最小值.

设点 M (x, y)，$|MA| = \dfrac{1}{2}|MC|$，则 $\dfrac{|MA|}{|MC|} = \dfrac{1}{2}$，即圆 O 是关于点 A，C 的阿波罗尼斯圆，设点 C (m, n)，由题意可得 $\dfrac{\sqrt{(x + 2^{-1})^2 + y^2}}{\sqrt{(x - m)^2 + (y - n)^2}} = \dfrac{1}{2}$，整

理得 $x^2 + y^2 + \dfrac{2m+4}{3}x + \dfrac{2n}{3}y = \dfrac{m^2+n^2-1}{3}$；由于该圆的方程为 $x^2 + y^2 = 1$，则

$$\begin{cases} 2m+4=0, \\ 2n=0, \\ m^2+n^2-1=3, \end{cases} \quad 解得\ m=-2,\ n=0,\ 即点\ C\ (-2,0)，所以 |MA|+$$

$\dfrac{1}{2}|MB| = \dfrac{1}{2}(|MC|+|MB|) \geqslant \dfrac{1}{2}|BC|$，当且仅当点 M，C，B 在同一条直线

上时，等号成立，且 $|BC| = \sqrt{10}$，故 $|MA| + \dfrac{1}{2}|MB|$ 最小值为 $\dfrac{\sqrt{10}}{2}$.

评析： 本题也可以用 $|MB| = 2|MC|$ 求得圆 O 是关于点 B，C 的阿波罗尼斯圆.

变式 已知点 O $(0,0)$，A $(3,0)$，圆 C：$(x-2)^2 + y^2 = r^2$（$r>0$）上有且仅有一个点 P 满足 $|PA| = 2|PO|$，求 r 的取值.

设点 P (x,y)，由 $|PA| = 2|PO|$ 得 $(x-3)^2 + y^2 = 4x^2 + 4y^2$，整理可知点 P 在圆 $(x+1)^2 + y^2 = 4$ 上，圆心为 $(-1,0)$，半径为 2，又点 P 是圆 C：$(x-2)^2 + y^2 = r^2$（$r>0$）上有且仅有的一点，圆心为 C $(2,0)$，半径为 r，两圆的圆心距为 3. 根据两圆相切，可得：当两圆外切时，$r+2=3$，$r=1$；当两圆内切时，$|r-2|=3$，$r=5$. 综上，$r=1$ 或 5.

五、根据已知圆外的固定角进行挖掘

这种情况是通过圆外一点向圆引两条切线，两条切线的夹角固定，该点与圆心的连线平分夹角，构成直角三角形，以斜边为直径作圆，与已知圆有公共点.

例 5 已知圆 C：$(x-2)^2 + (y-3)^2 = 2$，若直线 l：$x+y+m=0$ 上存在点 P，过点 P 作圆 C 的两条切线，切点是 A，B，使得 $\angle APB = 60°$，求 m 的取值范围.

过点 C 作 $CP \perp l$，垂足为 P，PA，PB 为圆 C 的两条切线，则 $AC \perp PA$，$\angle APC = \angle BPC = 30°$，$|AC| = \sqrt{2}$，所以 $|PC| = 2|AC| = 2\sqrt{2}$，所以点 C $(2,3)$ 到直线 l 的距离 $d = \dfrac{|2+3+m|}{\sqrt{2}} \leqslant 2\sqrt{2}$，解得 $-9 \leqslant m \leqslant -1$.

以上是寻找隐形圆的几种思路，此外根据"对角互补的四边形有外接圆"，也可以挖掘隐形圆.

如何做到让比值与参数无关

在圆锥曲线的习题中，有一类线段长度之比为定值的问题，如何做到让其比值与参数无关，常常令人费解，下面介绍一种待定倍数法，以期快速解题.

一、直接观察出结果

根据化简结果，通过直接观察可知，只需使得分子与分母成倍数关系，就能约去公因数，得到一个与参数无关的定值.

例 1 已知椭圆 E：$\dfrac{x^2}{5} + y^2 = 1$ 与抛物线 G：$y^2 = 8x$，若斜率为 k 的直线 l 过抛物线 G 的焦点 F 与椭圆 E 相交于 A，B 两点，与抛物线 G 相交于 C，D 两点. 是否存在实数 λ，使得 $\dfrac{1}{|AB|} + \dfrac{\lambda}{|CD|}$ 为常数？若存在，求出 λ 的值；若不存在，请说明理由.

假设存在实数 λ，使得 $\dfrac{1}{|AB|} + \dfrac{\lambda}{|CD|}$ 为常数. 右焦点 F $(2, 0)$，$p = 4$. 设点 A (x_1, y_1)，B (x_2, y_2)，C (x_3, y_3)，D (x_4, y_4)，直线 l 的方程为 $y = k$ $(x - 2)$ $(k \neq 0)$，由 $\begin{cases} y = k\ (x - 2), \\ x^2 + 5y^2 = 5, \end{cases}$ 得 $(1 + 5k^2)\ x^2 - 20k^2 x + 20k^2 - 5 = 0$，$\Delta_1$

$= 20\ (1 + k^2) > 0$，$|AB| = \sqrt{1 + k^2} \cdot \dfrac{\sqrt{\Delta_1}}{1 + 5k^2} = \dfrac{2\sqrt{5}\ (k^2 + 1)}{1 + 5k^2}$；由

$\begin{cases} y = k\ (x - 2), \\ y^2 = 8x, \end{cases}$ 得 $k^2 x^2 - (4k^2 + 8)\ x + 4k^2 = 0$，$\Delta_2 = 64\ (1 + k^2) > 0$，$x_3 + x_4$

$= \dfrac{4k^2 + 8}{k^2}$，由抛物线定义得 $|CD| = x_3 + x_4 + p = \dfrac{8\ (k^2 + 1)}{k^2}$，所以 $\dfrac{1}{|AB|} + \dfrac{\lambda}{|CD|} = $

$\dfrac{5k^2 + 1}{2\sqrt{5}\ (k^2 + 1)} + \dfrac{\lambda k^2}{8\ (k^2 + 1)} = \dfrac{(20 + \sqrt{5}\lambda)\ k^2 + 4}{8\sqrt{5}\ (k^2 + 1)}$. 当 $20 + \sqrt{5}\lambda = 4$，即 $\lambda = -\dfrac{16\sqrt{5}}{5}$

时，$\dfrac{1}{|AB|} + \dfrac{\lambda}{|CD|} = \dfrac{\sqrt{5}}{10}$ 为常数，故假设成立.

评析： 对于比值 $\dfrac{(20 + \sqrt{5}\lambda) \, k^2 + 4}{8\sqrt{5} \, (k^2 + 1)}$ 为常数，容易看出当 $20 + \sqrt{5}\lambda = 4$ 时，

$\dfrac{4 \, (k^2 + 1)}{8\sqrt{5} \, (k^2 + 1)} = \dfrac{4}{8\sqrt{5}}$，比值与参数 k 无关.

二、需要设比值求解

如果要证含参线段长度的比值为定值，在直接观察不出结果的情况下，可设其比值为 λ，通过去分母，化简整理，利用等式两边对应项系数相等，得到一个含参方程组，解此方程组可求得参数及 λ 的值.

例 2 已知双曲线 $C: x^2 - \dfrac{y^2}{3} = 1$，若过点 $(2, 0)$ 的直线与 C 交于 P，Q 两点，在 x 轴上是否存在定点 M，使得 $\overrightarrow{MP} \cdot \overrightarrow{MQ}$ 为定值？若存在，求出点 M 的坐标；若不存在，请说明理由.

假设 x 轴上存在定点 $M \, (t, 0)$，使得 $\overrightarrow{MP} \cdot \overrightarrow{MQ}$ 为定值. 设直线 PQ 的方程为 $x = my + 2$，由 $\begin{cases} x = my + 2, \\ 3x^2 - y^2 = 3, \end{cases}$ 得 $(3m^2 - 1) \, y^2 + 12my + 9 = 0$，设点 $P \, (x_1, y_1)$，$Q \, (x_2, y_2)$，则 $3m^2 - 1 \neq 0$，$\Delta = 36 \, (m^2 + 1) > 0$，$y_1 + y_2 = \dfrac{-12m}{3m^2 - 1}$，

$y_1 y_2 = \dfrac{9}{3m^2 - 1}$. $\overrightarrow{MP} \cdot \overrightarrow{MQ} = (x_1 - t) \, (x_2 - t) + y_1 y_2 = (m^2 + 1) \, y_1 y_2 + (2 - t)$

$m \, (y_1 + y_2) + (2 - t)^2 = \dfrac{(12t - 15) \, m^2 + 9}{3m^2 - 1} + (2 - t)^2$. 若 $\overrightarrow{MP} \cdot \overrightarrow{MQ}$ 为定值，设

$\dfrac{(12t - 15) \, m^2 + 9}{3m^2 - 1} = \lambda$，$(12t - 15) \, m^2 + 9 = \lambda \, (3m^2 - 1)$，即 $(12t - 15) \, m^2 + 9$

$= 3\lambda m^2 - \lambda$，根据等式两边对应项系数相等，得 $\begin{cases} 12t - 15 = 3\lambda, \\ 9 = -\lambda, \end{cases}$ 解得 $t = -1$，λ

$= -9$，此时 $\overrightarrow{MP} \cdot \overrightarrow{MQ} = -9 + 3^2 = 0$. 若直线 PQ 斜率为 0，则点 $P \, (-1, 0)$，$Q \, (1, 0)$，仍有 $\overrightarrow{MP} \cdot \overrightarrow{MQ} = (0, 0) \cdot (2, 0) = 0$. 所以假设成立，即在 x 轴上存在定点 $M \, (-1, 0)$，使得 $\overrightarrow{MP} \cdot \overrightarrow{MQ}$ 为定值 0.

评析： 分子中 m^2 的系数与分母中 m^2 的系数之比等于分子中常数项与分母中

常数项之比. 即 $\overrightarrow{MP} \cdot \overrightarrow{MQ} = \dfrac{(12t-15)\,m^2+9}{3m^2-1} + (2-t)^2$ 中, 有 $\dfrac{12t-15}{3} = \dfrac{9}{-1}$, 解得

$t = -1$. 此时 $\overrightarrow{MP} \cdot \overrightarrow{MQ} = \dfrac{-27m^2+9}{3m^2-1} + 3^2 = \dfrac{-9\,(3m^2-1)}{3m^2-1} + 9 = 0$ 为定值.

三、凭解题环境判断出需要的结论

在斜边一定的直角三角形中, 因为斜边上的中线等于斜边的一半, 所以它也是定值.

例3 已知抛物线 C：$y^2 = 2px$ $(p>0)$ 上一点 A $(x_0,\,y_0)$ 到抛物线焦点的距离为 $x_0 + \dfrac{1}{4}$, 点 A, B 关于坐标原点对称, 过点 A 作 x 轴的垂线, D 为垂足, 直线 BD 与抛物线 C 交于 M, N 两点. 设直线 AM, AN 与 y 轴交点分别为 P, Q, 求 $\dfrac{|PQ|}{|AD|}$ 的值.

如图 $8-1$, 抛物线 C 的方程为 $y^2 = x$. 由于点 A 在抛物线上, 则点 A $(y_0^2,\,y_0)$, 设 $y_0 > 0$, 点 B $(-y_0^2,$

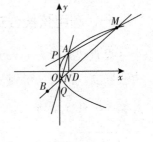

$-y_0)$, D $(y_0^2,\,0)$, 直线 BD 的方程为 $y = \dfrac{1}{2y_0}$ $(x - $

$y_0^2)$, 由 $\begin{cases} y = \dfrac{1}{2y_0}\,(x-y_0^2), \\ y^2 = x, \end{cases}$ 得 $y^2 - 2y_0 y - y_0^2 = 0$, $y = $

图 $8-1$

$(1 \pm \sqrt{2})\,y_0$, 设点 M $(y_1^2,\,y_1)$, N $(y_2^2,\,y_2)$. 取 y_1

$= (1+\sqrt{2})\,y_0$, $y_2 = (1-\sqrt{2})\,y_0$, 直线 AM 的方程为 $y - y_0 = \dfrac{y_1-y_0}{x_1-x_0}\,(x-x_0)$,

令 $x = 0$, $y_P = y_0 + \dfrac{y_1-y_0}{x_1-x_0}\,(-x_0) = y_0 - \dfrac{y_0}{y_1+y_0} = \dfrac{1+\sqrt{2}}{2+\sqrt{2}}y_0$, 同理可得 $y_Q = \dfrac{1-\sqrt{2}}{2-\sqrt{2}}y_0$,

所以 $|PQ| = |y_P - y_Q| = \left| \dfrac{1+\sqrt{2}}{2+\sqrt{2}} - \dfrac{1-\sqrt{2}}{2-\sqrt{2}} \right| y_0 = \sqrt{2}\,y_0$, 又因为 $|AD| = y_0$, 所以

$\dfrac{|PQ|}{|AD|} = \sqrt{2}$.

评析：本题的解题特点是：①所求点 P, Q 均在 y 轴上, 则点的横坐标均为 0；②已知点 A, B 关于坐标原点对称, 其横坐标互为相反数, 纵坐标互为相反数, 则一个可设为点 A $(x_0,\,y_0)$, 另一个为点 B $(-x_0,\,-y_0)$, 减少了两个未知量；③因为点 A 在抛物线 $y^2 = x$ 上, 则 $y_0^2 = x_0$, 又减少了一个未知量.

圆锥曲线中线段长度之比的转化

在直线、圆、圆锥曲线中，线段长度的比例问题，往往利用"两点间的距离公式"求得线段的长度，然后进行比例化简. 有时这种做法比较烦琐，即理论上可行，做起来费时耗力. 这就凸显了"平行线截线段成比例""三角形相似对应边成比例"等定理的作用，以及转化为线段端点的横坐标之差的绝对值之比后的简捷与可行性.

一、利用弦长公式求线段长度

设直线方程为 $y = kx + m$（$k \neq 0$），直线与圆锥曲线相交于 A，B 两点，将两方程联立，消去 y 得到一个关于 x 的一元二次方程 $ax^2 + bx + c = 0$，设点 A（x_1，y_1），B（x_2，y_2），弦长 $|AB| = \sqrt{1+k^2} \, |x_1 - x_2|$，而 $|x_1 - x_2| = \sqrt{(x_1 + x_2)^2 - 4x_1x_2} = \dfrac{\sqrt{\Delta}}{|a|}$，提倡用 $|AB| = \sqrt{1+k^2} \cdot \dfrac{\sqrt{\Delta}}{|a|}$. 同理，关于 y 的一元二次方程 $dy^2 + ey + f = 0$，$|AB| = \sqrt{1 + \left(\dfrac{1}{k}\right)^2} \cdot \dfrac{\sqrt{\Delta}}{|d|}$.

例 1 已知椭圆 C：$\dfrac{x^2}{4} + \dfrac{y^2}{3} = 1$，过其左焦点 F_1 作直线 l，交椭圆 C 于 P，A 两点，取点 P 关于 x 轴的对称点 B. 若点 G 为 $\triangle PAB$ 的外心，求 $\dfrac{|PA|}{|GF_1|}$ 的值.

已知 F_1（-1，0），直线 PA 的斜率存在，设其为 $y = k$（$x+1$），由 $\begin{cases} 3x^2 + 4y^2 = 12 \\ y = k\,(x+1), \end{cases}$ 得 $(3 + 4k^2)\, x^2 + 8k^2x + 4k^2 - 12 = 0$，设点 P（x_1，y_1），A（x_2，y_2），故 $x_1 + x_2 = \dfrac{-8k^2}{3 + 4k^2}$，$x_1x_2 = \dfrac{4k^2 - 12}{3 + 4k^2}$，$y_1 + y_2 = k\,(x_1 + x_2) + 2k = \dfrac{6k}{3 + 4k^2}$，$\Delta = 16 \times 9\,(k^2 + 1)$，弦长 $|PA| = \sqrt{1 + k^2} \cdot \dfrac{12\sqrt{k^2 + 1}}{3 + 4k^2} = \dfrac{12\,(k^2 + 1)}{3 + 4k^2}$①，则设

PA 的中点 $H\left(\dfrac{-4k^2}{3+4k^2},\ \dfrac{3k}{3+4k^2}\right)$，由于 x 轴垂直平分 PB，设点 G $(x_3,\ 0)$，又直

线 GH 为 $y-\dfrac{3k}{3+4k^2}=-\dfrac{1}{k}\left(x+\dfrac{4k^2}{3+4k^2}\right)$，令 $y=0$，得 $x=\dfrac{-k^2}{3+4k^2}$，即点 G

$\left(\dfrac{-k^2}{3+4k^2},\ 0\right)$，求得 $|GF_1|=\left|\dfrac{-k^2}{3+4k^2}+1\right|=\dfrac{3\ (1+k^2)}{3+4k^2}$②，由①②得 $\dfrac{|PA|}{|GF_1|}=4$.

二、利用勾股定理求线段长度

例2 已知 $\sqrt{\left(x-\dfrac{\sqrt{6}}{2}\right)^2+y^2}$，$\sqrt{3}$，$\sqrt{\left(x+\dfrac{\sqrt{6}}{2}\right)^2+y^2}$ 成等差数列，记 $(x,\ y)$

对应点的轨迹是 C. 若直线 l: $y=kx+m$ 与曲线 C 交于不同的两点 A, B, 与圆
$x^2+y^2=1$ 相切于点 M. (1) 证明：$OA\perp OB$ （O 为坐标原点）. (2) 设 $\lambda=$
$\dfrac{|AM|}{|BM|}$，求 λ 的取值范围.

求得 C 的方程为 $\dfrac{x^2}{3}+\dfrac{2y^2}{3}=1$. 因为直线 l 与圆相切，所以圆心 O $(0,\ 0)$ 到

直线 l 的距离等于圆的半径，即 $\dfrac{|m|}{\sqrt{k^2+(-1)^2}}=1$，得 $m^2=k^2+1$. 设点 A $(x_1,$

$y_1)$，B $(x_2,\ y_2)$. 由 $\begin{cases}y=kx+m,\\ x^2+2y^2=3,\end{cases}$ 得 $(1+2k^2)\ x^2+4kmx+2m^2-3=0$，$x_1+$

$x_2=\dfrac{-4km}{1+2k^2}$，$x_1x_2=\dfrac{2m^2-3}{1+2k^2}$. 要证 $OA\perp OB$，即证 $\overrightarrow{OA}\cdot\overrightarrow{OB}=0$，只需证 $x_1x_2+y_1y_2$

$=0$，化简 $x_1x_2+y_1y_2=x_1x_2+$ (kx_1+m) (kx_2+m) $=$ (k^2+1) x_1x_2+km $(x_1$

$+x_2)$ $+m^2$，代入两根之和、两根之积，即可得到结论. 因为点 A, B 在椭圆

上，所以 $x_1^2+2y_1^2=3$，$x_2^2+2y_2^2=3$，所以 $\lambda=\dfrac{|AM|}{|BM|}=\dfrac{\sqrt{OA^2-OM^2}}{\sqrt{OB^2-OM^2}}=\dfrac{\sqrt{x_1^2+y_1^2-1}}{\sqrt{x_2^2+y_2^2-1}}$

$=\dfrac{\sqrt{x_1^2+2^{-1}\ (3-x_1^2)\ -1}}{\sqrt{x_2^2+2^{-1}\ (3-x_2^2)\ -1}}=\dfrac{\sqrt{x_1^2+1}}{\sqrt{x_2^2+1}}$，由 $x_1x_2+y_1y_2=0$ 得 $x_1x_2=-y_1y_2$，两边平

方得 $x_1^2x_2^2=y_1^2y_2^2=\dfrac{1}{2}$ $(3-x_1^2)$ $\cdot\dfrac{1}{2}$ $(3-x_2^2)$，化简得 $x_1^2x_2^2+x_1^2+x_2^2=3$，把 $x_2^2=$

$\dfrac{3-x_1^2}{x_1^2+1}$ 再代回，可得 $\lambda=\dfrac{\sqrt{x_1^2+1}}{\sqrt{x_2^2+1}}=\dfrac{x_1^2+1}{2}$. 根据椭圆上的点的有界性，有 $-\sqrt{3}\leqslant x_1$

$\leqslant\sqrt{3}$，所以 $0\leqslant x_1^2\leqslant3$，进而 $\dfrac{1}{2}\leqslant\dfrac{x_1^2+1}{2}\leqslant2$.

三、将线段长度之比转化为线段两端点横坐标差的绝对值之比

将圆锥曲线中的线段长度之比转化为"线段两端点的横坐标差的绝对值之比"（也可以转化为"线段两端点的纵坐标差的绝对值之比"），只要转化标准统一即可.

例 3 已知抛物线 H：$x^2 = 2py$（p 为常数，$p > 0$）. 如图 8－2，A，B，C 是 H 上不同的三点，过三点的三条切线分别两两交于点 D，E，F. 证明：$\dfrac{|AD|}{|DE|} = \dfrac{|EF|}{|FC|} = \dfrac{|DB|}{|BF|}$.

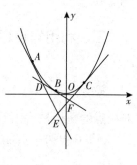

图 8－2

设点 $A(x_A, y_A)$，$B(x_B, y_B)$，$C(x_C, y_C)$，$D(x_D, y_D)$，$E(x_E, y_E)$，$F(x_F, y_F)$，抛物线 $y = \dfrac{1}{2p}x^2$，求导 $y' = \dfrac{1}{p}x$，过点 A 的切线方程为 $y - y_A = \dfrac{1}{p}x_A(x - x_A)$，代入 $y_A = \dfrac{1}{2p}x_A^2$，得 $2py = 2x_A x - x_A^2$，同理过点 B，C 的切线分别为 $2py = 2x_B x - x_B^2$，$2py = 2x_C x - x_C^2$，以上三个方程两两联立，可以求得交点 D，E，F 的横坐标分别为 $x_D = \dfrac{x_A + x_B}{2}$，$x_E = \dfrac{x_A + x_C}{2}$，$x_F = \dfrac{x_B + x_C}{2}$，所以 $\dfrac{|AD|}{|DE|} = \dfrac{|x_D - x_A|}{|x_E - x_D|} = \dfrac{|2^{-1}(x_A + x_B) - x_A|}{|2^{-1}(x_A + x_C) - 2^{-1}(x_A + x_B)|} = \dfrac{|x_B - x_A|}{|x_C - x_B|}$，同理，$\dfrac{|EF|}{|FC|} = \dfrac{|x_B - x_A|}{|x_C - x_B|}$，$\dfrac{|DB|}{|BF|} = \dfrac{|x_B - x_A|}{|x_C - x_B|}$，三者相等.

评析： 这种将线段的长度之比转化为线段的端点某一坐标差的绝对值之比的做法，实际上就是"平行线分线段成比例"定理的应用.

四、将线段长度之比转化为向量之间的数乘

向量 $\overrightarrow{AB}$，$\overrightarrow{BC}$ 方向相同，且满足 $\overrightarrow{AB} = \lambda \overrightarrow{BC}$（$\lambda > 0$），可得 $|\overrightarrow{AB}| = \lambda |\overrightarrow{BC}|$ 或 $\dfrac{|\overrightarrow{AB}|}{|\overrightarrow{BC}|} = \lambda$.

例 4 如图 8－3，双曲线 C：$\dfrac{x^2}{a^2} - \dfrac{y^2}{b^2} = 1$（$a > 0$，$b > 0$）过点 $A(4\sqrt{2}, 3)$，且焦距为 10. 若点 $B(4\sqrt{2}, -3)$，$D(2\sqrt{2}, 0)$，点 E 为线段 AB 上一点，且

直线 DE 交双曲线 C 于 G, H 两点．证明：$\dfrac{|GD|}{|GE|} =$

$\dfrac{|HD|}{|HE|}$.

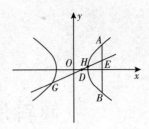

求得双曲线 C 的方程为 $\dfrac{x^2}{16} - \dfrac{y^2}{9} = 1$，设点

E $(4\sqrt{2}, t)$，则 $|t| < 3$，且 $|t| \neq \dfrac{3\sqrt{2}}{2}$（不与渐进线

图 8 - 3

平行），设点 G (x_1, y_1)，H (x_2, y_2)，直线 DE 为 $y = \dfrac{t}{2\sqrt{2}}(x - 2\sqrt{2})$，由

$\begin{cases} y = \dfrac{t}{2\sqrt{2}} (x - 2\sqrt{2}), \\ 9x^2 - 16y^2 = 144, \end{cases}$ 得 $(2t^2 - 9)\,x^2 - 8\sqrt{2}t^2 x + 16t^2 + 144 = 0$，$x_1 + x_2 = \dfrac{8\sqrt{2}t^2}{2t^2 - 9}$，

$x_1 \cdot x_2 = \dfrac{16t^2 + 144}{2t^2 - 9}$，所以 $\overrightarrow{GD} \cdot \overrightarrow{HE} - \overrightarrow{GE} \cdot \overrightarrow{DH} = (2\sqrt{2} - x_1, \ -y_1) \cdot (4\sqrt{2} -$

$x_2, \ t - y_2)$ $-$ $(4\sqrt{2} - x_1, \ t - y_1)$ $\cdot$ $(x_2 - 2\sqrt{2}, \ y_2)$ $= \left(2 + \dfrac{t^2}{4}\right)x_1 x_2 -$

$\left(\dfrac{3\sqrt{2}}{4}t^2 + 6\sqrt{2}\right)$ $(x_1 + x_2)$ $+ 4t^2 + 32$，代入 $x_1 + x_2$、$x_1 x_2$ 的值，化简得 $\overrightarrow{GD} \cdot \overrightarrow{HE} -$

$\overrightarrow{GE} \cdot \overrightarrow{DH} = 0$，进而得到结论．

评析：比例式 $\dfrac{a}{b} = \dfrac{d}{c}$ 变等积式 $ac = bd$ 是依据：内项之积等于外项之积．而

等积式 $ac = bd$ 化比例式 $\dfrac{a}{b} = \dfrac{d}{c}$，则是依据：如果左边先拿 a 与右边 b 相比，那

么右边就得拿 d 与左边 c 相比．

倾斜角互补　斜率互为相反数

在重要的考试当中经常涉及一个再平常不过的基础知识，即"倾斜角互补，且斜率都存在，则斜率互为相反数"，之所以没能引起师生足够的重视，是因为试题中往往不会直接给出"倾斜角互补"这一明显的条件，而是通过变换以另外的表现形式给出，这个时候需要对其进行等价转化，利用转化后的知识点来解决问题. 对于该问题，有以下几种情况：

一、圆锥曲线上四点共圆的性质

对于任意圆锥曲线，曲线上四点共圆的充要条件是其中两点连线的斜率与另外两点连线的斜率互为相反数.

例1 已知双曲线 $C: 2x^2 - y^2 = 2$，点 P（1，2）是弦 AB 的中点，如果线段 AB 的垂直平分线与双曲线交于 C、D 两点，证明：A，B，C，D 四点共圆.

由 $x^2 - \dfrac{y^2}{2} = 1$ 及 $k_{OP} \cdot k_{AB} = \dfrac{b^2}{a^2}$ 知 $k_{AB} = 1$，直线 AB 为 $y = x + 1$. 设直线 CD 为 $y = -x + m$，因为点 P 在直线 CD 上，所以 $m = 3$，设点 C（x_1，y_1），D（x_2，y_2），线段 CD 的中点 Q（x_0，y_0），由 $\begin{cases} x + y - 3 = 0, \\ 2x^2 - y^2 = 2 \end{cases}$ 得 $x^2 + 6x - 11 = 0$，$x_1 + x_2 = -6$，$x_1 x_2 = -11$，$x_0 = \dfrac{x_1 + x_2}{2} = -3$，$y_0 = -x_0 + 3 = 6$，即点 Q（-3，6），$|CD| = 4\sqrt{10}$，$|QC| = |QD| = 2\sqrt{10}$. 由 $\begin{cases} y = x + 1, \\ 2x^2 - y^2 = 2 \end{cases}$ 得点 A（-1，0），B（3，4），则 $|QA| = |QB| = 2\sqrt{10}$，所以 $|QA| = |QB| = |QC| = |QD|$，即 A，B，C，D 四点共圆.

评析： 本题中 $AB \perp CD$，因为 AB、CD 的斜率都存在，所以 $k_{AB} \cdot k_{CD} = -1$，由 $k_{AB} = 1$，倾斜角为 $45°$，知 $k_{CD} = -1$，倾斜角为 $135°$，出现了结论"倾斜角互补，斜率互为相反数". 这类试题的命制万变不离其宗，如果做题之前已对题目的内容了如指掌，如同"猜谜语"一样，既知谜面又知谜底，那么解题时就驾轻就熟了．

二、过曲线上一定点所得两个动点 A、B，使 k_{AB} 为定值的条件

具体到圆、椭圆、双曲线、抛物线等解析几何图形，则分别有以下命题．这些结论对于今后解题会有帮助，起码它们给出了解题的方向，尤其是在解答那些注重答案对错的填空题或选择题时，尤为便利．

（1）已知点 P (x_0, y_0) $(y_0 \neq 0)$ 是圆 C：$x^2 + y^2 = r^2$ 上的定点，过点 P 作倾斜角互补的两条直线，分别交圆于 A，B 两点，则直线 AB 的斜率为定值 $\dfrac{x_0}{y_0}$．

（2）已知点 P (x_0, y_0) $(y_0 \neq 0)$ 是椭圆 C：$\dfrac{x^2}{a^2} + \dfrac{y^2}{b^2} = 1$ $(a > b > 0)$ 上的定点，过点 P 作倾斜角互补的两条直线，分别交椭圆于 A，B 两点，则直线 AB 的斜率为定值 $\dfrac{b^2}{a^2} \cdot \dfrac{x_0}{y_0}$．

（3）已知点 P (x_0, y_0) $(y_0 \neq 0)$ 是双曲线 C：$\dfrac{x^2}{a^2} - \dfrac{y^2}{b^2} = 1$ $(a > 0, b > 0)$ 上的定点，过点 P 作倾斜角互补的两条直线，分别交双曲线于 A，B 两点，则直线 AB 的斜率为定值 $-\dfrac{b^2}{a^2} \cdot \dfrac{x_0}{y_0}$．

（4）已知点 P (x_0, y_0) $(y_0 \neq 0)$ 是抛物线 C：$y^2 = 2px$ $(p > 0)$ 上的定点，过点 P 作倾斜角互补的两条直线，分别交抛物线于 A，B 两点，则直线 AB 的斜率为定值 $-\dfrac{p}{y_0}$．

例 2 过以点 F_1 $(0, -\sqrt{2})$ 和点 F_2 $(0, \sqrt{2})$ 为焦点的椭圆上一点 A $(1, \sqrt{2})$ 作两条直线，交椭圆于 B，C 两点，且直线 AB，AC 的倾斜角互补．求 $\triangle ABC$ 的面积的最大值．

求得椭圆方程 $\dfrac{x^2}{2} + \dfrac{y^2}{4} = 1$，已知直线 AB 的斜率存在且不为零，设直线 AB 为 $y - \sqrt{2} = k$ $(x - 1)$，点 B (x_1, y_1)，C (x_2, y_2)，由 $\begin{cases} y - \sqrt{2} = k \ (x - 1), \\ 2x^2 + y^2 = 4, \end{cases}$ 得

$(k^2 + 2)x^2 - 2k \ (k - \sqrt{2}) \ x + k^2 - 2\sqrt{2}k - 2 = 0$，则 $x_1 \cdot 1 = \dfrac{k^2 - 2\sqrt{2}k - 2}{k^2 + 2}$，$y_1 = $

$k\ (x_1 - 1) + \sqrt{2} = \dfrac{-\sqrt{2}k^2 - 4k + 2\sqrt{2}}{k^2 + 2}$，即点 $B\left(\dfrac{k^2 - 2\sqrt{2}k - 2}{k^2 + 2},\ \dfrac{-\sqrt{2}k^2 - 4k + 2\sqrt{2}}{k^2 + 2}\right)$，

直线 AB，AC 的倾斜角互补，用 $-k$ 换 k，得点 $C\left(\dfrac{k^2 + 2\sqrt{2}k - 2}{k^2 + 2},\ \dfrac{-\sqrt{2}k^2 + 4k + 2\sqrt{2}}{k^2 + 2}\right)$.

直线 BC 的斜率为 $k_{BC} = \dfrac{y_2 - y_1}{x_2 - x_1} = \sqrt{2}$，直线 BC 为 $y = \sqrt{2}x + m$，由 $\begin{cases} y = \sqrt{2}x + m, \\ 2x^2 + y^2 = 4 \end{cases}$ 得 $4x^2 +$

$2\sqrt{2}mx + m^2 - 4 = 0$，$\Delta = 8\ (-m^2 + 8) > 0$，弦 $|BC| = \sqrt{3} \cdot \dfrac{2\sqrt{2}\sqrt{-m^2 + 8}}{4}$，又点 A

到直线 BC 的距离为 $d = \dfrac{|\sqrt{2} - \sqrt{2} + m|}{\sqrt{3}} = \dfrac{|m|}{\sqrt{3}}$，所以 $S_{\triangle ABC} = \dfrac{1}{2}d|BC| \leqslant \dfrac{\sqrt{2}}{4} \cdot 4 =$

$\sqrt{2}$，当且仅当 $m^2 = 4$ 时等号成立.

评析： 本题明确告知两条直线 AB，AC 的倾斜角互补，可以详求一条直线的斜率 k，直接写出另一条直线的斜率 $-k$. 由命题（2）可知椭圆焦点在 y 轴上时，$k_{BC} = \dfrac{a^2}{b^2} \cdot \dfrac{x_0}{y_0}$，因为是"二级结论"，教科书上没有给出，学生用时需要先说明命题后再应用，也可以用过两点的斜率公式直接求出，不过要麻烦一些. 如果是证明定值问题，涉及两直线倾斜角互补，它倒是指明了证明的方向，如：已知点 E，F 是椭圆 C：$\dfrac{x^2}{4} + \dfrac{y^2}{3} = 1$ 上的两个动点，定点 $A\left(1, \dfrac{3}{2}\right)$，如果直线 AE 的斜率和 AF 的斜率互为相反数，证明直线 EF 的斜率为定值，并求出这个定值. 由于点 A 在椭圆上，由命题（2）可知椭圆焦点在 x 轴上时，$k_{EF} = \dfrac{b^2}{a^2}$

$\cdot \dfrac{x_0}{y_0} = \dfrac{3}{4} \times \dfrac{2}{3} = \dfrac{1}{2}$，证明省略.

三、x 轴平分 $\angle APB$（其中点 $P\ (m,\ 0)$ 在 x 轴上）

如果 x 轴平分 $\angle APB$（其中点 $P\ (m,\ 0)$ 在 x 轴上），则直线 PA，PB 的倾斜角互补，对应的斜率之和等于零. 推及与 x 轴平行的直线平分 $\angle APB$（其中点 P 在此直线上）的情形，结论也是如此.

例 3 已知离心率为 $\dfrac{2\sqrt{5}}{5}$ 的椭圆 $\dfrac{x^2}{a^2} + \dfrac{y^2}{b^2} = 1$（$a > b > 0$）上的点到左焦点 F

的最短距离为 $\sqrt{5} - 2$. 过椭圆的左焦点 F 任作一条与两坐标轴都不垂直的弦 AB，若点 M 在 x 轴上，且使 MF 平分 $\triangle AMB$ 的内角，求点 M 的坐标.

求得椭圆方程为 $\dfrac{x^2}{5} + y^2 = 1$，左焦点 F（-2，0）. 设直线 AB 为 $y = k$（$x +$

2）（$k \neq 0$），点 A（x_1，y_1），B（x_2，y_2），M（m，0），由 $\begin{cases} y = k\ (x+2), \\ x^2 + 5y^2 = 5 \end{cases}$ 得

$(1 + 5k^2)\ x^2 + 20k^2 x + 20k^2 - 5 = 0$，$x_1 + x_2 = -\dfrac{20k^2}{1 + 5k^2}$，$x_1 x_2 = \dfrac{20k^2 - 5}{1 + 5k^2}$，因为 MF 平分

$\triangle AMB$ 的内角，所以 $k_{AM} + k_{BM} = \dfrac{y_1}{x_1 - m} + \dfrac{y_2}{x_2 - m} = k \cdot \dfrac{2x_1 x_2 + (2 - m)\ (x_1 + x_2)\ -4m}{(x_1 - m)\ (x_2 - m)} =$

0，代入两根之和、两根之积，分子 $-10 - 4m = 0$，解得 $m = -\dfrac{5}{2}$.

四、底在坐标轴上的等腰三角形

如果等腰三角形的底边落在 x 轴上或 y 轴上，那么两腰所在直线的倾斜角互补，其斜率互为相反数. 推及等腰三角形的底边落在与坐标轴平行的直线上的情形，结论也是如此.

例 4 已知椭圆中心在原点，焦点在 x 轴上，长轴长是短轴长的 2 倍，且经过点 M（2，1），平行于 OM 的直线 l 在 y 轴上的截距为 m（$m \neq 0$），l 交椭圆于 A，B 两个不同的点. 求证：直线 MA，MB 与 x 轴始终围成一个等腰三角形.

求得椭圆方程为 $\dfrac{x^2}{8} + \dfrac{y^2}{2} = 1$，设直线 l 为 $y = \dfrac{1}{2}x + m$（$m \neq 0$），点 A（x_1，

y_1），B（x_2，y_2），由 $\begin{cases} 2y = x + 2m, \\ x^2 + 4y^2 = 8 \end{cases}$ 得 $x^2 + 2mx + 2m^2 - 4 = 0$，所以 $x_1 + x_2 =$

$-2m$，$x_1 x_2 = 2m^2 - 4$，要证直线 MA，MB 与 x 轴始终围成一个等腰三角形，只

需证明 $k_{AM} + k_{BM} = 0$. 因为 $k_{AM} + k_{BM} = \dfrac{y_1 - 1}{x_1 - 2} + \dfrac{y_2 - 1}{x_2 - 2} =$

$\dfrac{x_1 x_2 + (m - 2)\ (x_1 + x_2)\ -4\ (m - 1)}{(x_1 - 2)\ (x_2 - 2)}$，代入两根之和、两根之积，只需证明

分子等于零即可.

评析：此类问题类似于以坐标轴为镜面的光线反射问题，入射线、反射线所在直线的倾斜角互补，所在直线的斜率之和为 0.

以上类型均涉及两直线的倾斜角互补问题，如果其斜率存在，那么其斜率之和为 0（斜率互为相反数）.

圆锥曲线中含参三角形面积的最大值求法

通常三角形的面积等于底与高乘积的一半，涉及圆锥曲线中三角形的面积时，一般以弦长为底、顶点到弦所在直线的距离为高．但是含有参数的三角形面积的最大值问题，却不是人人能顺利求解的，尤其是在求解圆锥曲线压轴大题的最后一问时，往往因找不到合理的方法而搁置，或因运算量大而半途而废，或因解题烦琐而却步不前……那么如何才能快速地加以解决？事实上，遇到上述问题，往往有以下几种处理方式．

一、借助"基本不等式"求最大值

构造所求基本量的不等式，通过解不等式来获得面积的最大值，这种类型往往具有 $S = \dfrac{t}{t^2+m} = \dfrac{1}{t+\dfrac{m}{t}} \leqslant \dfrac{1}{2\sqrt{m}}$（$m > 0$，$t > 0$）的形式，当且仅当 $t = \dfrac{m}{t}$，即 $t^2 = m$ 时等号成立．

例1 已知椭圆 C：$\dfrac{x^2}{a^2} + \dfrac{y^2}{b^2} = 1$（$a > b > 0$）的左，右焦点分别为 F_1，F_2，离心率为 $\dfrac{\sqrt{3}}{2}$，以原点为圆心、以椭圆 C 的短半轴长为半径的圆与直线 $x - y + \sqrt{2} = 0$ 相切，过点 F_2 的直线 l 与椭圆 C 相交于 M，N 两点．求 $\triangle F_1MN$ 面积的最大值．

求得椭圆 C 的方程为 $\dfrac{x^2}{4} + y^2 = 1$，$F_1(-\sqrt{3}, 0)$，$F_2(\sqrt{3}, 0)$，设 l：$x = my + \sqrt{3}$，由 $\begin{cases} x = my + \sqrt{3}, \\ x^2 + 4y^2 = 4, \end{cases}$ 得 $(m^2 + 4)y^2 + 2\sqrt{3}my - 1 = 0$，$\Delta = 16(m^2 + 1)$，弦长 $|MN| = \sqrt{1 + m^2} \cdot \dfrac{4\sqrt{m^2+1}}{m^2+4}$，点 F_1 到直线 l 的距离 $d = \dfrac{2\sqrt{3}}{\sqrt{1+m^2}}$，$S_{\triangle F_1MN} = \dfrac{1}{2}d|MN| = \dfrac{4\sqrt{3}\sqrt{m^2+1}}{m^2+4} = \dfrac{4\sqrt{3}\sqrt{m^2+1}}{(\sqrt{m^2+1})^2 + 3} = \dfrac{4\sqrt{3}}{\sqrt{m^2+1} + \dfrac{3}{\sqrt{m^2+1}}} \leqslant 2$，当 $\sqrt{m^2+1}$

$= \dfrac{3}{\sqrt{m^2+1}}$，即 $m^2 = 2$ 时等号成立.

评析：本题的关键在于 $S_{\triangle F_1MN} = \dfrac{4\sqrt{3}\sqrt{m^2+1}}{m^2+4}$ 的拆分，利用分式的基本性质，分子、分母分别除以 $\sqrt{m^2+1}$，分母化成 $\sqrt{m^2+1} + \dfrac{3}{\sqrt{m^2+1}}$ 的形式，只有"当且仅当"的条件成立时，才能应用基本不等式进行化简. 这种过某一点的直线可以直接设为 $x = my + n$ 的形式，避免因为直接设成 $y = kx + m$，而忘记讨论直线斜率不存在的情况.

二、借助"单调性"求最大值

这种类型虽然具有 $S = \dfrac{t}{t^2+m} = \dfrac{1}{t + \dfrac{m}{t}}$（$m > 0$，$t > 0$）的形式，但是 $t \neq \dfrac{m}{t}$，可以构造关于所求基本量的对勾函数 $f(t) = t + \dfrac{m}{t}$，结合单调性求最大值；也可以直接对 $S = \dfrac{t}{t^2+m}$ 求导，利用单调性求最大值.

例2 已知椭圆 $E: \dfrac{x^2}{a^2} + \dfrac{y^2}{b^2} = 1$（$a > b > 0$）的短轴长为 2，离心率为 $\dfrac{\sqrt{6}}{3}$，直线 l 过点（-1，0）交椭圆 E 于 A，B 两点，O 为坐标原点. 求 $\triangle AOB$ 面积的最大值.

求得椭圆 E 的方程为 $\dfrac{x^2}{3} + y^2 = 1$. 设直线 $l: x = my - 1$，由 $\begin{cases} x = my - 1, \\ x^2 + 3y^2 = 3, \end{cases}$ 得 $(m^2 + 3)y^2 - 2my - 2 = 0$，$\Delta = 12(m^2 + 2)$，弦长 $|AB| = \sqrt{1 + m^2} \cdot \dfrac{2\sqrt{3}\sqrt{m^2+2}}{m^2+3}$，点 O 到直线 l 的距离 $d = \dfrac{1}{\sqrt{1+m^2}}$，所以 $S_{\triangle AOB} = \dfrac{1}{2}d|AB| = \dfrac{\sqrt{3}\sqrt{m^2+2}}{m^2+3} = \dfrac{\sqrt{3}}{\sqrt{m^2+2} + \dfrac{1}{\sqrt{m^2+2}}}$，令 $t = \sqrt{m^2+2} \geqslant \sqrt{2}$，因为 $f(t) = t + \dfrac{1}{t}$ 在 $[\sqrt{2}, +\infty)$ 上单调递增，所以 $S_{\triangle AOB} = \dfrac{\sqrt{3}}{f(t)} \leqslant \dfrac{\sqrt{3}}{f(\sqrt{2})} = \dfrac{\sqrt{6}}{3}$.

评析：本题的关键在于 $S_{\triangle AOB} = \dfrac{\sqrt{3}\sqrt{m^2+2}}{m^2+3}$ 的拆分，分子、分母分别除以

$\sqrt{m^2+2}$，分母化成 $\sqrt{m^2+2}+\dfrac{1}{\sqrt{m^2+2}}$ 的形式，因为 $\sqrt{m^2+2}\neq\dfrac{1}{\sqrt{m^2+2}}$，换元，构造对勾函数，利用单调性解决问题.

三、借助"二次函数"求最大值

形如 $\sqrt{-ax^2+bx-c}=\sqrt{-a\left(x-\dfrac{b}{2a}\right)^2-\dfrac{4ac-b^2}{4a}}$（$a>0$），当且仅当 $x=\dfrac{b}{2a}$ 时，取得最大值.

例3 已知椭圆 $\dfrac{x^2}{2}+y^2=1$ 上两个点 A，B 关于直线 $y=mx+\dfrac{1}{2}$ 对称. 求 $\triangle AOB$ 面积的最大值（O 为坐标原点）.

将已知直线与椭圆方程联立，令判别式大于零，解得 $m<-\dfrac{\sqrt{6}}{3}$ 或 $m>\dfrac{\sqrt{6}}{3}$. 可设 AB 的方程 $y=-\dfrac{1}{m}x+n$，设点 A（x_1，y_1），B（x_2，y_2），令 $t=\dfrac{1}{m}$，则 $y=-tx+n$，设弦 AB 的中点 M（x_0，y_0），由 $\begin{cases}y=-tx+n,\\x^2+2y^2=2,\end{cases}$ 得 $(1+2t^2)x^2-4tnx+2n^2-2=0$，$x_1+x_2=\dfrac{4tn}{1+2t^2}$，$x_0=\dfrac{x_1+x_2}{2}=\dfrac{2tn}{1+2t^2}$，$y_0=-tx_0+n=\dfrac{n}{1+2t^2}$，即 $M\left(\dfrac{2tn}{1+2t^2},\dfrac{n}{1+2t^2}\right)$. 将点 M 的坐标代入 $y=mx+\dfrac{1}{2}$ 中有 $n=-\dfrac{1+2t^2}{2}$，$\Delta=2(2t^2+1)(3-2t^2)$，弦长 $|AB|=\sqrt{1+t^2}\cdot\dfrac{\sqrt{2}\sqrt{(1+2t^2)(3-2t^2)}}{1+2t^2}$，点 O 到直线 AB 的距离 $d=\dfrac{1+2t^2}{2\sqrt{1+t^2}}$，所以 $S_{\triangle AOB}=\dfrac{1}{2}d|AB|=\dfrac{\sqrt{2}}{4}\sqrt{-4\left(t^2-\dfrac{1}{2}\right)^2+4}\leqslant\dfrac{\sqrt{2}}{4}\cdot2=\dfrac{\sqrt{2}}{2}$，当且仅当 $t^2=\dfrac{1}{2}$，即 $m^2=2$ 时等号成立.

评析：化简后 $S_{\triangle AOB}=\dfrac{\sqrt{2}}{4}\sqrt{-4t^4+4t^2+3}$，其中 $f(t)=-4\left(t^2-\dfrac{1}{2}\right)^2+4$ 为开口向下的二次函数，在顶点处有最大值.

四、借助"齐次分式"求最大值

对于齐次分式，诸如 $\dfrac{cx+d}{ax+b}$，$\dfrac{dx^2+ex+f}{ax^2+bx+c}$，对分子进行添加、拼凑，分离出

一个常数，后续部分可用基本不等式求最值；或构造函数，利用单调性加以解决；有时也可用不等式的基本性质一步步求解．

例 4 已知椭圆 C：$\dfrac{x^2}{a^2}+\dfrac{y^2}{b^2}=1$（$a>b>0$）的离心率为 $\dfrac{\sqrt{6}}{3}$，短轴的一个端点到右焦点的距离为 $\sqrt{3}$．设直线 l 与椭圆 C 交于 A，B 两点，坐标原点 O 到直线 l 的距离为 $\dfrac{\sqrt{3}}{2}$，求 $\triangle AOB$ 面积的最大值．

求得椭圆 C 的方程为 $\dfrac{x^2}{3}+y^2=1$．设 l 为 $x=my+n$，点 O 到直线 l 的距离 $d=$

$\dfrac{|n|}{\sqrt{1+m^2}}=\dfrac{\sqrt{3}}{2}$，即 $4n^2=3+3m^2$，由 $\begin{cases} x=my+n, \\ x^2+3y^2=3, \end{cases}$ 得 $(m^2+3)y^2+2mny+n^2-$

$3=0$，$\Delta=3(m^2+9)$，$|AB|=\sqrt{1+m^2}\cdot\dfrac{\sqrt{3}\sqrt{m^2+9}}{m^2+3}$，$S_{\triangle AOB}=\dfrac{1}{2}d|AB|=\dfrac{3}{4}\cdot$

$\dfrac{\sqrt{1+m^2}\cdot\sqrt{m^2+9}}{m^2+3}=\dfrac{3}{4}\sqrt{1+\dfrac{4m^2}{m^4+6m^2+9}}$．当 $m=0$ 时，$S_{\triangle AOB}=\dfrac{3}{4}$；当 $m\ne0$

时，$S_{\triangle AOB}=\dfrac{3}{4}\sqrt{1+\dfrac{4}{m^2+\dfrac{9}{m^2}+6}}\leqslant\dfrac{3}{4}\sqrt{1+\dfrac{4}{6+6}}=\dfrac{\sqrt{3}}{2}$，当 $m^2=\dfrac{9}{m^2}$，即 $m^2=3$ 时等

号成立．因为 $\dfrac{3}{4}<\dfrac{\sqrt{3}}{2}$，所以最大值为 $\dfrac{\sqrt{3}}{2}$．

评析：对于 $S_{\triangle AOB}=\dfrac{3}{4}\sqrt{\dfrac{m^4+10m^2+9}{m^4+6m^2+9}}$，一般首先分离常数，重新整理，变

形为对勾函数形式，或用基本不等式求解，或用单调性求解．例如 $S_{\triangle AOB}=\dfrac{3}{4}$

$\sqrt{\dfrac{m^2+1}{2m^2+1}}=\dfrac{3}{4}\sqrt{\dfrac{m^2+1}{2(m^2+1)-1}}=\dfrac{3}{4}\sqrt{\dfrac{1}{2-\dfrac{1}{m^2+1}}}$，可从 $m^2+1\geqslant1$ 开始，先变化

到 $0<\dfrac{1}{m^2+1}\leqslant1$，再利用不等式的基本性质逐渐变化到 $\dfrac{3\sqrt{2}}{8}<\dfrac{3}{4}\sqrt{\dfrac{1}{2-\dfrac{1}{m^2+1}}}\leqslant$

$\dfrac{3}{4}$，即 $\dfrac{3\sqrt{2}}{8}<S_{\triangle AOB}\leqslant\dfrac{3}{4}$，显然当 $m=0$ 时，$(S_{\triangle AOB})_{\max}=\dfrac{3}{4}$．

五、转化为三角形的面积和求最大值

圆锥曲线中的四边形多为规则图形，这由圆锥曲线的对称性决定，其对角

线经切割后会出现全等三角形或相似三角形，这样就将四边形的面积问题转化为三角形的面积和问题.

例5 已知椭圆 $\dfrac{x^2}{a^2}+\dfrac{y^2}{b^2}=1$ $(a>b>0)$ 的离心率为 $\dfrac{\sqrt{3}}{2}$，图象过点 $\left(\sqrt{3},\dfrac{1}{2}\right)$. 四边形 $ABCD$ 的顶点都在椭圆上，且直线 AC，BD 过原点，设点 A (x_1,y_1)，B (x_2,y_2)，且 $x_1x_2=4y_1y_2$. 求四边形 $ABCD$ 面积的最大值.

由题意知四边形 $ABCD$ 是平行四边形，求得椭圆方程为 $\dfrac{x^2}{4}+y^2=1$，$x_1^2x_2^2=16y_1^2y_2^2$ 及点 A，B 在椭圆上，均有 $k_{AB}+k_{BC}=0$ 和 $k_{AB}\cdot k_{BC}=-\dfrac{1}{4}$，所以 $k_{AB}=\dfrac{1}{2}$，$k_{BC}=-\dfrac{1}{2}$ 或 $k_{AB}=-\dfrac{1}{2}$，$k_{BC}=\dfrac{1}{2}$. ①当 AC，BD 分别落在 x，y 轴上时，$S_{\text{四边形}ABCD}=\dfrac{1}{2}|AB|\cdot|CD|=2ab=4$；②当 AC，BD 不落在 x 轴，y 轴上时，$S_{\text{四边形}ABCD}=4S_{\triangle OAB}$，不妨设直线 AB 为 $y=\dfrac{1}{2}x+n$，由 $\begin{cases}2y=x+2n\\x^2+4y^2=4\end{cases}$，得 $x^2+2nx+2n^2-2=0$，$\Delta=4(-n^2+2)$，$|AB|=\sqrt{5}\cdot\sqrt{2-n^2}$，点 O 到直线 l 的距离 $d=\dfrac{2|n|}{\sqrt{5}}$，$S_{\triangle OAB}=\dfrac{1}{2}d|AB|=\sqrt{-(n^2-1)^2+1}\leqslant 1$，当且仅当 $n^2=1$ 时，等号成立，所以 $S_{\text{四边形}ABCD}=4S_{\triangle OAB}\leqslant 4$.

评析：解决圆锥曲线中与弦长有关的三角形面积问题，绕不开求弦长. 提倡用 $|AB|=\sqrt{1+k^2}\dfrac{\sqrt{\Delta}}{|a|}$（其中 a 为关于 x 的一元二次方程的二次项系数）或 $|AB|=\sqrt{1+\left(\dfrac{1}{k}\right)^2}\dfrac{\sqrt{\Delta}}{|d|}$（其中 d 为关于 y 的一元二次方程的二次项系数）的形式. 先求得判别式 Δ，以便 $\Delta>0$，这样化简运算部分都在判别式 Δ 内进行，而非在 $\sqrt{(x_1+x_2)^2-4x_1x_2}$ 或 $\sqrt{(y_1+y_2)^2-4y_1y_2}$ 内部，既省时省力，又取近避远.

通过上述情况的分析，可以归纳出圆锥曲线中含参三角形面积问题的解决方法，至于如何巧妙化解，还需要不断探索好的解题方法，只有方法得当，才会让解题变得简捷无比，否则就会让人陷入复杂的运算，甚至"崩溃".

利用向量运算化解圆锥曲线的综合问题

向量是集"数"与"形"于一身的数学概念，体现了数形结合的思想. 它将代数与几何联系起来，作为一种解题工具，在解析几何中的作用特别大. 它是数与形的结合体，可以把图形中的角度、长度等问题转化为坐标运算问题.

一、把角的大小转化为"数量积"

当题中涉及两直线所成角时可考虑利用向量，将角为锐角、直角、钝角转化为数量积大于零、等于零、小于零.

例 1 已知一条曲线 C 在 y 轴右侧，曲线 C 上每一点到点 F $(1, 0)$ 的距离减去它到 y 轴距离的差都是 1. 是否存在正数 m，对于过点 M $(m, 0)$ 且与曲线 C 有两个交点 A，B 的任一直线，都有 $\angle AFB$ 为钝角？若存在，求 m 的取值范围；若不存在，请说明理由.

求得 $y^2 = 4x$ $(x > 0)$. 假设存在正数 m 满足题意. 设直线方程为 $x = ty + m$，点 A (x_1, y_1)，B (x_2, y_2)，由 $\begin{cases} y^2 = 4x, \\ x = ty + m, \end{cases}$ 得 $y^2 - 4ty - 4m = 0$，$\Delta = 16$ $(t^2 + m)$ > 0，$y_1 + y_2 = 4t$，$y_1 y_2 = -4m$，$\overrightarrow{FA} = (x_1 - 1, y_1)$，$\overrightarrow{FB} = (x_2 - 1, y_2)$. 因为 $\angle AFB$ 为钝角，则 $\overrightarrow{FA} \cdot \overrightarrow{FB} < 0$ 且 $\overrightarrow{FA} \neq \lambda \overrightarrow{FB}$ $(\lambda < 0)$，即 $\begin{cases} (x_1 - 1)(x_2 - 1) + y_1 \cdot y_2 < 0, \\ (x_1 - 1, y_1) \neq \lambda (x_2 - 1, y_2), \end{cases}$ 转化为不等式 $m^2 - 6m + 1 < 4t^2$ $(m \neq 1)$ 对于一切 t 成立，等价于 $m^2 - 6m + 1 < 0$，即 $3 - 2\sqrt{2} < m < 3 + 2\sqrt{2}$ 且 $m \neq 1$，此时存在正数 m 满足题意.

评析： 本题给出角是否为钝角且存在的探讨：若 $\angle AFB$ 为钝角，则 $\begin{cases} \overrightarrow{FA} \cdot \overrightarrow{FB} < 0, \\ \overrightarrow{FA} \neq \lambda \overrightarrow{FB} \ (\lambda < 0), \end{cases}$ 即 $\overrightarrow{FA} \cdot \overrightarrow{FB} < 0$ 中除去 $\overrightarrow{FA} = \lambda \overrightarrow{FB}$ $(\lambda < 0)$ （即 $\angle AFB =$

$180°$）；若 $\angle AFB$ 为锐角，则 $\begin{cases} \overrightarrow{FA} \cdot \overrightarrow{FB} > 0, \\ \overrightarrow{FA} \neq \lambda \overrightarrow{FB} \ (\lambda > 0), \end{cases}$ 即 $\overrightarrow{FA} \cdot \overrightarrow{FB} > 0$ 中除去 $\overrightarrow{FA} =$

$\lambda \overrightarrow{FB}$（$\lambda > 0$）（即 $\angle AFB = 0°$）．利用数量积完成了以"数"助"形"的转化．

二、把线段相等转化为"向量垂直"

1. $|AM| = |AN|$，**转化为** $\overrightarrow{AP} \cdot \overrightarrow{MN} = 0$（**点** P **为线段** MN **的中点**）

例2 已知椭圆 C 的中心在原点，对称轴为坐标轴，且过（0，-1），

$\left(1, \dfrac{\sqrt{2}}{2}\right)$．直线 l：$3x - 3y - 1 = 0$ 交椭圆 C 于 A，B 两点，若 T（0，1），求证：

$|\overrightarrow{TA} + \overrightarrow{TB}| = |\overrightarrow{TA} - \overrightarrow{TB}|$．

求得椭圆 C 的方程为 $\dfrac{x^2}{2} + y^2 = 1$．设点 A（x_1，y_1），B（x_2，y_2），由

$\begin{cases} x^2 + 2y^2 = 2, \\ 3x - 3y - 1 = 0, \end{cases}$ 得 $27x^2 - 12x - 16 = 0$，$x_1 + x_2 = \dfrac{4}{9}$，$x_1 x_2 = -\dfrac{16}{27}$，将

$|\overrightarrow{TA} + \overrightarrow{TB}| = |\overrightarrow{TA} - \overrightarrow{TB}|$ 两边取平方，整理后可得 $\overrightarrow{TA} \cdot \overrightarrow{TB} = 0$，只需证明 $\overrightarrow{TA} \cdot \overrightarrow{TB}$ $= 0$，转化为坐标运算．

评析：本题中等式 $|\overrightarrow{TA} + \overrightarrow{TB}| = |\overrightarrow{TA} - \overrightarrow{TB}|$ 等价于以向量 $\overrightarrow{TA}$、$\overrightarrow{TB}$ 为邻边的四边形为矩形，即 $\overrightarrow{TA} \perp \overrightarrow{TB}$，利用 $\overrightarrow{TA} \cdot \overrightarrow{TB} = 0$ 求证．

2. $|AM| = |AN|$，**转化为** $k_{AP} \cdot k_{MN} = -1$（**点** P **为线段** MN **的中点**）

例3 已知椭圆 C 的一个顶点为 A（0，-1），焦点在 x 轴上，若右焦点到直线 $x - y + 2\sqrt{2} = 0$ 的距离为 3．设直线 l：$y = kx + m$（$k \neq 0$）交椭圆 C 于不同的两点 M，N，且 $|AM| = |AN|$，求实数 m 的取值范围．

求得椭圆 C 的方程 $\dfrac{x^2}{3} + y^2 = 1$．设点 M（x_1，y_1），N（x_2，y_2），弦 MN 的

中点 P（x_0，y_0），由 $\begin{cases} x^2 + 3y^2 = 3, \\ y = kx + m, \end{cases}$ 得 $(1 + 3k^2)x^2 + 6kmx + 3m^2 - 3 = 0$，$x_1 + x_2$

$= -\dfrac{6km}{1 + 3k^2}$．所以 $x_0 = \dfrac{x_1 + x_2}{2} = -\dfrac{3km}{1 + 3k^2}$，$y_0 = kx_0 + m = \dfrac{m}{1 + 3k^2}$，即

$P\left(-\dfrac{3km}{1 + 3k^2}, \dfrac{m}{1 + 3k^2}\right)$，因为 $|AM| = |AN|$，所以 $k_{AP} \cdot k_{MN} = -1$，即 $1 + 3k^2 =$

$2m$，由 $k^2 = \dfrac{2m - 1}{3} > 0$，得 $m > \dfrac{1}{2}$①，因为直线 l 交椭圆 C 于不同的两点 M，N，

所以 $\Delta = 12\ (1 + 3k^2 - m^2) = 12\ (2m - m^2) > 0$. 即 $0 < m < 2$②，由①②知 $\dfrac{1}{2} <$

$m < 2$.

评析：本题中等式 $|AM| = |AN|$ 等价于到线段 MN 距离相等的点在线段 MN 的"垂直平分线"上，所以 $AP \perp MN$，进而 $\overrightarrow{AP} \perp \overrightarrow{MN}$（点 P 为线段 MN 的中点），转化为 $k_{AP} \cdot k_{MN} = -1$，利用过两点的斜率公式，进而转化为坐标运算.

三、把线段倍数转化为"某一坐标倍数"

例 4　在平面直角坐标系 xOy 中，椭圆 C：$\dfrac{x^2}{a^2} + \dfrac{y^2}{b^2} = 1$（$a > b > 0$）的左、

右焦点分别为 F_1，F_2，离心率为 $\dfrac{\sqrt{3}}{2}$，以原点为圆心，以椭圆 C 的短半轴长为半径的圆与直线 $x - y + \sqrt{2} = 0$ 相切，过点 F_2 的直线 l 与椭圆 C 相交于 M，N 两点.

若 $\overrightarrow{MF_2} = 3\overrightarrow{F_2N}$，求直线 l 的方程.

求得椭圆 C 的方程为 $\dfrac{x^2}{4} + y^2 = 1$，点 F_2（$\sqrt{3}$，0）. 设直线 l：$x = ty + \sqrt{3}$，

M（x_1，y_1），N（x_2，y_2），由 $\overrightarrow{MF_2} = 3\overrightarrow{F_2N}$ 可得（$\sqrt{3} - x_1$，$-y_1$）$= 3$（$x_2 - \sqrt{3}$，

y_2），得 $y_1 = -3y_2$①，由 $\begin{cases} x^2 + 4y^2 = 4, \\ x = ty + \sqrt{3}, \end{cases}$ 得（$t^2 + 4$）$y^2 + 2\sqrt{3}ty - 1 = 0$，$\Delta =$

$16\ (t^2 + 1) > 0$，$y_1 + y_2 = -\dfrac{2\sqrt{3}t}{t^2 + 4} = -2y_2$②，$y_1y_2 = \dfrac{-1}{t^2 + 4} = -3y_2^2$③，由①②③知

$-3\left(\dfrac{\sqrt{3}t}{t^2 + 4}\right)^2 = \dfrac{-1}{t^2 + 4}$，$t^2 = \dfrac{1}{2}$. 将 $t = \pm\dfrac{\sqrt{2}}{2}$ 代入 $x = ty + \sqrt{3}$ 中，可得直线 l 的方程.

评析：本题中 $\overrightarrow{MF_2} = 3\overrightarrow{F_2N}$，利用坐标运算，首先观察到纵坐标等式 $y_1 = -3y_2$ 要比横坐标等式 $\sqrt{3} - x_1 = 3$（$x_2 - \sqrt{3}$）简捷，其次将方程联立转化成关于 y 的一元二次方程，最后由 $y_1 = -3y_2$，$y_1 + y_2 = -\dfrac{2\sqrt{3}t}{t^2 + 4}$ 联立求得 y_1 与 y_2 的值，

代入 $y_1y_2 = \dfrac{-1}{t^2 + 4}$ 中，求得满足 $\Delta > 0$ 的 t 值.

四、把"以线段 MN 为直径的圆过点 P"转化为 $\overrightarrow{PM} \perp \overrightarrow{PN}$

涉及"以线段 MN 为直径的圆"的问题，通常有三种情况，以点 P 在以线

段 MN 为直径的圆上转化为 $\overrightarrow{PM} \cdot \overrightarrow{PN} = 0$ 为参照，当点 P 分别在以线段 MN 为直径的圆内、圆外时，分别转化为 $\overrightarrow{PM} \cdot \overrightarrow{PN} < 0$，$\overrightarrow{PM} \cdot \overrightarrow{PN} > 0$.

例 5 如图 8-4，点 A 为圆 B：$(x+2)^2 + y^2 = 32$ 上任意一点，定点 C 的坐标为 $(2, 0)$，线段 AC 的垂直平分线交 AB 于点 M. 若动直线 l 与圆 O：$x^2 + y^2 = \dfrac{8}{3}$ 相切，且与点 M 的轨迹交于点 E，F，求证：以 EF 为直径的圆恒过坐标原点.

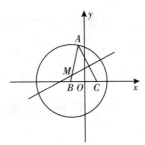

图 8-4

点 M 的轨迹方程为 $\dfrac{x^2}{8} + \dfrac{y^2}{4} = 1$. 设直线 l：$x = ty + m$，点 $E(x_1, y_1)$，$F(x_2, y_2)$，因为直线 l 与圆 O：$x^2 + y^2 = \dfrac{8}{3}$ 相切，则 $\dfrac{|m|}{\sqrt{1+t^2}} = \sqrt{\dfrac{8}{3}}$，即 $3m^2 = 8(1+t^2)$. 由 $\begin{cases} x^2 + 2y^2 = 8, \\ x = ty + m, \end{cases}$ 得 $(t^2+2)y^2 + 2tmy + m^2 - 8 = 0$，$y_1 + y_2 = -\dfrac{2tm}{t^2+2}$，$y_1 y_2 = \dfrac{m^2-8}{t^2+2}$，所证问题等价于 $\overrightarrow{OE} \perp \overrightarrow{OF}$，即证 $\overrightarrow{OE} \cdot \overrightarrow{OF} = 0$. 而 $\overrightarrow{OE} \cdot \overrightarrow{OF} = x_1 x_2 + y_1 y_2 = t^2 y_1 y_2 + mt(y_1 + y_2) + m^2 = \dfrac{3m^2 - 8(1+t^2)}{t^2+2} = 0$ 成立.

评析： 本题 "以弦 EF 为直径的圆恒过坐标原点" 知 $\overrightarrow{OE} \perp \overrightarrow{OF}$，即 $\overrightarrow{OE} \cdot \overrightarrow{OF} = 0$. 若 $E(x_1, y_1)$，$F(x_2, y_2)$，$O(0, 0)$，则 $x_1 x_2 + y_1 y_2 = 0$；若该点不是原点，为一般的点 $P(m, n)$ 时，$\overrightarrow{PE} \cdot \overrightarrow{PF} = 0$，$(x_1 - m)(x_2 - m) + (y_1 - n)(y_2 - n) = 0$，计算量就会大一些.

像上面这样的解析几何解答题，着重考查直线与圆锥曲线的位置关系，有些问题如果用常规方法解答，运算往往比较复杂，此时若能利用向量，借助数形结合，即 "以数辅形" "以形助数" 的观点，则会大大简化解题过程，学生应掌握这些基本的转化方法.

圆锥曲线中的探索性问题

探索性问题的解法：先假设存在，用待定系数法设出，列出关于待定系数的方程或方程组，推证满足条件的结论，若方程或方程组有实数解，则元素（点、直线、曲线或参数）存在，否则元素（点、直线、曲线或参数）不存在．要注意的是：当条件和结论不唯一时要分类讨论；当给出结论，要求导出存在的条件时，先假设结论成立，再推出条件．

一、点、线的存在性问题

例 1 已知椭圆 C：$\dfrac{x^2}{a^2} + \dfrac{y^2}{b^2} = 1$（$a > b > 0$）的焦距为 2，一条连接椭圆两个顶点的直线的斜率为 $\dfrac{\sqrt{3}}{2}$．过椭圆 C 右焦点 F 且不与 x 轴重合的直线与椭圆 C 相交于 A，B 两点，试问 x 轴上是否存在点 P，使得直线 AP，PB 斜率之积恒为定值？若存在，求出该定值及点 P 的坐标；若不存在，说明理由．

假设存在点 P 满足题意，求得椭圆 C 的方程为 $\dfrac{x^2}{4} + \dfrac{y^2}{3} = 1$，右焦点 F（1，0），设直线 AB 为 $x = my + 1$，点 A（x_1，y_1），B（x_2，y_2），P（n，0）．由 $\begin{cases} x = my + 1, \\ 3x^2 + 4y^2 = 12, \end{cases}$ 得 $(3m^2 + 4)y^2 + 6my - 9 = 0$，显然 $\Delta > 0$，且 $y_1 + y_2 = \dfrac{-6m}{3m^2 + 4}$，$y_1 y_2 = \dfrac{-9}{3m^2 + 4}$，此时 $k_{PA} k_{PB} = \dfrac{y_1}{x_1 - n} \cdot \dfrac{y_2}{x_2 - n} = \dfrac{y_1 y_2}{m^2 y_1 y_2 + (1 - n)m(y_1 + y_2) + (1 - n)^2} = \dfrac{9}{3m^2(4 - n^2) - 4(1 - n)^2}$．由上式知，无论 m 取何值，只需 $4 - n^2 = 0$，即 $n = \pm 2$ 时，$k_{PA}k_{PB}$ 是一个与 m 无关的定值．当 $n = 2$ 时，$k_{PA}k_{PB} = -\dfrac{9}{4}$；当 $n = -2$ 时，$k_{PA}k_{PB} = -\dfrac{1}{4}$．综上，假设成

193

立，存在定点与定值：当定点为 P（2，0）时，$k_{PA}k_{PB} = -\dfrac{9}{4}$；当定点为

P（-2，0）时，$k_{PA}k_{PB} = -\dfrac{1}{4}$.

评析： 本题中 m 为参数，n 为待定未知数，在 $k_{PA}k_{PB}$ 的关系式

$\dfrac{9}{3m^2（4-n^2）-4（1-n）^2}$ 中，将含 m 的项放在一起，不论 m 为何实数，只需

其系数 $4-n^2 = 0$. 事实上是 $m \cdot 0$ 的形式.

例 2 如图 8-5，曲线 C 由上半椭圆 C_1：$\dfrac{y^2}{a^2}$ +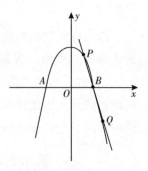

$\dfrac{x^2}{b^2} = 1$（$a > b > 0$，$y \geqslant 0$）和部分抛物线 C_2：$y = -x^2$

$+1$（$y \leqslant 0$）连接而成，C_1 与 C_2 的公共点为 A，B 两

点，其中 C_1 的离心率为 $\dfrac{\sqrt{3}}{2}$. 过点 B 的直线 l 与 C_1，

C_2 分别交于点 P，Q（均异于点 A，B），是否存在直

线 l，使得以 PQ 为直径的圆恰好过点 A？若存在，求

出直线 l 的方程；若不存在，请说明理由.

图 8-5

先求得 $a = 2$，$b = 1$. 上半椭圆 C_1 的方程为 $\dfrac{y^2}{4} + x^2 = 1$（$y \geqslant 0$），假设存在直

线 l，满足题意，易知直线 l 与 x 轴不重合也不垂直，设其方程为 $y = k$（$x-1$）

（$k \neq 0$），由 $\begin{cases} y = k（x-1）, \\ y^2 + 4x^2 = 4, \end{cases}$ 得（k^2+4）$x^2 - 2k^2x + k^2 - 4 = 0$. 设点 P（x_P，

y_P），因为直线 l 过点 B，所以 $1 \cdot x_P = \dfrac{k^2-4}{k^2+4}$，从而 $y_P = \dfrac{-8k}{k^2+4}$，即点 P

$\left(\dfrac{k^2-4}{k^2+4}, \dfrac{-8k}{k^2+4}\right)$. 由 $\begin{cases} y = k（x-1）, \\ y = -x^2+1, \end{cases}$ 得 $x^2 + kx - k - 1 = 0$，$1 \cdot x_Q = -k - 1$，$y_Q =$

$-k^2 - 2k$，即点 Q（$-k-1$，$-k^2-2k$）. 又点 A（-1，0），所以 $\overrightarrow{AP} =$

$\left(\dfrac{2k^2}{k^2+4}, \dfrac{-8k}{k^2+4}\right)$，$\overrightarrow{AQ} =$（$-k$，$-k^2-2k$）. 因为以 PQ 为直径的圆恰好过点 A，

所以 $AP \perp AQ$，即 $\overrightarrow{AP} \cdot \overrightarrow{AQ} = 0$，代值化简得 $\dfrac{-2k^2}{k^2+4}[k - 4（k+2）] = 0$，因为 $k \neq 0$，

所以 $k - 4（k+2）= 0$，解得 $k = -\dfrac{8}{3}$. 经验证满足题意，即假设成立，写出 l

的方程.

评析：本题中"以 PQ 为直径的圆恰好过点 A"，可转化为"$\angle PAQ$ 为直角"，进而利用 $\overrightarrow{AP} \cdot \overrightarrow{AQ} = 0$（点 A 异于 P，Q 两点）求解.

二、参数的存在性问题

例3 如图 8 – 6，椭圆 E：$\dfrac{x^2}{a^2} + \dfrac{y^2}{b^2} = 1$（$a > b > 0$）的离心率是 $\dfrac{\sqrt{2}}{2}$，点 P（0，1）在短轴 CD 上，且 $\overrightarrow{PC} \cdot \overrightarrow{PD} = -1$. 设 O 为坐标原点，过点 P 的动直线与椭圆交于 A，B 两点. 是否存在常数 λ，使得 $\overrightarrow{OA} \cdot \overrightarrow{OB} + \lambda \overrightarrow{PA} \cdot \overrightarrow{PB}$ 为定值？若存在，求 λ 的值；若不存在，请说明理由.

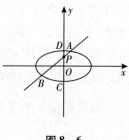

图 8 – 6

假设存在 λ 值满足题意. 求得椭圆 E 的方程为 $\dfrac{x^2}{4} + \dfrac{y^2}{2} = 1$. ①当直线 AB 的斜率存在时，设直线 AB 的方程为 $y = kx + 1$，点 A（x_1，y_1），B（x_2，y_2），由 $\begin{cases} y = kx + 1, \\ x^2 + 2y^2 = 4, \end{cases}$ 得（$2k^2 + 1$）$x^2 + 4kx - 2 = 0$，$\Delta = 8$（$4k^2 + 1$）> 0，$x_1 + x_2 = \dfrac{-4k}{2k^2 + 1}$，$x_1 x_2 = \dfrac{-2}{2k^2 + 1}$，从而 $\overrightarrow{OA} \cdot \overrightarrow{OB} + \lambda \overrightarrow{PA} \cdot \overrightarrow{PB} = $（$1 + \lambda$）（$1 + k^2$）$x_1 x_2 + k$（$x_1 + x_2$）$+ 1$，代入两根之和、两根之积，化简可得 $-\dfrac{\lambda - 1}{2k^2 + 1} - \lambda - 2$. 当且仅当 $-\lambda + 1 = 0$，即 $\lambda = 1$ 时，取到定值 -3. ②当直线 AB 的斜率不存在时，直线 AB 即为直线 CD，此时 $\overrightarrow{OA} \cdot \overrightarrow{OB} + \lambda \overrightarrow{PA} \cdot \overrightarrow{PB} = -3$ 也成立. 综上所述，假设成立，存在常数 $\lambda = 1$.

评析：本题中 k 为参数，λ 为待定未知数，最终定值与 k 的取值没有关系，因此对于 $\overrightarrow{OA} \cdot \overrightarrow{OB} + \lambda \overrightarrow{PA} \cdot \overrightarrow{PB}$ 的表达式 $\dfrac{(-2\lambda - 4) k^2 + (-2\lambda - 1)}{2k^2 + 1}$，也可以这样求定值：设 $\dfrac{(-2\lambda - 4) k^2 + (-2\lambda - 1)}{2k^2 + 1} = m$，则（$-2\lambda - 4$）$k^2 + (-2\lambda - 1) = 2mk^2 + m$，只需 $\begin{cases} -2\lambda - 4 = 2m, \\ -2\lambda - 1 = m, \end{cases}$ 解得 $\lambda = 1$，$m = -3$.

例 4 如图 8-7，设中心在原点，焦点在 x 轴上的椭圆 E 过点 $\left(1, \frac{\sqrt{3}}{2}\right)$，且离心率为 $\frac{\sqrt{3}}{2}$，F 为椭圆 E 的右焦点，P 为椭圆 E 上一点，$PF \perp x$ 轴，圆 F 的半径为 PF. 若直线 l：$y = k(x - \sqrt{3})$ $(k > 0)$ 与圆 F 交于 A，B 两点，与椭圆 E 交于 C，D 两点，其中点 A，C 在第一象限，是否存在 k 使 $|AC| = |BD|$？若存在，求 l 的方程；若不存在，说明理由.

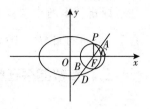

图 8-7

假设存在 k 满足题意，求得椭圆 E 的方程为 $\frac{x^2}{4} + y^2 = 1$，圆 F 的方程为 $(x - \sqrt{3})^2 + y^2 = \frac{1}{4}$. 由点 A，B 在圆上得 $|AF| = |BF| = |PF| = \frac{1}{2}$，设点 $C(x_1, y_1)$，$D(x_2, y_2)$，可得 $|CF| = 2 - \frac{\sqrt{3}}{2}x_1$，同理 $|DF| = 2 - \frac{\sqrt{3}}{2}x_2$，若 $|AC| = |BD|$，则 $|AC| + |BC| = |BD| + |BC|$，即 $|AB| = |CD| = 1$，又 $|CD| = |CF| + |DF| = 4 - \frac{\sqrt{3}}{2}(x_1 + x_2) = 1$，由 $\begin{cases} y = k(x - \sqrt{3}), \\ x^2 + 4y^2 = 4, \end{cases}$ 得 $(4k^2 + 1)x^2 - 8\sqrt{3}k^2 x + 12k^2 - 4 = 0$，所以 $x_1 + x_2 = \frac{8\sqrt{3}k^2}{4k^2 + 1}$，所以 $4 - \frac{12k^2}{4k^2 + 1} = 1$，得 $4k^2 = 4k^2 + 1$ 无解，故 k 不存在.

评析：本题从两个不同的角度定义了弦长 CD. 一个角度是圆的直径，另一个角度是椭圆的焦点弦.

三、某种图形的特点存在性问题

例 5 如图 8-8，椭圆 C：$9x^2 + y^2 = m^2$ $(m > 0)$，直线 l 不过原点 O 且不平行于坐标轴，l 与椭圆 C 有两个交点 A，B，线段 AB 的中点为 M. 若直线 l 过点 $\left(\frac{m}{3}, m\right)$，延长线段 OM 与椭圆 C 交于点 P，四边形 $OAPB$ 能否为平行四边形？若能，求此时 l 的斜率；若不能，说明理由.

设直线 l 为 $y = kx + b$ $(k \neq 0, b \neq 0)$，点 $A(x_1,$

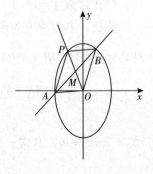

图 8-8

y_1），B（x_2，y_2），M（x_M，y_M），由 $\begin{cases} y = kx + b, \\ 9x^2 + y^2 = m^2, \end{cases}$ 得 $(k^2 + 9)$ $x^2 + 2kbx + b^2 -$

$m^2 = 0$，$x_M = \dfrac{x_1 + x_2}{2} = \dfrac{-kb}{k^2 + 9}$，$y_M = kx_M + b = \dfrac{9b}{k^2 + 9}$，于是直线 OM 的斜率 $k_{OM} = \dfrac{y_M}{x_M}$

$= -\dfrac{9}{k}$，即 $k_{OM} \cdot k = -9$. 假设四边形 $OAPB$ 能为平行四边形. 因为直线 l 经过

点 $\left(\dfrac{m}{3}, m \right)$（该点在椭圆外的第一象限内），直线 l 不过原点 O 且与椭圆 C 有两

个交点，则 $k > 0$ 且 $k \neq 3$. 直线 OM 为 $y = -\dfrac{9}{k}x$. 由 $\begin{cases} y = -\dfrac{9}{k}x, \\ 9x^2 + y^2 = m^2, \end{cases}$ 得 $x_P^2 =$

$\dfrac{k^2 m^2}{9k^2 + 81}$，即 $x_P = \dfrac{\pm km}{3 \sqrt{k^2 + 9}}$，将点 $\left(\dfrac{m}{3}, m \right)$ 的坐标代入直线 l 的方程，得 $b =$

$\dfrac{m (3 - k)}{3}$，因此 $x_M = \dfrac{k (k - 3) m}{3 (k^2 + 9)}$. 四边形 $OAPB$ 为平行四边形当且仅当线段

AB 与线段 OP 互相平分，即 $x_P = 2x_M$，即 $\dfrac{\pm km}{3 \sqrt{k^2 + 9}} = 2 \cdot \dfrac{k (k - 3) m}{3 (k^2 + 9)}$，解得 $k =$

$4 \pm \sqrt{7}$，满足 $k > 0$，$k \neq 3$. 故假设成立，当 $k = 4 \pm \sqrt{7}$ 时，四边形 $OAPB$ 为平行四边形.

评析：本题中四边形 $OAPB$ 为平行四边形，当且仅当线段 AB 与线段 OP 互相平分（点 M 为对角线 AB 与 OP 的交点），即 $\overrightarrow{OP} = 2\overrightarrow{OM}$，$x_P = 2x_M$ 时成立，成功将判断四边形是否为平行四边形问题转化为向量等式是否成立问题，即坐标运算问题. 由于 $k > 0$ 且 $k \neq 3$，只需观察求得的 k 值是否在此范围内，在范围内则存在，否则就不存在.

以上探索性问题，其格式基本上是："是否存在……，满足……. 若存在，则求出……；若不存在，说明理由."而答题格式大致为："假设存在……，满足……."下面顺着假设进行推理论证，能够推出，则存在，推不出来，说明假设不成立，解题过程就是理由.

第九章

计数原理

不同元素"分组分配"

将不同元素放在某些位置或分给某些人，往往是先分组后分配．在分组时，通常有三种类型：不均匀分组，均匀分组，部分均匀分组．由于不同分组方法的差异，存在着不同的解题方法，对于均匀分组和部分均匀分组，为了避免重复，需要遵循"有多少均匀就要除以多少阶乘"的原则，对于不均匀分组则不需要．

例1 某港商计划在广州、佛山、肇庆、江门 4 个候选城市投资 3 个不同的项目，且在同一个城市投资的项目不超过 2 个，则该港商不同的投资方案有多少种？

按投资项目多少分类：第一类，3 个项目投资在 3 个城市，一个城市一个，按 1，1，1 分组，有 $\dfrac{C_3^1 C_2^1 C_1^1}{A_3^3} \cdot A_4^3 = 24$ 种投法；第二类，3 个项目投资在 2 个城市，按 2，1 分组，有 $C_3^2 C_1^1 A_4^2 = 36$ 种投法．共有 $24 + 36 = 60$ 种不同的投资方案．

例2 安排 3 名志愿者完成 4 项工作，每人至少完成 1 项，每项工作由 1 人完成，则不同的安排方法共有多少种？

把 4 项工作分成 3 组，即 2，1，1，有 $\dfrac{C_4^2 C_2^1 C_1^1}{A_2^2} \cdot A_3^3 = 36$ 种不同的安排方法．

例3 将 7 名学生分配到甲、乙两个宿舍中，每个宿舍至少安排 2 名学生，则互不相同的安排方法有_____种．

按学生多少分类：第一类，将 7 名学生安排到 2 个宿舍，按 5，2 分组，有 $C_7^2 C_5^5 A_2^2 = 42$ 种分法；第二类，将 7 名学生安排到 2 个宿舍，按 4，3 分组，有 $C_7^4 C_3^3 A_2^2 = 70$ 种分法．共有 $42 + 70 = 112$ 种不同安排方法．

例4 将甲、乙、丙、丁、戊五位同学分别保送北大、上海交大、浙大三所大学，若每所大学至少保送 1 人，且甲不能保送到北大，则不同的保送方案共有_____种．

先分步：第一步，同学甲只能从上海交大、浙大选一所，有 C_2^1 种保法．第二步，分三类：①甲选的大学仅甲一人，则乙、丙、丁、戊四位同学按 2，2 分组，分给另外两所大学，有 $\dfrac{C_4^2 C_2^2}{A_2^2} \cdot A_2^2 = 6$ 种保法；②甲选的大学仅甲一人，则乙、丙、丁、戊四位同学按 3，1 分组，有 $C_4^3 C_1^1 \cdot A_2^2 = 8$ 种保法；③甲选的大学不只甲一人，则乙、丙、丁、戊四位同学按 2，1，1 分组，有 $\dfrac{C_4^2 C_2^1 C_1^1}{A_2^2} \cdot A_3^3 = 36$ 种保法. 共有 $C_2^1 (6 + 8 + 36) = 100$ 种不同的保送方案.

例 5 （多选）某医院派出甲、乙、丙、丁四名医生到 A，B，C 三家企业开展流感防护排查工作，每名医生只能到一家企业工作，则下列结论正确的是（　　）.

A. 所有不同分派方案共 4^3 种

B. 若每家企业至少分派 1 名医生，则所有不同分派方案共 36 种

C. 若每家企业至少分派 1 名医生，且医生甲必须到 A 企业，则所有不同分派方案共 12 种

D. 若 C 企业最多分派 1 名医生，则所有不同分派方案共 48 种

对于 A，分四步：第一步，甲有 C_3^1 种分法；第二步，乙有 C_3^1 种分法；第三步，丙有 C_3^1 种分法；第四步，丁有 C_3^1 种分法，由分步乘法计数原理知共有 $\left(C_3^1 \right)^4 = 3^4 = 81$ 种不同的分派方案，故 A 错误. 对于 B，分两步：第一步，先将甲、乙、丙、丁四名医生按 2，1，1 分组；第二步，再分派给 3 家企业，由分步乘法计数原理知共有 $\dfrac{C_4^2 C_2^1 C_1^1}{A_2^2} \cdot A_3^3 = 36$ 种不同分派方案，故 B 正确. 对于 C，分两步：第一步，先将甲分派到 A 企业，有 C_1^1 种分法. 第二步，对于乙、丙、丁三人，分派方案有两类：第一类是 A 企业只有甲一人，乙、丙、丁三人按 2，1 分组，在 B，C 企业分派，有 $C_3^2 C_1^1 A_2^2 = 6$ 种分法；第二类是 A 企业不只甲一人，乙、丙、丁三人按 1，1，1 分组，有 $\dfrac{C_3^1 C_2^1 C_1^1}{A_3^3} A_3^3 = 6$ 种分法. 由分步乘法、分类加法计数原理知共有 $C_1^1 (6 + 6) = 12$ 种不同分派方案，故 C 正确. 对于 D，分两类：第一类，当 C 企业只有 1 名医生时，C 企业有 C_4^1 种分法，余下的 3 人，分别有 C_2^1 种分法，该类有 $C_4^1 \left(C_2^1 \right)^3 = 32$ 种分法；第二类，当 C 企业没有分派医生时，对于甲、乙、丙、丁四名医生均有 C_2^1 种分法，即有 $\left(C_2^1 \right)^4 = 16$ 种分法. 由分类加法计数原理知共有 $32 + 16 = 48$ 种不同的分派方案，故 D 正确.

相同元素"隔板"

隔板法又称插板法，就是在 n 个相同元素间的 $n-1$ 个空中插入 $k-1$ 个板子，即把 n 个元素分成 k 组的方法. 隔板法必须满足三个条件：①这 n 个元素必须相同；②所分成的每一组至少分得一个元素；③分成的组别彼此相异. 隔板法是组合数学的方法，常用来处理名额分配、指标下达、投球入箱、相同物体分配、多元一次不定方程正整数解的个数等问题.

一、"每个接收单位至少接收一个名额"的问题

将 n 个名额看作 n 个完全相同的小球，把 n 个小球排成一排，使用 $k-1$ 个隔板将其分成 k 组，分给相应的 k 组接收单位.

例 1　某市教委准备在当地的九所重点中学选派 12 名优秀青年教师参加在职培训，每所学校至少一个名额，求不同的分配方案的种数.

使 12 个人站成一排，每所学校至少要 1 人，从 11 个空中插入 8 个隔板分成 9 组，共有 $C_{11}^8 = 165$ 种不同的分配方案.

二、"每个接收单位并非至少接收一个名额"的问题

这种情况需要根据题设信息，在用隔板分组之前，先补上部分要求，进而转化为"每个接收单位至少接收一个名额"的情形.

例 2　体育教师把 9 个相同的足球放入编号为 1，2，3 的三个箱子中，要求每个箱子放足球的个数不少于其编号，则不同的放法有_____种.

先在编号为 2 的箱子中放入 1 个，编号为 3 的箱子中放入 2 个足球，这样原问题就转化为："体育教师将 6 个相同的足球放入编号为 1，2，3 的三个箱子中，求每个箱子中至少放一个足球的不同放法种数."类同例 1，有 $C_5^2 = 10$ 种不同的放法.

三、多元一次不定方程正整数解的个数问题

考虑 $x_1 + x_2 + x_3 + \cdots + x_n = r$ 的正整数解，将正整数 r 看作 r 个相同的小球，排成一排，在 $r-1$ 个空中插入 $n-1$ 个隔板分成 n 组，自左至右分给相应的 x_1，x_2，x_3，$\cdots$，x_n，C_{r-1}^{n-1} 的值即为解的个数，该种类型重在"转化"和"看成".

例 3 求方程 $x + y + z = 10$ 的正整数解的个数.

将其看作将 10 个完全相同的小球排成一排，从中间形成的 9 个空隙中插入 2 个隔板，分成的左、中、右三部分的球数分别为 x，y，z 的值，则解的个数为 $C_9^2 = 36$.

四、"有的单位接收不到名额"的问题

如果有的接收单位收不到名额，可以补上一个"虚"名额.

例 4 某市教委准备在当地的六所重点中学选派 10 名优秀青年教师参加在职培训，如果允许部分学校没有名额，求不同的分配方案的种数.

该规定可能导致部分中学一个名额也没有分配到，不妨先给每所学校补上一个"虚"名额，原题可转化为："某市教委准备在当地的六所重点中学选派 16 名优秀青年教师参加在职培训，每所学校至少一个名额，求不同的分配方案的种数."仿照例 1，可知共有 $C_{15}^5 = 3003$ 种分配方案.

五、相同元素分组分配未用到隔板法

这种情况是根据题设要求，把所有的可能分组都罗列出来，将给出的相同元素分给不同的接收单位，重在如何"分配"，此前的"隔板"重在如何"分组".

例 5 将 8 块完全相同的巧克力分配给 A，B，C，D 四人，每人至少分到 1 块且最多分到 3 块，则不同的分配方案共有_____种.

先取 4 块，给 A，B，C，D 每人一块，由于每人最多分 3 块，将余下的 4 块按以下三种情况进行分配：第一类是 0，0，2，2，有 C_4^2 种分法；第二类是 0，1，1，2，有 $\dfrac{1}{2}A_4^3$ 种分法；第三类是 1，1，1，1，有 1 种分法，由分类加法计数原理知共有 19 种不同的分法.

评析：其中 C_4^2 表示从 A，B，C，D 四人中选 2 人，分别给 2 块，2 块；A_4^3 表示从 A，B，C，D 四人中选 3 人，分别给 1 块，1 块，2 块，因为有两组均

匀，所以除以 A_2^2，即乘 $\frac{1}{2}$.

通过以上各种情形的例析，可以看出"隔板法"的应用是有条件的，即要求有 n 个相同元素，每组至少一个元素，组别存在差异．当然，相同元素的分组分配问题并非只有隔板法能加以解决，针对有"特殊"要求的，也可以先进行分类讨论，穷尽所有分组可能，再分配给接收单位．

相邻元素"捆绑"

题目中规定几个元素相邻,不妨将它们捆绑在一起,看作一个元素,先与其他元素一起进行排列,最后再考虑捆绑部分内部的排列.

例1 在某跳水运动员的一项跳水实验中,先后要完成6个动作,其中动作 P 只能出现在第一步或最后一步,动作 Q 和 R 实施时必须相邻,则动作顺序的编排方法共有_____种.

将动作 Q 和 R 捆绑在一起看成一个动作,若动作 P 出现在第一步,则有 $A_4^4A_2^2$ 种排法,若动作 P 出现在最后一步,也有 $A_4^4A_2^2$ 种排法,共有 $2A_4^4A_2^2=96$ 种编排方法.

例2 由 1,2,3,4,5 组成没有重复数字的五位数,其中 1,3 之间恰有两个偶数,则这样的五位数有_____个.

分三步:先排列 1,3,有 A_2^2 种排法;因为 2,4 在 1,3 之间,则 2,4 有 A_2^2 种排法;5 只能在最左边或最右边,则 5 有 C_2^1 种排法.由分步乘法计数原理知共有 $A_2^2A_2^2C_2^1=8$ 个.

(另解)先把 1,2,3,4 当作一个整体看作一个元素与 5 进行排列,有 A_2^2 种排法,再排整体内部 1,3 与 2,4,两者都有 A_2^2 种排法,共有 $A_2^2A_2^2A_2^2=8$ 种排法.

例3 停车场划出一排 12 个停车位置,今有 8 辆车需要停放,要求空车位置连在一起,不同的停车方法有多少种?

先将空位捆绑,再排 8 辆车,有 A_8^8 种排法,然后在每两辆车之间及其两端的 9 个空当中任选一个,将捆绑在一起的空车位置插入,有 C_9^1 种方法,由分步乘法计数原理知共有 $A_8^8C_9^1=362880$ 种不同的停车方法.

相离元素"插空"

元素相离问题，也称不相邻问题，可先把无位置要求的几个元素全排列，再把规定相离的几个元素插入上述几个元素的空位和两端．

例1 3个人坐在一排8个椅子上，若每个人左右两边都有空位，则不同坐法有多少种？

椅子为相同元素，不需要排序，而人是不同元素，则需要排序．先拿出5把椅子排成一排，在5把椅子中间出现4个空位，再让3个人每人带一把椅子去插空，共有 $A_4^3 = 24$ 种不同的坐法．

例2 马路上有编号为1，2，3，…，9的九盏路灯，现要关掉其中的三盏，但不能关掉相邻的两盏或两端的两盏，则不同的关灯方案有多少种？

路灯为相同元素，亮着的灯和关掉的灯均不需要排序．从马路上6盏亮灯的5个空位中任选3个分别插入3盏已关掉的路灯，应有 $C_5^3 = 10$ 种不同的关灯方案．

例3 高三年级有3名男生和3名女生共六名学生排成一排照相，要求男生互不相邻，女生也互不相邻，且男生甲和女生乙必须相邻，则这样的不同排法有_____种．

分两类：男女男女男女，女男女男女男．第一类：六名学生按男女男女男女排列，则男生甲在最左边的位置时，女生乙只能在其右侧，有1种情况，剩下的2名男生和2名女生都有 A_2^2 种情况，此时有4种安排方法；男生甲不在最左边的位置时，甲有 C_2^1 种情况，女生乙可以在其左侧或右侧，有2种情况，剩下的2名男生和2名女生都有 A_2^2 种情况，此时有16种安排方法．该类共有 $4 + 16 = 20$ 种安排方法．第二类：六名学生按女男女男女男排列，同理，也有20种安排方法．由分类加法计数原理知共有40种不同排法．

特殊元素、特殊位置"优先"

某个或几个元素"要"或"不要"排在指定位置，可本着元素优先的原则先处理这个或几个元素，再排其他的元素；也可本着位置优先的原则，先把特殊位置安排好，再排其他位置.

一、位置优先

从特殊位置入手，先让特殊位置满足条件，再考虑其他没有要求的位置.

例1 某单位准备用不同花色的装饰石料分别装饰办公室、走廊、大厅的地面及办公楼的外墙，现有编号为1到6的6种不同花色的石料可选择，其中1号石料有微量的放射性，不可用于办公室内，则不同的装饰效果有＿＿＿＿＿＿种.

本着特殊位置优先原则，先给办公室选装修材料，有 C_5^1 种选法；走廊、大厅、外墙从剩余的5种材料中选取3种进行装修，有 A_5^3 种选法，则共有 $C_5^1 A_5^3$ =300种不同的装饰效果.

例2 用0，1，2，3，4，5六个数字可以组成多少个无重复数字的六位奇数？

根据位置优先原则，首先考虑个位数字的位置，需要从1，3，5中任选一个放入，有 C_3^1 种放法；其次考虑首位数字的位置，除去0和已选放数字，从其他四个数字中任选一个放入，有 C_4^1 种放法，最后中间的四个位置放入剩余的四个数字，有 A_4^4 种放法，由分步乘法计数原理知可以组成 $C_3^1 C_4^1 A_4^4$ =288个无重复数字的六位奇数.

二、元素优先

从特殊元素入手，先让特殊元素满足条件，再考虑其他没有要求的元素.

例3 4个不同的小球全部放入编号为1，2，3，4的四个盒中，若甲球只能放入第2或3号盒，而乙球不能放入第4号盒，则不同的放法有＿＿＿＿＿＿种.

根据元素优先原则，先安排甲、乙. 分两类：第一类，甲在第2号盒的时候，乙可以在第 1，2，3 号盒，丙、丁可以在第 1，2，3，4 号盒，所以有 $C_3^1 C_4^1 C_4^1 = 48$ 种不同的放法；第二类，甲在第 3 号盒的时候，与上述情况相同．因此共有 $48 + 48 = 96$ 种不同的放法．

例4 甲、乙、丙、丁、戊 5 名志愿者参加进小区送温暖志愿活动，现有 A，B，C 三个小区可供选择，每个志愿者只能选其中一个小区，且每个小区至少有一名志愿者，其中甲不在 A 小区的不同安排方法有_____种．

本着特殊元素优先原则，甲不在 A 小区，可分两类：第一类，甲去 B 小区，则其余四人可能分为 2，2 或 3，1 两组分别去 A，C 小区，或者分为 2，1，1 三组分别去 A，B，C 小区，则有 $\dfrac{C_4^2 C_2^2}{A_2^2} \cdot A_2^2 + C_4^3 C_1^1 A_2^2 + \dfrac{C_4^2 C_2^1 C_1^1}{A_2^2} \cdot A_3^3 = 50$ 种安排方法；第二类，甲去 C 小区，与上述情况相同．共有 $50 + 50 = 100$ 种不同的安排方法．

以上例题解析本着特殊元素、特殊位置优先的原则进行考虑，当然这只是相对的，有时候也可以利用间接法化解问题．

例5 从 6 名短跑运动员中选出 4 人参加 $4 \times 100\text{m}$ 接力赛，甲不跑第一棒和第四棒，共有多少种不同的参赛方案？

位置优先：先考虑第一棒和第四棒，这两棒可以从除甲外的 5 人中选 2 人，有 A_5^2 种排法，其余两棒从剩余 4 人中选，有 A_4^2 种排法，由分步乘法计数原理知共有 $A_5^2 A_4^2 = 240$ 种不同的参赛方案．

元素优先：先考虑甲，分两类：第一类，甲不参赛，有 $A_5^4 = 120$ 种参赛方案；第二类，甲参赛，优先安排甲在第二棒或第三棒，有 C_2^1 种排法，然后安排其他三棒，有 A_5^3 种排法，该类有 $C_2^1 A_5^3 = 120$ 种参赛方案．由分类加法计数原理知共有 240 种不同的参赛方案．

间接法：不考虑甲的限制条件，有 A_6^4 种安排方法，甲跑第一棒或第四棒有 $C_2^1 A_5^3$ 种安排方法，所以甲不跑第一棒和第四棒的参赛方案共有 $A_6^4 - C_2^1 A_5^3 = 240$ 种．

至多至少问题的"直接"与"间接"

对于有限制条件的问题，尤其是"至多""至少"问题，直接进行分类或分步比较烦琐，根据正难则反的观点，可以先从总体上考虑，最后再把不符合条件的所有情况去掉.

一、直接与间接进行比较

例1 从 10 名大学毕业生中选三人担任某企业总经理助理，求甲、乙至少有一人入选，而丙没有入选的不同选法的种数.

（直接法）丙未入选，分两类：甲、乙中有一人入选，有 $C_2^1 C_7^2 = 42$ 种选法；甲、乙两人全入选，有 $C_2^2 C_7^1 = 7$ 种选法. 共有 $42 + 7 = 49$ 种不同的选法.

（间接法）总体考虑，丙未入选，有 C_9^3 种选法，其中不含甲、乙的有 C_7^3 种选法，则共有 $C_9^3 - C_7^3 = 84 - 35 = 49$ 种不同的选法.

例2 甲、乙等 6 人按要求站成一排，其中甲不在最左边，乙不在最右边，不同站法共有多少种？

（直接法）分两类：甲在最右边，其他 5 人有 A_5^5 种站法；甲不在最右边，乙也不在最右边，最右边有 C_4^1 种站法，最左边除了甲和已经安排在最右边的 1 人外有 C_4^1 种站法，余下的 4 人在中间的 4 个位置进行全排列，有 A_4^4 种站法，共有 $A_5^5 + C_4^1 C_4^1 A_4^4 = 504$ 种不同站法.

（间接法）6 人进行全排列有 A_6^6 种站法，甲在最左边的站法有 A_5^5 种，乙在最右边的站法有 A_5^5 种，以上两种站法重复了 A_4^4 种，共有 $A_6^6 - 2A_5^5 + A_4^4 = 504$ 种不同站法.

二、根据情况自行选择

并非所有含有"至多""至少"的排列组合题都能同时用"直接法"和"间接法"，应因题而异，以下情况可以选择其一.

例3 甲、乙、丙三人站到共有7级的台阶上，若每级台阶至多站2人，同一级台阶上的人不区分站的位置，则不同的站法有_____种.

（直接法）分两类：每个台阶站1人，有 $A_7^3 = 210$ 种站法；有一个台阶站2人，另一个台阶站1人，有 $C_3^2 C_1^1 A_7^2 = 126$ 种站法，共有 $210 + 126 = 336$ 种不同的站法.

例4 湖中有四个小岛，它们的位置恰好近似构成正方形的四个顶点，若要修建起三座桥将这四个小岛连接起来，则不同的建桥方案有_____种.

（间接法）四岛之间可以架设6座桥，从中任选3座，有 C_6^3 种情况，去掉不能将四岛连接的 C_4^3 种情况，共有 $C_6^3 - C_4^3 = 16$ 种不同的建桥方案.

定序问题的排法

在排列问题中限制某几个元素必须保持一定的顺序，常用缩小倍数的方法，即缩倍法．有时也会用到插空法或空位法．

例1 百米决赛有6名运动员，每个运动员速度都不同，则A比F先到终点共有_____种不同情况．

A比F先到终点和F比A先到终点的排法数相同，占6人的全排列数的一半，即有$\frac{1}{2}A_6^6 = 360$种不同情况．

例2 用1，2，3，4，5，6，7组成没有重复数字的七位数，若1，3，5，7的顺序一定，则有多少个七位数符合条件？

因为1，2，3，4，5，6，7的全排列中已经包含了1，3，5，7的全排列，又因为1，3，5，7的顺序一定且只有一种情况，即需要保留一种顺序，所以有$\frac{A_7^7}{A_4^4} = 210$个七位数符合条件．

例3 若把英语单词good的字母顺序写错了，则可能出现的错误共有多少种？

英文字母g，o，o，d的全排列中只有一种写法是正确的，而两个o是相同的，所以英语单词good的字母顺序写错的种数为$\frac{1}{2}A_4^4 - 1 = 11$.

例4 书架上某层有6本不同的书，新买了3本不同的书插进去，要保持原来的6本书的顺序不变，则有多少种插法？

看作9个位置，任选三个给3个新元素，即$A_9^3 = 504$种不同的方法，剩下的6个位置给原先的6个元素，只有一种顺序．

例5 8人站成前后两排，每排4人，其中甲、乙两人必须在前排，丙在后排，则共有多少种不同的排法？

甲、乙、丙三个元素比较特殊，先考虑，则不同的排法有$A_4^2 A_4^1 A_5^5 = 5760$种．

行程最短问题

行程最短问题,就是按照给出的路程和方向,以最优方案直着往前走,不迂回.

例1 西安古城中南北向共有 9 条街道,东西向有 12 条街道,被称为"九衢十二条",整齐的街道把唐长安城划分成了 108 坊,各坊有围墙包围.如图 9 – 1,从延平门 M 进城到安化门 N 出城,最近的不同路线共有_____条.

如图 9 – 1,从延平门 M 到安化门 N,要走最近路线,只能横向往右走 2 步,纵向往下走 4 步,即有 $C_6^2 = 15$ 条不同路线.

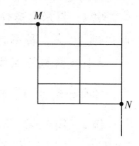

图 9 – 1

评析: 古城的四周城墙下边内侧无通道,从延平门 M 入,从安化门 N 出,不论如何行走,都要右走 2 条街道、下走 4 条街道,属于行程最短问题.

例2 某城市的交通道路如图 9 – 2,从城市的西南角 A 到城市的东北角 B,不经过十字道路维修处 C,最近的走法有_____种.

从城市的西南角 A 到城市的东北角 B,最近的走法有 $C_9^4 = 126$ 种,从城市的西南角 A 到十字道路维修处 C,最近的走法有 $C_5^2 = 10$ 种,从 C 到城市的

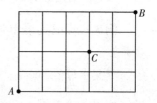

图 9 – 2

东北角 B,最近的走法有 $C_4^2 = 6$ 种,所以从城市的西南角 A 到城市的东北角 B,不经过十字道路维修处 C,最近的走法共有 $126 - 10 \times 6 = 66$ 种.

涂色问题

对于涂色问题，主要有两种处理方式：一是按相邻区域多少；二是按所用颜色多少．其理论依据为两个计数原理：分类加法计数原理和分步乘法计数原理．其数学思想是转化和化归，需要关心的是所给颜色是否用完．常见的类型有区域涂色、点涂色、线段涂色、面涂色等．通常按区域涂色加以探究．

一、按相邻区域多少涂

从相邻区域不同色的角度进行涂色．

例 用五种颜色给如图 $9-3\sim9-9$ 所示的区域涂色，要求一空涂一色，相邻不同色，允许同一颜色多次使用，有多少种不同的涂法？

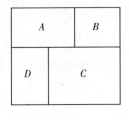

图 9 – 3

如图 $9-3$，对 A，B，C，有 $A_5^3=60$ 种涂法．对 D，分两种情况：当 D 与 B 同色时，有 1 种涂法；当 D 与 B 不同色时，有 $C_2^1=2$ 种涂法．由分步乘法和分类加法计数原理知，有 $60\times(1+2)=180$ 种不同涂法．

图 $9-3$ 也可以画成图 $9-4$ 的两种形式：

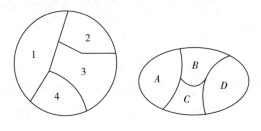

图 9 – 4

如图 9 – 5，对 A，B：有 $A_5^2 = 20$ 种涂法．对 C，分两种情况：①当 C 与 A 同色时，有 1 种涂法．当 D 与 B 相同时，有 1 种涂法；当 D 与 B 不相同时，有 $C_3^1 = 3$ 种涂法．②当 C 与 A 不同色时，有 $C_3^1 = 3$ 种涂法．当 D 与 B 相同时，有 1 种涂法；当 D 与 B 不相同时，有 $C_2^1 = 2$ 种涂法．由分步乘法和分类加法计数原理知，有 $20 \times [1 \times (1 + 3) + 3 \times (1 + 2)] = 260$ 种不同涂法．

如图 9 – 6，对 A，B，E，有 $A_5^3 = 60$ 种涂法．

对 C，分两种情况：①当 C 与 A 同色时，有 1 种涂法．对 D：与 B 同色时，有 1 种涂法；与 B 不同色时，有 $C_2^1 = 2$ 种涂法．②当 C 与 A 不同色时，有 $C_2^1 = 2$ 种涂法．对 D：与 B 相同时，有 1 种涂法；与 B 不相同时，有 $C_1^1 = 1$ 种涂法．由分步乘法和分类加法计数原理知，有 $60 \times [1 \times (1 + 2) + 2 \times (1 + 1)] = 420$ 种不同涂法．

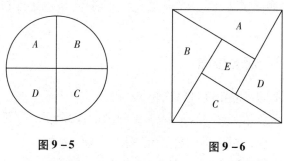

图 9 – 5　　　　　　　　图 9 – 6

图 9 – 6 也可以画成图 9 – 7 的两种形式：

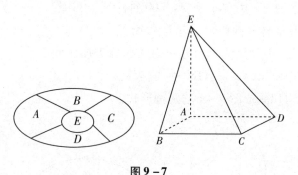

图 9 – 7

如图 9 – 8，对 A，B，C，有 $A_5^3 = 60$ 种涂法．对 D，只需与 C 不同色，有 $C_4^1 = 4$ 种．由分步乘法计数原理知，有 $60 \times 4 = 240$ 种不同涂法．

如图 9 – 9，对 A，C，有 $A_5^2 = 20$ 种涂法．对 B，只需与 C 不同色，有 C_4^1 种涂法．对 D，也是只需与 C 不同色，有 $C_4^1 = 4$ 种涂法．由分步乘法计数原理知，有 $20 \times 4 \times 4 = 320$ 种不同涂法．

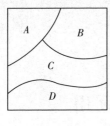

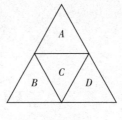

图 9 – 8   图 9 – 9

评析： 一般情况下，相邻区域多的优先涂，不相邻的区域有两种可能：同色或不同色．总体情况是先分步，步中再分类．

二、按使用颜色多少涂

对于上述图形，从使用颜色多少的角度加以分析．

如图 9 – 7，使用 5 种颜色，有 $A_5^5 = 120$ 种涂法；使用 4 种颜色，将 AC 看成一个整体，对 AC，B，D，E 进行全排列，或将 BD 看成一个整体，对 BD，A，C，E 进行全排列，有 $2A_5^4 = 240$ 种涂法；使用 3 种颜色，将 AC，BD 分别看成一个整体，对 AC，BD，E 进行全排列，有 $A_5^3 = 60$ 种涂法．由分类加法计数原理知，有 $120 + 240 + 60 = 420$ 种不同涂法．

如图 9 – 9，使用 4 种颜色，有 $A_5^4 = 120$ 种涂法；使用 3 种颜色，对 AD，B，C 或 BD，A，C 或 AB，D，C 进行全排列，有 $3A_5^3 = 180$ 种涂法；使用 2 种颜色，对 ABD，C 进行全排列，有 $A_5^2 = 20$ 种涂法．由分类加法计数原理知，有 $120 + 180 + 20 = 320$ 种不同涂法．

评析： 一般情况下，上限是最多用几种颜色，下限是最少用几种颜色，总体情况是分类．

二项式的应用

二项式定理：$(a+b)^n = C_n^0 a^n b^0 + C_n^1 a^{n-1} b + C_n^2 a^{n-2} b^2 + \cdots + C_n^{n-1} ab^{n-1} + C_n^n a^0 b^n$，通项 $T_{r+1} = C_n^r a^{n-r} b^r$ $(r=0,1,2,\cdots,n)$．

一、直接构造二项式

例1 已知 $x^5 = a_5(2x+1)^5 + a_4(2x+1)^4 + \cdots + a_1(2x+1) + a_0$，求 a_4．

用 $2x+1$ 表示 x^5，即 $x^5 = \dfrac{1}{32}[(2x+1)-1]^5$，则展开式通项为 $T_{r+1} = \dfrac{1}{32} C_5^r (2x+1)^{5-r}(-1)^r$．当 $r=1$ 时，$a_4 = \dfrac{1}{32} \times C_5^1 \times (-1) = -\dfrac{5}{32}$．

例2 已知 $(1+x)^{10} = a_0 + a_1(1-x) + a_2(1-x)^2 + \cdots + a_{10}(1-x)^{10}$，求 a_8．

用 $1-x$ 表示 $(1+x)^{10}$，即 $(1+x)^{10} = [2-(1-x)]^{10}$，则展开式通项为 $T_{r+1} = C_{10}^r 2^{10-r}(1-x)^r(-1)^r$．当 $r=8$ 时，$a_8 = C_{10}^8 2^2 (-1)^8 = 4 \times 45 = 180$．

二、二项式定理的反用

例3 已知 $(x+1)^n$ 的展开式二项式系数和为 128，求 $C_n^0 - C_n^1 2 + C_n^2 4 + \cdots + C_n^n(-2)^n$．

因为 $(x+1)^n$ 的展开式二项式系数和为 128，所以 $2^n = 128$，$n=7$，则 $C_7^0 + C_7^1(-2)^1 + C_7^2(-2)^2 + \cdots + C_7^7(-2)^7 = [1+(-2)]^7 = (-1)^7 = -1$．

例4 求 1.05^6 的近似值（精确到 0.01）．

$1.05^6 = (1+0.05)^6 = 1 + C_6^1 \cdot 0.05 + C_6^2(0.05)^2 + C_6^3(0.05)^3 + \cdots + C_6^6(0.05)^6 = 1 + 6 \times 0.05 + 15 \times (0.05)^2 + 20 \times (0.05)^3 + \cdots + (0.05)^6$，$T_4$ 以后的项可以忽略，所以 $1.05^6 \approx 1 + 0.3 + 0.0375 + 0.0025 = 1.34$．

三、借助二项式定理解决"整除"问题

用二项式定理处理整除问题，通常把底数写成除数（或与除数密切关联的

数）与某数的和或差的形式，再用二项式定理展开.

例5 求 91^{92} 除以 100 的余数.

$91^{92} = (1+90)^{92} = C_{92}^0 90^0 + C_{92}^1 90 + \cdots + C_{92}^{91} 90^{91} + C_{92}^{92} 90^{92} = 1 + 92 \times 90 + (C_{92}^2 90^2 + \cdots + C_{92}^{92} 90^{92})$，因为 $C_{92}^2 90^2 + \cdots + C_{92}^{92} 90^{92}$ 能够被 100 整除，所以 91^{92} 除以 100 的余数等于 $1 + 92 \times 90$ 除以 100 的余数，即 81.

例6 求证：$(1+\sqrt{3})^{2n} + (1-\sqrt{3})^{2n}$ $(n \in \mathbf{N}^*)$ 能被 2^{n+1} 整除.

$(1+\sqrt{3})^{2n} + (1-\sqrt{3})^{2n} = (4+2\sqrt{3})^n + (4-2\sqrt{3})^n = 2^n (2+\sqrt{3})^n + 2^n (2-\sqrt{3})^n = 2^{n+1} \cdot [2^n + C_n^2 2^{n-2}(\sqrt{3})^2 + C_n^4 2^{n-4}(\sqrt{3})^4 + \cdots]$，能被 2^{n+1} 整除.

四、化 $(a+b+c)^n$ $(n \in \mathbf{N}^*)$ 为二项式

例7 求 $(x^2 - x - 2)^6$ 的展开式中 x^2 的系数.

$(x^2 - x - 2)^6 = (x-2)^6 (x+1)^6$，在 $(x-2)^6$ 的展开式中含 x^2 的项为 $C_6^4 x^2 (-2)^4$，含 x 的项为 $C_6^5 x (-2)^5$，常数项为 $C_6^6 (-2)^6$；在 $(x+1)^6$ 的展开式中含 x^2 的项为 $C_6^4 x^2$，含 x 的项为 $C_6^5 x$，常数项为 C_6^6. 故 x^2 的系数为 $C_6^4 (-2)^4 \cdot C_6^6 + C_6^5 (-2)^5 \cdot C_6^5 + C_6^6 (-2)^6 \cdot C_6^4 = 48$.

评析：通常将三项式转化为二项式积的形式，然后利用多项式积的展开式中的特定项（系数）问题的处理方法求解.

变式 求 $(x - 3y + 2)^5$ 的展开式中的常数项及所有不含字母 x 的项的系数之和？

由 $(x - 3y + 2)^5 = [(x-3y) + 2]^5$ 知展开式中的常数项为 $C_5^5 2^5 = 32$；由于 $(x - 3y + 2)^5 = [x + (2-3y)]^5$，令 $x = 0$，$y = 1$，可得所有不含字母 x 的项的系数之和为 $(0 - 3 \times 1 + 2)^5 = -1$.

第十章

概率
统计
分布列

统计图形与特征量

一、直方图与特征量

在频率分布直方图中，众数是小长方形中高度最高的长方形的底部中间值，平均数是各小长方形的面积乘各小长方形底部中间值之积的和，中位数是直方图中面积一半处的底部数值，百分位数的计算方法与中位数类似．如果不做特别说明，同一组数据用该组区间的中点值作为代表．

例1 某大学共有 15000 名学生，为了解学生书籍阅读量情况，该校从全校学生中随机抽取 1000 名，统计他们 2023 年阅读的书籍数量并绘制频率分布直方图（图 10-1），以此来估计该校学生当年阅读书籍数量的情况，下列估计中正确的是（ ）．

A. 众数约为 10

B. 中位数约为 6.5

C. 平均数约为 6.76

D. 该校学生 2023 年阅读的书籍数量的第 60 百分位数约为 7.6

由直方图知众数在区间 $[4, 8)$ 内，所以众数为其中间值 6，故 A 错误；设中位数为 x，由直方图知中位数 x 在区间 $[4, 8)$ 内，所以 $0.06 \times 4 + 0.10 \times (x - 4) = 0.5$，解得 $x = 6.6$，故 B 错误；因为平均数是各组区间的中点值乘该组的频率之和，所以平均数为 $4 \times (2 \times 0.06 + 6 \times 0.10 + 10 \times 0.07 + 14 \times 0.015 + 18 \times 0.005) = 6.88$，故 C 错误；设该校学生 2023 年阅读的书籍数量的第 60 百分位数为 t，由直方图知第 60 百分位数 t 在区间 $[4, 8)$ 内，所以 $0.06 \times 4 + 0.10 \times (t -$

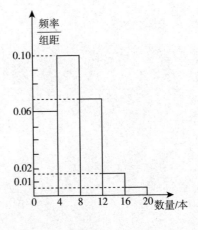

图 10-1

4）$=0.60$，$t=4+\dfrac{0.60-0.24}{0.10}=7.6$，故 D 正确.

类例 （多选）居家学习期间，某学校发起了"畅读经典，欢度新年"活动，根据统计数据可知，该校共有 1200 名学生，所有学生每人每天读书时间均在 $20\sim100$ 分钟之间. 图 10 – 2 是他们的日阅读时间频率分布直方图，则下列结论正确的是（　　）.

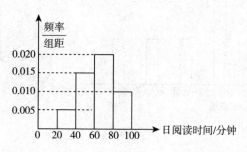

图 10 – 2

A. 该校学生日阅读时间的众数约为 70

B. 该校学生日阅读时间不低于 60 分钟的人数约为 360

C. 该校学生日阅读时间的第 50 百分位数约为 65

D. 该校学生日阅读时间的平均数约为 64

图 10 – 2，类似例 1，众数约为 70，故 A 正确；日阅读时间不低于 60 分钟的人数约为 720，故 B 错误；第 50 百分位数约为 65，故 C 正确；该校学生日阅读时间的平均数约为 64，故 D 正确.

上述例题借助频率分布直方图，考查了概率统计中的众数、中位数、平均数、百分位数等特征量的寻找方法和计算方法.

二、条形图、雷达图与特征量

这种题需要根据给出的图形中的数据和信息来计算和判断概率统计中的特征量，首先得"识图"，即读懂图形中的信息，其次是按照要求，借助特征量定义和计算方法完成所求内容.

例 2 （多选）某学校组建了辩论、英文剧场、民族舞、无人机和数学建模五个社团，高一学生全员参加，且每位学生只能参加一个社团，学校根据学生参加情况绘制统计图（图 10 – 3），已知无人机社团和数学建模社团的人数相等，下列说法正确的是（　　）.

A. 高一年级学生人数为 120

B. 无人机社团的学生人数为 17

C. 若按比例分层抽样从各社团选派 20 人，则无人机社团选派人数为 3

D. 若甲、乙、丙三人报名参加社团，则共有 60 种不同的报名方法

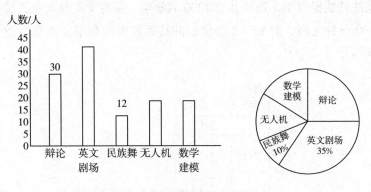

图 10 - 3

民族舞社团的人数为 12，占高一年级总人数的比例为 10%，所以高一年级的总人数为 $12 \div 10\% = 120$，故 A 正确；英文剧场社团的人数为 $120 \times 35\% = 42$，辩论社团的人数为 30，无人机、数学建模社团的人数均为（$120 - 42 - 30 - 12$）$\div 2 = 18$，故 B 错误；无人机社团的人数占高一年级总人数的比例是 $\dfrac{18}{120} \times 100\% = 15\%$，分层抽样 20 人，无人机社团应派出 $20 \times 15\% = 3$ 人，故 C 正确；甲、乙、丙三人报名参加社团，每人有 5 种选法，共有 $(C_5^1)^3 = 5^3 = 125$ 种报名方法，故 D 错误.

变式 （多选）甲、乙两人在一次射击比赛中各射靶 5 次，图 10 - 4 是两人成绩的条形统计图，则下列说法正确的是（　　）.

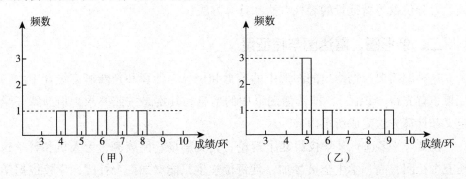

图 10 - 4

A. 甲的成绩的平均数小于乙的成绩的平均数

B. 甲的成绩的中位数等于乙的成绩的中位数

C. 甲的成绩的方差小于乙的成绩的方差

D. 甲的成绩的极差等于乙的成绩的极差

$\overline{x_{甲}}=6$，$\overline{x_{乙}}=6$，故甲的成绩的平均数等于乙的成绩的平均数，A 错误；甲的成绩的中位数为 6，乙的成绩的中位数为 5，B 错误；甲的成绩的方差为 $S_{甲}^2$ $=\dfrac{1}{5}$（$2^2 \times 2 + 1^2 \times 2$）$=2$，乙的成绩的方差为 $S_{乙}^2 = \dfrac{1}{5}$（$1^2 \times 3 + 3^2 \times 1$）$=2.4$（从图象上看，甲的成绩波动小，乙的成绩波动大，所以甲的方差小于乙的方差），C 正确；甲的成绩的极差为 4，乙的成绩的极差等于 4，D 正确.

三、折线图与特征量

这种题以现实生活中的情境为背景，需要将其抽象成数学模型，根据学过的概率统计知识，求出考查的"特征量".

例3 某社区通过公益讲座普及社区居民的垃圾分类知识，为了解讲座效果，随机抽取 10 位社区居民，让他们在讲座前和讲座后各回答一份垃圾分类知识问卷，这 10 位社区居民在讲座前和讲座后问卷答题的正确率如图 10 – 5 所示：

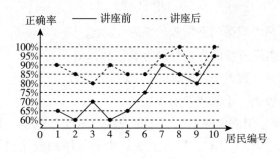

图 10 – 5

A. 讲座前问卷答题的正确率的中位数小于 70%

B. 讲座后问卷答题的正确率的平均数大于 85%

C. 讲座前问卷答题的正确率的标准差小于讲座后正确率的标准差

D. 讲座后问卷答题的正确率的极差大于讲座前正确率的极差

对于 A，B，数据比较精确，需要计算验证，讲座前问卷答题的正确率排序为：60%，60%，65%，65%，70%，75%，80%，85%，90%，95%，中位数为 $\dfrac{70\% + 75\%}{2} = 72.5\% > 70\%$，故 A 错误；讲座后问卷答题的正确率的平均数为：$\frac{1}{10}$（80% +85% ×4 +90% ×2 +95% +100% ×2） =89.5% >85%，故 B 正确.

对于 C，D，只判断大小，可以估算，由折线图可以看出，实线部分的数据比较分散，波动较大，虚线部分的数据比较集中，波动小一些，故讲座后问卷答题的正确率的标准差小一些，极差小一些，故 C，D 错误.

变式 （多选）图 10 -6 是甲、乙两人 6 次模拟考试英语成绩（不含听力）的统计折线图，下列说法中正确的是（　　）.

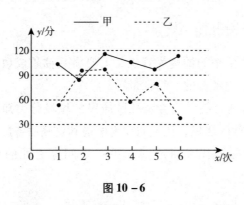

图 10 -6

A. 若甲、乙两组成绩的平均数分别为 $\overline{x_1}$，$\overline{x_2}$，则 $\overline{x_1} > \overline{x_2}$

B. 若甲、乙两组成绩的方差分别为 S_1^2，S_2^2，则 $S_1^2 > S_2^2$

C. 甲成绩的中位数大于乙成绩的第 75 百分位数

D. 甲成绩的极差大于乙成绩的极差

由折线图可知，甲同学除第二次考试成绩略低于乙同学，其他几次考试成绩都高于乙同学，所以 $\overline{x_1} > \overline{x_2}$，故 A 正确；由折线图的变化趋势可知，甲同学的成绩比乙同学的成绩稳定，由方差的意义可得 $S_1^2 < S_2^2$，故 B 错误；由折线图可得甲同学的成绩的中位数大于 95，乙同学的成绩的第 75 百分位小于 95，所以甲成绩的中位数大于乙成绩的第 75 百分位数，故 C 正确；极差为数据样本的最大值与最小值的差，所以甲同学成绩的极差小于乙同学成绩的极差，故 D 错误.

这种根据图表考查特征量的题，一般都是借助图表中提供的记录数据、折线趋势等信息，或计算，或判断选项中给出的特征量的正误.

古典概型

若某次试验有如下特征：①有限性，样本空间的样本点只有有限个；②等可能性，每个样本点发生的可能性相等．我们将这类试验称为古典概型试验，其数学模型简称为古典概型．对于古典试验中的事件 A，它的概率定义为：

$$P（A）=\frac{A \text{包含的基本事件的个数}}{\text{基本事件的总数}}.$$

在古典概型的运算中，样本点个数的探究方法通常有三种：单项列举法，适合于给定的样本点个数较少且易一一列举出来的问题；树状图法，适合于样本点较为复杂且个数有限的问题；列表法，适合于求一些较为复杂的样本点的个数．

一、无序问题可用单项列举法

任取（随机取）两个或三个元素，无序，可以用单项列举法．

例1 从只读过《论语》的 3 名同学和只读过《红楼梦》的 3 名同学中任选 2 人在班内进行读后分享，求选中的 2 人都读过《红楼梦》的概率．

记"只读过《论语》的 3 名同学"分别为 a，b，c，"只读过《红楼梦》的 3 名同学"分别为 x，y，z，"选中的 2 人都读过《红楼梦》"为事件 A，则根据单项列举法，可得 ab，ac，ax，ay，az，bc，bx，by，bz，cx，cy，cz，xy，xz，yz，基本事件总数为 15，其中事件 A 包含 xy，xz，yz 共 3 个，所以 $P（A）$ $=\frac{3}{15}=\frac{1}{5}$.

变式 某公司从五位大学毕业生甲、乙、丙、丁、戊中录用三人，这五人被录用的机会均等，求甲或乙被录用的概率．

记"甲或乙被录用"为事件 A，从五位大学毕业生甲、乙、丙、丁、戊中录用三人，根据单项列举法，可得：甲乙丙，甲乙丁，甲乙戊，甲丙丁，甲丙戊，甲丁戊，乙丙丁，乙丙戊，乙丁戊，丙丁戊．基本事件总数为 10，其中不含甲或乙的只有"丙丁戊"一种可能，所以 $P(A) = 1 - \dfrac{1}{10} = \dfrac{9}{10}$.

二、有序问题可用列表法

先后（连续、依次）抽取两次，一次一个，有序，可用列表法. 如一枚骰子连续抛掷两次，同时抛掷两枚骰子，两个不同元素来自不同数组等均可利用这种方法解决问题.

例2 关于 x 的方程 $x^2 + 2ax + b^2 = 0$，若 $a \in \{0, 1, 2, 3\}$，$b \in \{0, 1, 2\}$，各选一个，求上述方程有实数根的概率.

如表 10-1，记"方程有实数根"为事件 A，若关于 x 的方程 $x^2 + 2ax + b^2 = 0$ 有实数根，则 $\Delta = (2a)^2 - 4b^2 \geq 0$，即 $a \geq b$. 列表，基本事件总数为 $3 \times 4 = 12$，满足事件 A（$a \geq b$）的有 00，10，11，20，21，22，30，31，32，共 9 种可能，所以 $P(A) = \dfrac{9}{12} = \dfrac{3}{4}$.

表 10-1

a	b		
	0	1	2
0	00	01	02
1	10	11	12
2	20	21	22
3	30	31	32

例3 箱子中有 6 张卡片，分别标有 1，2，3，4，5，6. 抽取一张记下号码后不放回，再取出一张记下号码，求两个号码之和为偶数的概率.

如表 10-2，记"两个号码之和为偶数"为事件为 A，列表（第一次取出的号码在最左边一列中读取，第二次取出的号码在最上面一行中读取），由于先后取卡，不放回，一次一张，则基本事件总数为 $6 \times 6 - 6 = 30$，其中事件 A 包括 13，15，24，26，31，35，42，46，51，53，62，64，共 12 种可能，所以 $P(A) = \dfrac{12}{30} = \dfrac{2}{5}$.

表 10－2

	1	2	3	4	5	6
1		12	13	14	15	16
2	21		23	24	25	26
3	31	32		34	35	36
4	41	42	43		45	46
5	51	52	53	54		56
6	61	62	63	64	65	

变式 其他不变，抽取一张记下号码后放回，再抽取一张记下号码，求两个号码中至少一个为偶数的概率．

记"两个号码中至少一个为偶数"为事件 B，"不含有偶数"为事件 $\overline{B}$，由于抽取一张记下号码后放回，再抽取一张记下号码，则基本事件总数为 $6 \times 6 = 36$，其中事件 $\overline{B}$ 包括 11，13，15，31，33，35，51，53，55，共 9 种可能，所以 $P(B) = 1 - P(\overline{B}) = 1 - \dfrac{9}{36} = \dfrac{3}{4}$．

三、全排列时可用树状图法

对所有个体进行全排列时，不妨考虑一下树状图法．

例 4 现有 8 名奥运会志愿者，其中志愿者 A_1，A_2，A_3 通晓日语，B_1，B_2，B_3 通晓俄语，C_1，C_2 通晓韩语，从中选出通晓日、俄、韩语的志愿者各 1 名，组成一个小组．求 B_1 与 C_1 不全被选中的概率．

如图 10－7，记"B_1 与 C_1 不全被选中"为事件 M．现从 8 名奥运会志愿者中，选出通晓日、俄、韩语的志愿者各 1 名，由于总体个数有限，机会均等，可用树枝法帮助选择组合．基本事件总数为 $6 \times 3 = 18$，其中包含 B_1 与 C_1 的有 $A_1B_1C_1$，$A_2B_1C_1$，$A_3B_1C_1$ 共 3 种可能，所以 $P(M) = 1 - \dfrac{3}{18} = \dfrac{5}{6}$．

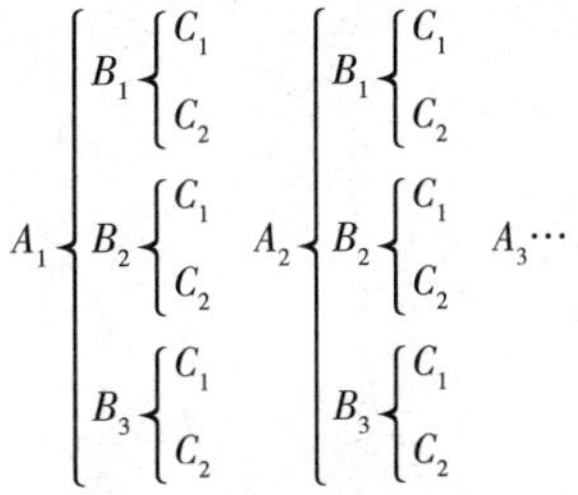

图 10－7

变式 下课后，教室里最后还剩下 2 位男同学和 2 位女同学，如果没有两位同学一块儿走，求第 2 位走的是男同学的概率．

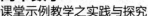

如图 10 - 8，记"2 位男同学"分别为 A，B，"2 位女同学"分别为 x，y，"第 2 位走的是男同学"为事件 M，没有两位同学一块儿走，说明四位同学一个一个地依次走出教室，可借助树枝法确定出基本事件总数和事件 M 可能包含的基本事件的个数．基本事件总数为 $6 \times 4 = 24$，其中事件 M 包含有 $ABxy$，$AByx$，$BAxy$，$BAyx$，$xABy$，$xAyB$，$xBAy$，$xByA$，$yABx$，$yAxB$，$yBAx$，$yBxA$，共 12 种可能，$P(M)$

$$A\begin{cases} B\begin{cases} x-y \\ y-x \end{cases} \\ x\begin{cases} B-y \\ y-B \end{cases} \\ y\begin{cases} B-x \\ x-B \end{cases} \end{cases} \quad B\begin{cases} A\begin{cases} x-y \\ y-x \end{cases} \\ x\begin{cases} A-y \\ y-A \end{cases} \\ y\begin{cases} A-x \\ x-A \end{cases} \end{cases} x\cdots$$

图 10 - 8

$= \dfrac{12}{24} = \dfrac{1}{2}$.

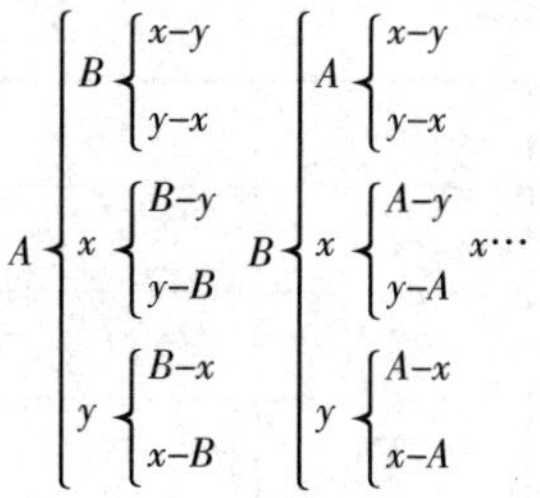

总之，在解决古典概型问题时，要把握三点：一是要有必要的文字叙述；二是要弄清楚所取元素有序还是无序；三是要明确基本事件总数和考察对象所可能包含的基本事件的个数．唯有如此，方能运用古典概率公式求出结论．

贝叶斯公式的应用

一、条件概率

一般地，设 A，B 为两个随机事件，且 $P(A) > 0$，称 $P(B|A) = \dfrac{P(AB)}{P(A)}$ 为在事件 A 发生的条件下，事件 B 发生的条件概率，简称条件概率. 也有 $P(B|A) = \dfrac{n(AB)}{n(A)}$.

例1 盒中装有 5 个产品，其中 3 个一等品，2 个二等品，不放回地从中取产品，每次取 1 个，取两次. 求：

（1）两次都取到一等品的概率；

（2）第二次取到一等品的概率；

（3）已知在第二次取到一等品的条件下，第一次取到二等品的概率.

因为是不放回地从中取产品，所以第二次抽取自然会受到第一次抽取的影响，属于条件概率. 记 A_1 为"第一次取到一等品"，A_2 为"第二次取到一等品".

（1）两次都取到一等品的概率 $P(A_1 A_2) = \dfrac{3}{5} \times \dfrac{2}{4} = \dfrac{3}{10}$.

（2）若第二次取到一等品，则第一次可能取到一等品，也可能取到二等品，$P(A_2) = P(\overline{A_1} A_2 + A_1 A_2) = P(\overline{A_1} A_2) + P(A_1 A_2) = \dfrac{2}{5} \times \dfrac{3}{4} + \dfrac{3}{5} \times \dfrac{2}{4} = \dfrac{3}{5}$.

（3）在第二问的基础上，已知第二次取到一等品，则第一次取到二等品的概率 $P(\overline{A_1}|A_2) = \dfrac{P(\overline{A_1} A_2)}{P(A_2)} = \dfrac{2}{5} \times \dfrac{3}{4} \times \left(\dfrac{3}{5}\right)^{-1} = \dfrac{1}{2}$.

评析： 第一问中 $P(A_1 A_2) = P(A_1) P(A_2|A_1)$，两次都取到一等品概率是在第一次取到一等品的条件下，第二次取到一等品的概率.

二、全概率公式、贝叶斯公式

一般地，设 A_1，A_2，$\cdots$，A_n 是一组两两互斥的事件，$A_1 \cup A_2 \cup \cdots \cup A_n = \Omega$，且 $P(A_i) > 0$，$i = 1$，2，$\cdots$，n，则对任意的事件 $B \subseteq \Omega$，有 $P(B) = \sum_{i=1}^{n} P(A_i)P(B|A_i)$，称此公式为全概率公式．$P(B) > 0$，$P(A_i|B) = \dfrac{P(A_i)P(B|A_i)}{P(B)}$，称此公式为贝叶斯公式．

例2 在 A，B，C 三个地区爆发了流感，这三个地区分别有 6%，5%，4% 的人患了流感，假设这三个地区的人口数的比为 $5:7:8$，现从这三个地区中任意选取一个人．如果此人患流感，求此人选自 A 地区的概率．

记"这个人患流感"为事件 N，"来自 A，B，C"为事件 M_1，M_2，M_3．由题意知 $P(M_1) = \dfrac{5}{20}$，$P(M_2) = \dfrac{7}{20}$，$P(M_3) = \dfrac{8}{20}$，$P(N|M_1) = 6\%$，$P(N|M_2) = 5\%$，$P(N|M_3) = 4\%$．此人患流感的概率 $P(N) = P(NM_1 + NM_2 + NM_3) = P(NM_1) + P(NM_2) + P(NM_3) = P(N|M_1)P(M_1) + P(N|M_2)P(M_2) + P(N|M_3)P(M_3) = 6\% \times \dfrac{5}{20} + 5\% \times \dfrac{7}{20} + 4\% \times \dfrac{8}{20} = 0.0485$．此人患流感的条件下选自 A 地区的概率 $P(M_1|N) = \dfrac{P(NM_1)}{P(N)} = \dfrac{P(M_1)P(N|M_1)}{P(N)} = \dfrac{0.25 \times 6\%}{0.0485} = \dfrac{30}{97}$．

评析： 全概率公式是按照某种标准，将一个复杂事件表示为几个互斥事件的并集，再由概率的加法公式和乘法公式求得这个复杂事件的概率，它是贝叶斯公式的分母，而贝叶斯公式则是在全概率公式的基础上，求上述某一种情况的概率的占比．

在一次试验中，如果两个事件 A，B 相互独立，则满足 $P(AB) = P(A)P(B)$；如果两个事件 A，B 不相互独立，则满足条件概率 $P(AB) = P(A)P(B|A)$ 或 $P(AB) = P(B)P(A|B)$．

超几何分布的运算

超几何分布是统计学上一种离散概率分布，它描述了从有限个物件中抽出 n 个物件，成功抽出指定种类的物件的情况（不归还）.

一般地，在含有 M 件次品的 N 件产品中，任取 n 件（不放回），其中恰有 X 件次品，则事件 $\{X = k\}$ 发生的概率为 $P(X = k) = \dfrac{C_M^k C_{N-M}^{n-k}}{C_N^n}$（$k = 0$, 1, 2, $\cdots$, m），其中 $m = min\{M, n\}$，且 $n \leqslant N$，$M \leqslant N$，n，M，$N \in \mathbf{N}^*$，称此分布列为超几何分布列. 如果随机变量 X 的分布列为超几何分布列，则称随机变量 X 服从超几何分布，即 $X \sim H(n, M, N)$. 超几何分布的均值 $E(X) = \dfrac{nM}{N}$，方差 $D(X) = \dfrac{nM(N-M)(N-n)}{N^2(N-1)}$.

随机变量 X 的分布列如表 $10-3$ 所示：

表 10 – 3

X	0	1	$\cdots$	m
p	$\dfrac{C_M^0 C_{N-M}^{n-0}}{C_N^n}$	$\dfrac{C_M^1 C_{N-M}^{n-1}}{C_N^n}$	$\cdots$	$\dfrac{C_M^m C_{N-M}^{n-m}}{C_N^n}$

根据分布列，超几何分布的均值 $E(X) = 0 \times p_1 + 1 \times p_2 + \cdots + m \times p_{m+1}$，方差 $D(X) = [0 - E(X)]^2 \times p_1 + [1 - E(X)]^2 \times p_2 + \cdots + [m - E(X)]^2 \times p_{m+1}$.

一、超几何分布定义的直接应用

超几何分布中，"任取 n 件，恰有 X 件次品"，是一次性抽取，不可理解成 n 次抽取，因此求概率时用组合数列式，要熟练掌握组合数的性质及计算方法，以便简化计算.

例 1　从一批含有 13 件正品、2 件次品的产品中，不放回地任取 3 件，求取出的次品的件数为 1 的概率.

设随机变量 X 表示取出的次品的件数，则 X 服从超几何分布，其中 $N = 15$，$M = 2$，$n = 3$，X 的可能取值为 0，1，2，概率为 $P(X = 1) = \dfrac{C_2^1 C_{13}^2}{C_{15}^3} = \dfrac{12}{35}$.

二、超几何分布的公式应用

对于超几何分布的例题，如果不涉及解题过程，在求均值、方差时，可以直接运用公式，但要注意公式中字母的范围及其意义，N 表示总体中的个体总数，M 表示总体中的特殊个体总数（如次品总数），n 表示样本容量，k 表示样本中的特殊个体数（如次品数）.

例 2　已知一盒子中有围棋子 10 粒，其中 7 粒黑子，3 粒白子. 任意取出 2 粒，若 X 表示取得白子的个数，求 X 的均值 $E(X)$ 和方差 $D(X)$.

由题意知，随机变量 X 服从超几何分布，其中 $N = 10$，$M = 3$，$n = 2$，则由超几何分布的均值公式和方差公式知 $E(X) = \dfrac{nM}{N} = \dfrac{2 \times 3}{10} = \dfrac{3}{5}$，$D(X) =$

$\dfrac{nM(N-M)(N-n)}{N^2(N-1)} = \dfrac{2 \times 3 \times (10-3) \times (10-2)}{10^2 \times (10-1)} = \dfrac{28}{75}$.

三、超几何分布中的"不放回"

超几何分布适用于从一个有限的总体中进行无放回抽样，由于每次抽取后样本不被放回，所以后续概率受之前抽取结果的影响.

例 3　在某城市气象部门的数据库中，随机抽取 30 天的空气质量指数的监测数据，整理得表 10 - 4：

表 10 - 4

空气质量指数	优	良好	轻度污染	中度污染	重度污染
天数	5	a	8	4	b

空气质量指数为优或良好，规定为 Ⅰ 级，轻度或中度污染，规定为 Ⅱ 级，重度污染规定为 Ⅲ 级. 若按等级用分层抽样的方法从中抽取 10 天的数据，则空气质量为 Ⅰ 级的恰好有 5 天.

（1）求 a，b 的值.

（2）若以这 30 天的空气质量指数来估计一年的空气质量情况，试问一年

（按 366 天计算）中大约有多少天的空气质量指数为优？

（3）若从抽取的 10 天的数据中再随机抽取 4 天的数据进行深入研究，记其中空气质量为Ⅰ级的天数为 X，求 X 的分布列及数学期望．

由题意知从中抽取 10 天的数据，空气质量为Ⅰ级的恰好有 5 天，所以空气质量为Ⅰ级的天数为总天数的 $\dfrac{1}{2}$，所以 $5+a=15$，$8+4+b=15$，可得 $a=10$，$b=3$．依题意知，一年中每天空气质量指数为优的概率为 $p=\dfrac{5}{30}=\dfrac{1}{6}$，则一年中空气质量指数为优的天数约为 $366\times\dfrac{1}{6}=61$．抽取的 10 天数据中，Ⅰ级的天数为 5，Ⅱ级和Ⅲ级的天数之和为 5，满足超几何分布，X 的所有可能取值为 0，1，2，3，4，$P(X=0)=\dfrac{C_5^4}{C_{10}^4}=\dfrac{1}{42}$，$P(X=1)=\dfrac{C_5^1C_5^3}{C_{10}^4}=\dfrac{5}{21}$，$P(X=2)=\dfrac{C_5^2C_5^2}{C_{10}^4}=\dfrac{10}{21}$，$P(X=3)=\dfrac{C_5^3C_5^1}{C_{10}^4}=\dfrac{5}{21}$，$P(X=4)=\dfrac{C_5^4}{C_{10}^4}=\dfrac{1}{42}$，$X$ 的分布如表 10−5 所示：

表 10−5

X	0	1	2	3	4
p	$\dfrac{1}{42}$	$\dfrac{5}{21}$	$\dfrac{10}{21}$	$\dfrac{5}{21}$	$\dfrac{1}{42}$

故 $E(X)=0\times\dfrac{1}{42}+1\times\dfrac{5}{21}+2\times\dfrac{10}{21}+3\times\dfrac{5}{21}+4\times\dfrac{1}{42}=2$．

四、超几何分布中的"有放回"

一般地，超几何分布的抽取是不放回抽取，各次抽取不独立，而二项分布的抽取是有放回抽取（独立重复），抽取相互独立．但在具体的解题过程中，特别是在总体容量有限的情况下，字面上尽管出现了"有放回"抽取，其实际含义却仍然符合超几何分布的定义．

例 4　某公司年会有幸运抽奖环节，一个箱子里有相同的十个乒乓球，球上分别标 0，1，2，…，9 这十个自然数，每位员工有放回依次取出三个球．规定每次取出的球所标数字不小于后面取出的球所标数字即中奖．中奖后：三个数字全部相同中一等奖，奖励 10000 元现金；三个数字中有两个数字相同中二等奖，奖励 5000 元现金；三个数字各不相同中三等奖，奖励 2000 元现金．其他不中奖，没有现金.

（1）求员工 A 中二等奖的概率；

（2）设员工 A 中奖奖金为 X，求 X 的分布列；

（3）员工 B 是优秀员工，有两次抽奖机会，求员工 B 中奖奖金的期望.

记事件"员工 A 中二等奖"为 M，有放回，因为每次取出的球所标数字不小于后面取出的球所标数字即中奖，所以中二等奖的取法有两种：①前两次取得同一个数字，且大于第三次取到的数字，相当于从 10 个球中选 2 个，大的数字在前两次，小的数字在后一次，有 C_{10}^2 种取法；②后两次取得同一数字，且小于第一次取到的数字，相当于从 10 个球中选 2 个，大的数字在前一次，小的数字在后两次，有 C_{10}^2 种取法. 所以员工 A 中二等奖的概率为 $P（M）= \dfrac{2C_{10}^2}{(C_{10}^1)^3}$

$=0.09$.

X 的所有可能取值为：0，2000，5000，10000，$P（X=2000）=\dfrac{C_{10}^3}{10^3}=$

0.12，$P（X=5000）=0.09$，$P（X=10000）=\dfrac{C_{10}^1}{(C_{10}^1)^3}=0.01$，$P（X=0）=$

$1-0.12-0.09-0.01=0.78$，X 的分布列如表 10-6 所示：

表 10-6

X	0	2000	5000	10000
P	0.78	0.12	0.09	0.01

由（2）知 A 中奖奖金的期望 $E（X）=0×0.78+2000×0.12+5000×$ $0.09+10000×0.01=790$（元），由于每名员工中奖的概率相同，所以员工们每次中奖奖金的期望是一样的，由于员工 B 有两次抽奖机会，所以中奖期望是 $2×790=1580$ 元.

从以上例题可以看出，超几何分布与二项分布的区别不只是概念的不同，此外还应注意三点：①抽取是否"放回"；②是否知道"总体容量"；③有没有"成功概率".

二项分布的运算

教材和考题中常涉及二项分布和超几何分布，学生对这两种模型的定义不能很好地理解，一遇到"取"或"摸"的题型，就认为是超几何分布，运算对象不明晰，导致运算方向错误．

在 n 次独立重复试验中，设事件 A 发生的次数为 x，在每次试验中，事件 A 发生的概率为 P，那么在 n 次独立重复试验中，事件 A 恰好发生 k 次的概率为 $P(X=k) = C_n^k p^k (1-p)^{n-k}$ $(k=0, 1, 2, \cdots, n)$，此时称随机变量 X 服从二项分布．记作 $X \sim B(n, p)$，期望 $E(X) = np$，方差 $D(X) = np(1-p)$．

二项分布所满足的条件：①每次试验中，事件发生的概率是相同的，是一种放回抽样；②每次试验中的事件是相互独立的；③每次试验只有两种结果，要么发生，要么不发生；④随机变量是这 n 次独立重复试验中发生（成功）的次数．

一、二项分布的实际应用

例 1 某省推出的高考新方案是"3 + 1 + 2"模型，"3"是语文、外语、数学三科必考，"1"是在物理与历史两科中选择一科，"2"是在化学、生物、政治、地理四科中选择两科作为高考科目．某学校为做好选课走班教学，给出三种可供选择的组合进行模拟选课，其中 A 组合为物理、化学、生物，B 组合为历史、政治、地理，C 组合为物理、化学、地理，根据选课数据得到，选择 A 组合的概率为 $\frac{3}{5}$，选择 B 组合的概率为 $\frac{1}{5}$，选择 C 组合的概率为 $\frac{1}{5}$，甲、乙、丙三位同学每人选课是相互独立的．

（1）求这三位同学恰好选择互不相同的组合的概率．

（2）记 η 表示这三人中选择含地理的组合的人数，求 η 的分布列及数学期望．

记 A_i 表示甲、乙、丙三人中第 i 位同学选择 A 组合，B_i 表示第 i 位同学选择 B 组合，C_i 表示第 i 位同学选择 C 组合，$i=1, 2, 3$，由于 A_i，B_i，C_i 互相

独立，且 $P(A_i) = \dfrac{3}{5}$，$P(B_i) = \dfrac{1}{5}$，$P(C_i) = \dfrac{1}{5}$，三位同学恰好选择不同的组合共有 A_3^3 种情况，每种情况的概率相同，故三位同学恰好选择不同组合的概率 $P = A_3^3 P(A_i) P(B_i) P(C_i) = 6 \times \dfrac{3}{5} \times \dfrac{1}{5} \times \dfrac{1}{5} = \dfrac{18}{125}$.

由于该校仅提供 A，B，C 三种组合可供甲、乙、丙三人选择，所以三人中选择地理的概率为 $P = \dfrac{1}{5} + \dfrac{1}{5} = \dfrac{2}{5}$，故 η 的可能取值为 0，1，2，3，且 $\eta \sim B\left(3, \dfrac{2}{5}\right)$，$P(\eta = k) = C_3^k \left(\dfrac{2}{5}\right)^k \left(1 - \dfrac{2}{5}\right)^{3-k}$，$k = 0$，1，2，3，$\eta$ 的分布如表 10－7 所示：

表 10－7

η	0	1	2	3
P	$\dfrac{27}{125}$	$\dfrac{54}{125}$	$\dfrac{36}{125}$	$\dfrac{8}{125}$

所以 $E(\eta) = 3 \times \dfrac{2}{5} = \dfrac{6}{5}$.

二、根据"总体容量"是否明确区分超几何分布与二项分布

超几何分布需要知道总体的容量，二项分布不需要知道总体容量，但要知道"成功概率".

例2 如图 10－9，某食品厂为了检查一条自动包装流水线的生产情况，随机抽取该流水线上的 40 件产品作为样本，称出它们的质量（单位：g），质量的分组区间为（490，495］，（495，500］，…，（510，515］. 由此得到样本的频率分布直方图，如图 10－9 所示.

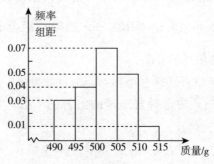

图 10－9

（1）根据频率分布直方图，在上述抽取的 40 件产品中任取 2 件，设 X 为质量超过 505 克的产品数量，求 X 的分布列．

（2）从该流水线上任取 2 件产品，设 Y 为质量超过 505 克的产品数量，求 Y 的分布列．

质量超过 505 克的产品的频率为 $5 \times 0.05 + 5 \times 0.01 = 0.3$，所以质量超过 505 克的产品数量为 $40 \times 0.3 = 12$ 件，质量未超过 505 克的产品数量为 28 件，X 的取值为 0，1，2，X 服从超几何分布，$P（X=0）=\dfrac{C_{28}^2}{C_{40}^2}=\dfrac{63}{130}$，$P（X=1）=\dfrac{C_{12}^1 C_{28}^1}{C_{40}^2}=\dfrac{28}{65}$，$P（X=2）=\dfrac{C_{12}^2}{C_{40}^2}=\dfrac{11}{130}$，$X$ 的分布如表 10−8 所示：

表 10−8

X	0	1	2
P	$\dfrac{63}{130}$	$\dfrac{28}{65}$	$\dfrac{11}{130}$

根据用样本估计总体的思想，取一件产品，该产品的质量超过 505 克的概率为 $\dfrac{12}{40}=\dfrac{3}{10}$，从流水线上任取 2 件产品互不影响，该问题可看成 2 重伯努利试验，质量超过 505 克的件数 Y 的可能取值为 0，1，2，Y 服从二项分布，即 $Y \sim B\left(2，\dfrac{3}{10}\right)$，$P（Y=0）=\left(1-\dfrac{3}{10}\right)^2=\dfrac{49}{100}$，$P（Y=1）=C_2^1 \cdot \dfrac{3}{10} \cdot \left(1-\dfrac{3}{10}\right)=\dfrac{21}{50}$，$P（Y=2）=\left(\dfrac{3}{10}\right)^2=\dfrac{9}{100}$，所以 Y 的分布如表 10−9 所示：

表 10−9

Y	0	1	2
P	$\dfrac{49}{100}$	$\dfrac{21}{50}$	$\dfrac{9}{100}$

三、根据"抽样"是否放回区分超几何分布和二项分布

通常情况下，若从 N 件产品中无放回抽取 n 件，计算次品数时使用超几何分布，若每次抽取后放回，或总体 N 足够大时，可视为独立重复试验，使用二项分布．

例3 袋中有 8 个白球、2 个黑球，从中随机地连续抽取 3 次，每次取 1 个球. 求:

(1) 有放回抽样时，取到黑球的个数 X 的分布列;

(2) 不放回抽样时，取到黑球的个数 Y 的分布列.

有放回抽样时，取到黑球的个数 X 可取 0，1，2，3，又由于每次取到黑球的概率均为 $\frac{1}{5}$，X 服从二项分布，即 $X \sim B\left(3, \frac{1}{5}\right)$，$P(X=k) = C_3^k \left(\frac{1}{5}\right)^k \left(1 - \frac{1}{5}\right)^{3-k}$，$k = 0$，1，2，3，可算得 X 的分布如表 10-10 所示:

表 10-10

X	0	1	2	3
P	$\frac{64}{125}$	$\frac{48}{125}$	$\frac{12}{125}$	$\frac{1}{125}$

不放回抽样时，取到黑球的个数 Y 可取 0，1，2，Y 服从超几何分布，$P(Y=k) = \frac{C_2^k C_8^{3-k}}{C_{10}^3}$，可算得 Y 的分布列如表 10-11 所示:

表 10-11

Y	0	1	2
P	$\frac{7}{15}$	$\frac{7}{15}$	$\frac{1}{15}$

四、当总体数 N 不确定时，可适用二项分布

题中若出现"用频率估计概率"或"以样本推断总体"等字眼，由于"推断""估计"等动词本身就具有不确定性，预示着总体的不确定性，此时可用二项分布解决问题.

例4 某校数学教研组，为更好地提高该校高三学生关于圆锥曲线选择、填空题的得分率，对学生圆锥曲线的选择、填空题的训练运用最新的教育技术做了更好的创新，学校教务处为了检测其质量指标，从中抽取了 100 名学生的训练成绩（总分 50 分），统计质量指标得到频率分布直方图（图 10-10）. 将频率视为概率，从该校高三学生中任意抽取 4 名学生，记这 4 名学生关于圆锥曲线的选择、填空题的训练的质量指标位于 [10，30] 内的人数为 X，求 X 的分布列和数学期望.

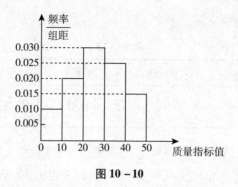

图 10－10

根据频率分布直方图可得质量指标值位于（10，20］的频率为 0.020×10 $= 0.2$，（20，30］的频率为 $0.030 \times 10 = 0.3$，即（10，30］内的概率为 $0.2 +$ $0.3 = 0.5$，所以 $X \sim B\left(4, \dfrac{1}{2}\right)$，$X$ 的所有可能取值为 0，1，2，3，4，$P(X =$ $k) = C_4^k \left(\dfrac{1}{2}\right)^k \left(1 - \dfrac{1}{2}\right)^{4-k}$，$k = 0$，1，2，3，4.

所以 X 的分布如表 10－12 所示：

表 10－12

X	0	1	2	3	4
P	$\dfrac{1}{16}$	$\dfrac{1}{4}$	$\dfrac{3}{8}$	$\dfrac{1}{4}$	$\dfrac{1}{16}$

$E(X) = 4 \times \dfrac{1}{2} = 2$.

五、当产品的总数很大时，近似于二项分布

当总体容量 N 无限大，且次品数 M 的比例 $\dfrac{M}{N}$ 固定时，超几何分布趋近于二项分布，此时二项分布的成功概率 $P = \dfrac{M}{N}$. 当不放回抽取的样本量 n 相对于总体容量 N 较小$\left($通常 $\dfrac{n}{N} < 0.05\right)$时，超几何分布也可近似为二项分布.

例5　有一种名为"碳排放计算器"的软件，人们可以由此计算出自己每天的碳排放量，如家居用电的碳排放量（千克）＝耗电量（度）×0.785，汽车的碳排放量（千克）＝耗油量（升）×0.785 等. 某班同学利用寒假在两个小区逐户进行了一次生活习惯是否符合低碳观念的调查. 若生活习惯符合低碳观念，则该居民被称为"低碳族"，否则被称为"非低碳族"，这两族人数占各

自小区总人数的比例如下：

表 10 - 13

A 小区	低碳族	非低碳族	B 小区	低碳族	非低碳族
比例	$\frac{1}{2}$	$\frac{1}{2}$	比例	$\frac{4}{5}$	$\frac{1}{5}$

由于小区经过大力宣传，每周非低碳族中有 20% 的人加入低碳族的行列，如果两周后随机地从 A 小区中任取 25 个人，记 ξ 表示 25 个人中的低碳族人数，求 ξ 的数学期望和方差.

设 A 小区有 a 人，两周后非低碳族的概率 $P = \dfrac{a \times 0.5 \times (1 - 0.2)^2}{a} = \dfrac{8}{25}$，两周后低碳族的概率 $P = 1 - \dfrac{8}{25} = \dfrac{17}{25}$，$\xi$ 服从二项分布，即 $\xi \sim B\left(25, \dfrac{17}{25}\right)$，所以 E (ξ) $= 25 \times \dfrac{17}{25} = 17$，$D$ (ξ) $= 25 \times \dfrac{17}{25} \times \left(1 - \dfrac{17}{25}\right) = \dfrac{136}{25}$.

变式 如果两周后随机地在 A 小区中抽取 25 个人，从中任取 3 人，记 η 表示抽到低碳族的人数，求 η 的数学期望和方差.

在 A 小区中随机抽取 25 个人中，低碳族有 17 人，此时 η 服从超几何分布，即 P $(\eta = k)$ $= \dfrac{C_{17}^k C_8^{3-k}}{C_{25}^3}$ $(k = 0, 1, 2, 3)$，其期望 E (η) $= 3 \times \dfrac{17}{25} = \dfrac{51}{25}$，方差

$$D (\xi) = \frac{3 \times 17 \times (25 - 17) \times (25 - 3)}{25^2 (25 - 1)} = \frac{374}{625}.$$

六、高尔顿板落体模型可适用二项分布

高尔顿钉板（或称高尔顿板），是英国生物统计学家高尔顿设计的用来研究随机现象的模型，把许许多多同样大小的小球不断地从高尔顿钉板入口放下，只要球的数目相当大，它们在底板上将堆成中间高，两边低，呈左右对称的古钟形曲线（即正态密度曲线），其小球下落的过程中，每次碰到小木钉后都等可能地向左或向右落下，服从二项分布原理.

例6 将一个半径适当的小球放入如图 10 - 11 所示的容器最上方的入口处，小球将自由下落，小球在下落过程中，将 3 次遇到黑色障碍物，最后落入 A 袋或 B 袋中，已知小球每次遇到黑色障碍物时向左、右两边下落的概率都是 $\dfrac{1}{2}$.

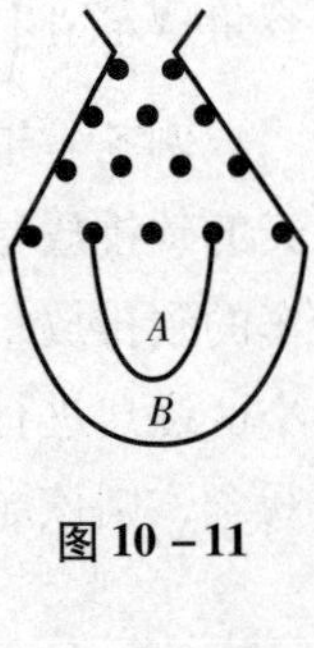

图 10 - 11

（1）求小球落入 A 袋中的概率 $P(A)$；

（2）在容器入口处依次放入 4 个小球，记 ξ 为落入 A 袋中小球的个数，试求 $\xi=3$ 的概率和 ξ 的期望 $E(\xi)$.

由于小球每次遇到黑色障碍物时，有一次向左和两次向右或两次向左和一次向右后，将落入 A 袋. $P(A) = C_3^1 \left(\frac{1}{2}\right)^1 \left(1 - \frac{1}{2}\right)^2 + C_3^2 \left(\frac{1}{2}\right)^2 \left(1 - \frac{1}{2}\right)^1 = \frac{3}{4}$.

由题意知 $\xi \sim B\left(4, \frac{3}{4}\right)$，$P(\xi=3) = C_4^3 \left(\frac{3}{4}\right)^3 \left(1 - \frac{3}{4}\right)^1 = \frac{27}{64}$，$E(\xi) = 4 \times \frac{3}{4} = 3$.

七、超几何分布与二项分布的混合应用

有时在同一道数学试题的运算中，两者混合应用，很难具体说是超几何分布或是二项分布. 因为两者有相同点：①两者都是离散型分布列；②两者的每次试验只有两种可能的结果——成功或不成功；③两者的数学期望是相同的，事实上，超几何分布中 $P = \frac{M}{N}$，且 $E(X) = \sum_{k=0}^{m} k \cdot \frac{C_M^k C_{N-M}^{n-k}}{C_N^n} = n \cdot \frac{M}{N}(k = 0, 1, 2, \cdots, m)$，二项分布中 $E(X) = nP$. 但两者又有前面各种情况中的区别.

例7 为加强防疫宣传，某学校举行防疫知识问答竞赛，竞赛共有两类题，第一类是 5 个中等难度题，每答对一个得 10 分，答错得 0 分，第二类是数量较多、难度较大的难题，每答对一个得 20 分，答错一个扣 5 分，每位参加竞赛的同学从这两类题中共抽出 4 个回答（每个题抽后不放回），要求第二类题中至少抽 2 个. 学生小明抽出的第一类 5 个题中有 4 个能答对，第二类题中每个问题答对的概率都是 $\frac{3}{4}$.

（1）若小明选择从第一类题中抽 2 个题，求这次竞赛中，小明共答对 3 个题的概率.

（2）若小明的第一个题是从第一类题中抽出并回答正确，根据得分期望给他建议，后面 3 个题应该选择从第二类题中抽多少个题回答？

第一问中，小明共答对 3 个题有两种情况，第一种情况为第一类题答对 1 个，第二类题答对 2 个，则相应概率 $P_1 = \frac{C_1^1 C_4^1}{C_5^2} \times \left(\frac{3}{4}\right)^2 = \frac{9}{40}$，第二种情况为第一类题答对 2 个，第二类题答对 1 个，则相应概率 $P_2 = \frac{C_4^2}{C_5^2} \times C_2^1 \times \frac{3}{4} \times \frac{1}{4} = \frac{9}{40}$，

所以所求概率 $P = P_1 + P_2 = \dfrac{9}{20}$.

第二问中，根据得分期望，小明后面 3 个题的选择分为两种情况：一类 1 个，二类 2 个；二类 3 个. 若小明后面 3 个题选择从第一类题中抽取 1 个，从第二类题中抽取 2 个进行回答，由于第一类题中已经答对了一个题，余下的 4 个题中答对的概率为 $\dfrac{3}{4}$，设后面 3 个题的得分为 X 分，则 X 的所有可能取值为 -10，0，15，25，40，50，$P(X = -10) = \dfrac{1}{4} \times \left(\dfrac{1}{4}\right)^2 = \dfrac{1}{64}$，$P(X = 0) = \dfrac{3}{4} \times \left(\dfrac{1}{4}\right)^2 = \dfrac{3}{64}$，$P(X = 15) = \dfrac{1}{4} \times C_2^1 \times \dfrac{1}{4} \times \dfrac{3}{4} = \dfrac{3}{32}$，$P(X = 25) = \dfrac{3}{4} \times C_2^1 \times \dfrac{1}{4} \times \dfrac{3}{4} = \dfrac{9}{32}$，$P(X = 40) = \dfrac{1}{4} \times \left(\dfrac{3}{4}\right)^2 = \dfrac{9}{64}$，$P(X = 50) = \left(\dfrac{3}{4}\right)^3 = \dfrac{27}{64}$，$X$ 的分布列为：

表 10 – 14

X	-10	0	15	25	40	50
P	$\dfrac{1}{64}$	$\dfrac{3}{64}$	$\dfrac{3}{32}$	$\dfrac{9}{32}$	$\dfrac{9}{64}$	$\dfrac{27}{64}$

此时得分期望 $E(X) = (-10) \times \dfrac{1}{64} + 0 \times \dfrac{3}{64} + 15 \times \dfrac{3}{32} + 25 \times \dfrac{9}{32} + 40 \times \dfrac{9}{64} + 50 \times \dfrac{27}{64} = 35$.

若小明后面 3 个题的选择是从第二类题中抽取 3 个进行回答，设后面 3 个题答对 Z 个，得分为 Y 分，则 Z 服从二项分布，即 $Z \sim B\left(3, \dfrac{3}{4}\right)$，$Y = 20Z - 5(3 - Z) = 25Z - 15$，此时得分期望 $E(Y) = 25E(Z) - 15 = 25 \times 3 \times \dfrac{3}{4} - 15 = \dfrac{165}{4} = 41.25$，因为 $E(X) < E(Y)$，所以后面 3 个题的选择应该是从第二类题中抽取 3 个进行回答.

以上是有关二项分布的几个问题，回顾一下，需要明确的问题就是：在伯努利试验中，我们关注某个事件 A 是否发生，而在 n 重伯努利试验中，我们关注事件 A 发生的次数 X，由于 X 是一个离散型随机变量，所以我们实际关心的是它的概率分布列、数学期望和方差.

一元线性相关的应用

成对样本数据中有一种有别于函数的因果关系的随机的伴随关系，即两个变量存在相关关系，例如一个人的体重与他的身高有关系，个子高的人往往体重值较大，个子矮的人往往体重值较小，但身高并不是决定体重的唯一因素，此外生活中的饮食习惯、体育锻炼、睡眠时间以及遗传因素等也是影响体重的重要因素．像这样，两个变量有关系，但又没有确切到可由其中的一个去精确地决定另一个的程度，这种关系称为相关关系．

一、直接判断相关关系

在现实生活中，两个变量之间存在的关系分为确定性关系和不确定性关系．若两个变量间具有确定性关系，即因果关系，则可用函数关系来表示，但是这种情况是极少的，普遍的情况是存在不确定性关系．

例1 （多选）下列选项中，两个变量间具有相关关系的是（   ）．

A. 人的年龄与他（她）的体内脂肪含量之间的关系

B. 曲线上的点与该点的坐标之间的关系

C. 苹果的产量与气候之间的关系

D. 森林中的同一种树木，其横断面直径与高度之间的关系

直接利用相关关系的定义逐一判断．对于 A，一般地，人到了一定年龄，他（她）体内脂肪含量会增多，但不是绝对的，因为年龄只是导致体内脂肪含量变化的一个因素，它们之间的关系是一种相关关系；对于 B，曲线上的点与该点的坐标之间的关系是一种确定的对应关系，不是相关关系；对于 C，苹果的产量与气候之间的关系是一种相关关系；对于 D，森林中的同一种树木，其横断面直径与高度之间的关系是相关关系．故选择 ACD.

从以上例题可以看出：相关关系与函数关系是两种不同的变量关系，函数关系是一种确定性的关系，可以用一个变量确切地表示另一个变量；相关关系是一种非确定性关系，两个变量虽然有关系，但又没有像函数那样两个变量间

具有因果关系，而是一种伴随关系．根据变量变化趋势可将相关关系分为正相关和负相关；根据变量分布特征可将相关关系分为线性相关和非线性相关（曲线相关）．

二、由散点图判断相关关系

判断两个变量具有相关关系的方法：①根据直观感觉或生活经验等判断．②根据成对数据的变化趋势判断．③根据散点图判断，即若散点图中所有的样本点都落在某一函数的图象附近，变量之间就有相关关系；如果所有的样本点都落在某一直线附近，变量之间就有线性相关关系．

在散点图中，如果点落在从左下角到右上角的区域，两个变量正相关；如果点落在从左上角到右下角的区域，两个变量负相关．如果散点在某条直线附近越集中，两个变量的线性相关程度越大；散点在某条直线附近越分散，两个变量的线性相关程度越小．

例2 一商场对每天进店人数和商品销售数量进行了统计对比，得到表 10 – 15：

表 10 – 15

人数 x	10	15	20	25	30	35	40
数量 y	4	7	12	15	20	23	27

请在给定的坐标系中画出表中数据的散点图，并由散点图判断销售数量 y 与进店人数 x 是否线性相关．（给出判断即可，不必说明理由）

如图 10 – 12，根据散点的分布可以判断，商品数量 y 与进店人数 x 线性相关．

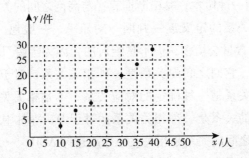

图 10 – 12

三、由样本相关系数判断线性相关程度

样本相关系数 r 有时也称样本线性相关系数，$|r|$ 刻画了样本点集中于某条直线的程度．利用样本相关系数 r 可以衡量两个样本变量之间线性相关程度的大小，由于 $|r| \leqslant 1$，当 $|r|$ 越接近 1，表示两个样本变量之间的线性相关程度越强；当 $|r|$ 越接近 0，表示两个样本变量之间的线性相关程度越弱．当 $r > 0$ 时，说明两个样本变量正相关；当 $r < 0$ 时，说明两个样本变量负相关．当 $|r| = 1$ 时，所有样本点都落在一条直线上，两个样本变量满足线性关系，但不是相关关系，而是函数关系；当 $r = 0$ 时，两个样本变量之间不具有线性相关关系，但不排除它们之间具有其他相关关系．其中

$$r = \frac{\sum_{i=1}^{n}(x_i - \bar{x})(y_i - \bar{y})}{\sqrt{\sum_{i=1}^{n}(x_i - \bar{x})^2}\sqrt{\sum_{i=1}^{n}(y_i - \bar{y})^2}} = \frac{\sum_{i=1}^{n}x_iy_i - n\bar{x}\,\bar{y}}{\sqrt{\sum_{i=1}^{n}x_i^2 - n\bar{x}^2}\sqrt{\sum_{i=1}^{n}y_i^2 - n\bar{y}^2}}.$$

例 3 为了对 2023 年某校月考成绩进行分析，在 60 分以上的全体同学中随机抽取 8 位，他们的数学、物理成绩如表 10−16 所示：

表 10−16

学生编号	1	2	3	4	5	6	7	8
数学成绩 x	68	72	78	81	85	88	91	93
物理成绩 y	70	66	81	83	79	80	92	89

用变量 y 与 x 的样本相关系数 r（精确到 0.01）说明物理成绩 y 与数学成绩 x 的线性相关程度的强弱，并说明它们的变化趋势特征．（已知：$0.75 \leqslant |r| < 1$，则认为 y 与 x 的线性相关性很强；$0.3 \leqslant |r| < 0.75$，则认为 y 与 x 的线性相关性一般；$|r| < 0.3$，则认为 y 与 x 的线性相关性较弱．参考数据：$\sum_{i=1}^{8}x_iy_i = 52957$，$\sqrt{\sum_{i=1}^{8}x_i^2 - 8\bar{x}^2} \cdot \sqrt{\sum_{i=1}^{8}y_i^2 - 8\bar{y}^2} \approx 545.82$）

通过计算 $\bar{x} = 82$，$\bar{y} = 80$，

$$r = \frac{\sum_{i=1}^{8}x_iy_i - 8\bar{x}\,\bar{y}}{\sqrt{\sum_{i=1}^{8}x_i^2 - 8\bar{x}^2}\sqrt{\sum_{i=1}^{8}y_i^2 - 8\bar{y}^2}} = \frac{477}{545.82} \approx 0.87 > 0.75 \text{，由样本估计总}$$

体，可知物理成绩 y 与数学成绩 x 的线性相关程度很大，且呈正相关，它们的变化趋势相同．

四、由线性回归方程进行预测

根据成对样本数据的散点图和样本相关系数，可以推断两个变量之间是否存在相关关系、是正相关还是负相关，以及线性相关程度的大小等．进一步地，如果能像建立函数模型刻画两个变量之间的确定性关系那样，通过建立适当的统计模型刻画两个随机变量的相关关系，并通过模型进行预测，这就引出了"一元线性回归模型"的概念．

例4 某研究机构为调查人的最大可视距离 y（单位：米）和年龄 x（单位：岁）之间的关系，对不同年龄的志愿者进行了研究，收集数据得到表10–17：

表 10 – 17

x	20	25	30	35	40
y	167	160	150	143	130

（1）根据上表提供的数据，求出 y 关于 x 的线性回归方程 $\hat{y} = \hat{b}x + \hat{a}$；

（2）根据（1）中求出的线性回归方程，估计年龄为 50 岁的人的最大可视距离．

对原数据进行处理，得：

表 10 – 18

x' $(x-30)$	– 10	– 5	0	5	10
y' $(y-150)$	17	10	0	– 7	– 20

则 $\overline{x'} = 0$，$\overline{y'} = 0$，$\sum\limits_{i=1}^{5} x'_i y'_i = -10 \times 17 + (-5) \times 10 + 0 \times 0 + 5 \times (-7)$

$+ 10 \times (-20) = -455$，$\sum\limits_{i=1}^{5} x'^2_i = (-10)^2 + (-5)^2 + 0^2 + 5^2 + 10^2 = 250$，所

以 $\hat{b} = \dfrac{\sum\limits_{i=1}^{5} x'_i y'_i - 5\,\overline{x'}\,\overline{y'}}{\sum\limits_{i=1}^{5} x'^2_i - 5\,\overline{x'^2}} = \dfrac{-455}{250} = -1.82$，则 $\hat{a} = \overline{y'} - \hat{b}\,\overline{x'} = 0 - (-1.82) \times 0$

$=0$，线性回归方程为 $\hat{y}' = \hat{b}x' + \hat{a}$，回代，得 $\hat{y} - 150 = -1.82\,(x - 30)\, + 0$，即

$\hat{y} = -1.82x + 204.6$. 当 $x = 50$ 时，$\hat{y} = -1.82 \times 50 + 204.6 = 113.6$，即年龄为 50

岁的人的最大可视距离约为 113.6 米.

五、样本数据缺失后的线性回归方程的求法

对于一组数据 $(x_1,\ y_1)$，$(x_2,\ y_2)$，$\cdots$，$(x_n,\ y_n)$，其回归直线 $\hat{y} = \hat{b}x + \hat{a}$

的斜率和截距的最小二乘法估计公式分别为 $\hat{b} = \dfrac{\sum\limits_{i=1}^{n}(x_i - \bar{x})(y_i - \bar{y})}{\sum\limits_{i=1}^{n}(x_i - \bar{x})^2} =$

$\dfrac{\sum\limits_{i=1}^{n}x_i y_i - n\bar{x}\,\bar{y}}{\sum\limits_{i=1}^{n}x_i^2 - n\bar{x}^2}$，$\hat{a} = \bar{y} - \hat{b}\bar{x}$.

在求斜率 $\hat{b}$ 的值时，如果已知 n 组样本数据的和 $\sum\limits_{i=1}^{n}(x_i - \bar{x})(y_i - \bar{y}) = p$ 与

$\sum\limits_{i=1}^{n}(x_i - \bar{x})^2 = q$ 的值，因故去掉一组样本数据 $(x_m,\ y_m)$，重新计算 $\sum\limits_{i=1}^{n-1}x_i y_i -$

$(n - 1)\,\overline{x'}\,\overline{y'}$ 与 $\sum\limits_{i=1}^{n-1}x_i^2 - (n - 1)\,\overline{x'^2}$ 的值，就得如下计算：新数据平均数，$\overline{x'} =$

$\dfrac{n\bar{x} - x_m}{n - 1}$，$\overline{y'} = \dfrac{n\bar{y} - y_m}{n - 1}$，$\sum\limits_{i=1}^{n-1}x_i y_i - (n - 1)\,\overline{x'}\,\overline{y'} = p + n\bar{x}\bar{y} - x_m y_m - (n - 1)\,\overline{x'}\,\overline{y'}$，

同理 $\sum\limits_{i=1}^{n-1}x_i^2 - (n - 1)\,\overline{x'^2} = q + n\bar{x}^2 - x_m^2 - (n - 1)\,\overline{x'^2}$.

例5 某市政府针对全市 10 所由市财政投资建设的企业进行了满意度测评，得到数据如表 10 – 19 所示：

表 10 – 19

企业	a	b	c	d	e	f	g	h	i	j
满意度 x/%	21	33	24	20	25	21	24	23	25	12
投资额 y/万元	79	86	89	78	76	72	65	62	59	44

（1）求投资额 y 关于满意度 x 的相关系数（精确到 0.01）.

（2）约定：投资额 y 关于满意度 x 的相关系数 r 的绝对值在 0.7 以上（含

0.7）是线性相关性较强，否则，线性相关性较弱．则根据满意度"末尾淘汰"
规定，关闭满意度最低的那一所企业，求关闭此企业后投资额 y 关于满意度 x
的线性回归方程（精确到 0.1）.

参 考 数 据：$\bar{x} = 22.8$，$\bar{y} = 71$，$\sum\limits_{i=1}^{10} x_i^2 - 10\bar{x}^2 \approx 248$，

$\sqrt{\left(\sum\limits_{i=1}^{10} x_i^2 - 10\bar{x}^2\right)\left(\sum\limits_{i=1}^{10} y_i^2 - 10\bar{y}^2\right)} \approx 643.7$，$\sum\limits_{i=1}^{10} x_i y_i - 10\bar{x}\bar{y} = 406$，$228^2 = 51984$，

$228 \times 71 = 16188$.

由于相关系数 $r = \dfrac{\sum\limits_{i=1}^{10} x_i y_i - 10\bar{x}\bar{y}}{\sqrt{\sum\limits_{i=1}^{10} x_i^2 - 10\bar{x}^2}\sqrt{\sum\limits_{i=1}^{10} y_i^2 - 10\bar{y}^2}} = \dfrac{406}{643.7} \approx 0.63 < 0.7$，所

以投资额 y 关于满意度 x 的线性相关性较弱.

根据"末尾淘汰"去掉 j 组，$\bar{x}' = \dfrac{10 \times 22.8 - 12}{9} = 24$，$\bar{y}' = \dfrac{10 \times 71 - 44}{9} =$

74，$\sum\limits_{i=1}^{9} x_i y_i - 9\bar{x}'\bar{y}' = 406 + 10 \times 22.8 \times 71 - 12 \times 44 - 9 \times 24 \times 74 = 82$，$\sum\limits_{i=1}^{9} x_i^2$

$-9\bar{x}'^2 = 248 + 10 \times 22.8^2 - 12^2 - 9 \times 24^2 = 118.4$，所以 $\hat{b} = \dfrac{\sum\limits_{i=1}^{9} x_i y_i - 9\bar{x}'\bar{y}'}{\sum\limits_{i=1}^{9} x_i^2 - 9\bar{x}'^2}$

$= \dfrac{82}{118.4} \approx 0.69 \approx 0.7$，$\hat{a} = \bar{y}' - \hat{b}\bar{x}' = 74 - 0.69 \times 24 \approx 57.44 \approx 57.4$，故所求线

性回归方程为 $\hat{y} = 0.7x + 57.4$.

六、非线性经验回归方程的求法

有些非线性回归分析问题并不给出经验公式，这时我们可以画出已知数据
的散点图，把它与学过的各种函数（二次函数、幂函数、指数函数、对数函数、
三角函数等）的图象进行比较，挑选一种跟这些散点拟合得最好的函数，用适
当的变量进行变换，把问题转化为线性回归分析问题，使之得到解决.

例6 某公司为确定下一年度投入某种产品的宣传费，需了解年宣传费 x
（单位：千元）对年销售量 y（单位：t）和年利润 z（单位：千元）的影响，对
近 8 年的年宣传费 x_i 和年销售量 y_i（$i = 1$，2，…，8）数据做了初步处理，得
到散点图（图 10 - 13）及一些统计量的值.

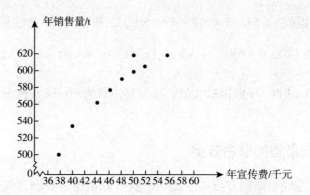

图 10 – 13

表 10 – 20

$\bar{x}$	$\bar{y}$	$\bar{w}$	$\sum\limits_{i=1}^{8}(x_i-\bar{x})^2$	$\sum\limits_{i=1}^{8}(w_i-\bar{w})^2$	$\sum\limits_{i=1}^{8}(x_i-\bar{x})(y_i-\bar{y})$	$\sum\limits_{i=1}^{8}(w_i-\bar{w})(y_i-\bar{y})$
46.6	563	6.8	289.8	1.6	1469	108.8

表中 $w_i=\sqrt{x_i}$, $\bar{w}=\dfrac{1}{8}\sum\limits_{i=1}^{8}w_i$.

(1) 根据散点图判断 $y=a+bx$ 与 $y=c+d\sqrt{x}$ 哪一个适宜作为年销售量 y 关于年宣传费 x 的回归方程类型. (给出判断即可, 不必说明理由)

(2) 根据 (1) 的判断结果及表中数据, 建立 y 关于 x 的回归方程.

(3) 已知这种产品的年利润 z 与 x, y 的关系为 $z=0.2y-x$. 根据 (2) 的结果回答下列问题: ①年宣传费 $x=49$ 时, 年销售量及年利润的预报值是多少? ②年宣传费 x 为何值时, 年利润的预报值最大?

由散点图 10 – 13 可以判断, $y=c+d\sqrt{x}$ 适宜作为年销售量 y 关于年宣传费 x 的回归方程类型. 令 $w=\sqrt{x}$, 先建立 y 关于 w 的线性回归方程, 由于 $\hat{d}=$

$$\dfrac{\sum\limits_{i=1}^{8}(w_i-\bar{w})(y_i-\bar{y})}{\sum\limits_{i=1}^{8}(w_i-\bar{w})^2}=\dfrac{108.8}{1.6}=68,\ \hat{c}=\bar{y}-\hat{d}\bar{w}=563-68\times6.8=100.6,$$ 所以 y 关

于 w 的线性回归方程为 $\hat{y}=100.6+68w$, 因此 y 关于 x 的回归方程为 $\hat{y}=100.6+68\sqrt{x}$. 由 (2) 知: 当 $x=49$ 时, 年销售量 y 的预报值 $\hat{y}=100.6+68\sqrt{49}=576.6$,

年利润 z 的预报值 $\hat{z} = 576.6 \times 0.2 - 49 = 66.32$. 根据（2）的结果，年利润 z 的

预报值 $\hat{z} = 0.2\ (100.6 + 68\sqrt{x})\ - x = -x + 13.6\sqrt{x} + 20.12$. 所以当 $\sqrt{x} = \dfrac{13.6}{2} =$

6.8，即 $x = 46.24$ 时，$\hat{z}$ 取得最大值，故年宣传费为 46.24 千元时，年利润的预
报值最大.

七、回归模型的拟合效果

对于非线性经验回归方程的求法，一般可以根据散点图选取合适的非线性
回归模型，或者根据已知条件选取拟合程度较好的非线性回归模型，再通过变
换，转化为线性经验回归方程，最后还原即可. 对于回归模型拟合效果好坏，
也可以用相关指数（也称拟合系数）R^2 来比较两个模型的拟合效果，即 $R^2 = 1$

$- \dfrac{\sum\limits_{i=1}^{n} (y_i - \hat{y}_i)^2}{\sum\limits_{i=1}^{n} (y_i - \bar{y})^2}$，在 R^2 的表达式中，$\sum\limits_{i=1}^{n} (y_i - \bar{y})^2$ 与经验回归方程无关，残差

平方和 $\sum\limits_{i=1}^{n} (y_i - \hat{y}_i)^2$ 与经验回归方程有关，因此 R^2 越大，表示残差平方和越
小，即模型的拟合效果越好；R^2 越小，表示残差平方和越大，即模型的拟合效
果越差.

例 7 在一段时间内，某种商品的价格 x（元）和需求量 y（件）之间的一
组数据如表 10 - 21 所示：

表 10 - 21

价格 x/元	14	16	18	20	22
需求量 y/件	56	50	43	41	37

（1）求出 y 关于 x 的线性回归方程.

（2）请用 R^2 和残差图说明回归方程拟合效果的好坏.

由表中数据得 $\bar{x} = 18$，$\bar{y} = 45.4$，$\sum\limits_{i=1}^{5} x_i y_i = 3992$，$\sum\limits_{i=1}^{5} x_i^2 = 1660$，可得 $\hat{b} =$

$\dfrac{\sum\limits_{i=1}^{5} x_i y_i - 5\bar{x}\,\bar{y}}{\sum\limits_{i=1}^{5} x_i^2 - 5\bar{x}^2} = \dfrac{3992 - 5 \times 18 \times 45.4}{1660 - 5 \times 18^2} = -2.35$，$\hat{a} = \bar{y} - \hat{b}\bar{x} = 45.4 + 2.35 \times 18 =$

87.7，故 y 关于 x 的线性回归方程为 $\hat{y} = -2.35x + 87.7$.

列表：

表 10 - 22

编号	1	2	3	4	5
$y_i - \hat{y_i}$	1.2	-0.1	-2.4	0.3	1
$y_i - \overline{y_i}$	10.6	4.6	-2.4	-4.4	-8.4

所以 $\sum\limits_{i=1}^{5} (y_i - \overline{y})^2 = 229.2$，$\sum\limits_{i=1}^{5} (y_i - \hat{y_i})^2 = 8.3$，相关指数 $R^2 = 1 -$

$\dfrac{\sum\limits_{i=1}^{5} (y_i - \hat{y_i})^2}{\sum\limits_{i=1}^{5} (y_i - \overline{y})^2} = 1 - \dfrac{8.3}{229.2} \approx 0.964$，因为 0.964 很接近于 1，所以该模型的拟合

效果好.

从残差图（图 10 - 14）的情况来看，残差点比较均匀地落在水平的带状区域中，说明选用的模型比较合适.

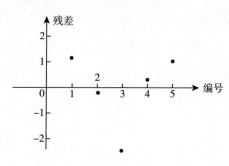

图 10 - 14

第十一章

综 合

差一步就放弃的"习题"

——几个容易出现错误的习题

数学解题往往因一个地方受阻而"功亏一篑",其实就是学生平常对概念的理解不够深刻、审题认识不够到位而导致的后果,需要对平时学习的知识进行积累、梳理、归纳和巩固.

一、看清题意,问的是 x,还是 y

用描述法表示集合,首先要搞清楚集合中代表元素的含义,再看元素的限制条件,明白集合的类型,是数集、点集还是其他类型的集合.

例1 已知全集 $U = \mathbf{R}$,集合 $A = \{x \mid y = \lg x\}$,$B = \{y \mid y = \sqrt{x} + 1\}$,那么 $A \cap (\complement_U B) = $ _____.

由对数的性质,即真数 $x > 0$,得集合 $A\{x \mid y = \lg x\} = \{x \mid x > 0\}$;集合 $B = \{y \mid y = \sqrt{x} + 1\} = \{y \mid y \geq 1\}$,$y$ 是函数值,所以 $\complement_U B = \{y \mid y < 1\}$,两个数集取交,得 $A \cap (\complement_U B) = \{x \mid 0 < x < 1\}$.

评析: 对于描述性集合,首先搞清集合要描述的是"谁",是自变量 x,还是函数值 y,尽管最后都是数集.

类例1 已知集合 $A = \{x \mid -2 \leq x \leq 7\}$,$B = \{x \mid m+1 < x < 2m-1\}$,若 $A \cap B = B$,求 m 的取值范围.

由 $A \cap B = B$ 得 $B \subseteq A$,由于 $A \neq \phi$,莫忽略了 $B = \phi$ 这种情况.

类例2 已知集合 $A = \{0, 1\}$,$B = \{(x, y) \mid x \in A, y \in A\}$,集合 B 用列举法表示是_____.

明确 x,y 可以取集合 $A = \{0, 1\}$ 中的同一数值,而不是 x 取的值 y 就不能再取了.

类例3 若集合 $A = \{a-3, 2a-1, a^2-4\}$,且 $-3 \in A$,则实数 $a = $ _____.

答案是 0 或 1, 而不是 0 或 ±1, 因为 $a = -1$ 时, 集合 A 的元素就是 -4, -3, -3, 与元素的互异性矛盾, 像这种集合中元素的互异性问题常被忽略, 求解问题时要特别注意.

二、将常数换成字母, 参与运算

例2 已知 a, b, c 分别为 $\triangle ABC$ 三个内角 A, B, C 的对边, $a = 2$, $(2 + b)(\sin A - \sin B) = (c - b)\sin C$, 求 $\triangle ABC$ 面积的最大值.

将 $(2 + b)(\sin A - \sin B) = (c - b)\sin C$ 中的 2 换成 a, 得 $(a + b)(\sin A - \sin B) = (c - b)\sin C$, 由正弦定理得 $(a + b)(a - b) = (c - b)c$, 即 $b^2 + c^2 - a^2 = bc$ ($*$), 把 ($*$) 式代入余弦定理得 $\cos A = \dfrac{b^2 + c^2 - a^2}{2bc} = \dfrac{1}{2}$, $A = 60°$. 将 $b^2 + c^2 \geqslant 2bc$, 代入 ($*$) 式可得 $bc + 4 \geqslant 2bc$, $bc \leqslant 4$, 故 $S_{\triangle ABC} = \dfrac{1}{2}bc\sin A \leqslant \dfrac{1}{2} \cdot 4 \cdot \dfrac{\sqrt{3}}{2} = \sqrt{3}$.

评析: 如果不把 2 换成 a, 就无法通过正弦定理进行 "边角互化", 应用平方差公式, 更不会推出 $b^2 + c^2 - a^2 = bc$, 后续工作也就无法展开.

类例 在等比数列 $\{a_n\}$ 中, $a_7 = 1$, 且 a_4, $a_5 + 1$, a_6 成等差数列, 则 $a_n =$ _____ .

因为 a_4, $a_5 + 1$, a_6 成等差数列, 所以 $2(a_5 + 1) = a_4 + a_6$, 可以把其中的 1 换成 a_7, 变成 $2(a_5 + a_7) = a_4 + a_6$, 化成 $2(a_4 q + a_4 q^3) = a_4 + a_4 q^2$, 提取公因数得到 $2a_4 q(1 + q^2) = a_4(1 + q^2)$, 约去 $a_4(1 + q^2)$ 后求得 q, 进而求得 a_n. 像这种 "熟视无睹" 的尴尬局面也会时有发生, 将常数换成字母, 往往给人一种 "醍醐灌顶" 的感觉.

三、同一个字母的取值未必相同

例3 已知集合 $M = \{\boldsymbol{a} | \boldsymbol{a} = (1, 2) + t(3, 4), t \in \mathbf{R}\}$, $N = \{\boldsymbol{a} | \boldsymbol{a} = (-2, -2) + t(4, 5), t \in \mathbf{R}\}$, 则 $M \cap N =$ _____ .

事实上 $M = \{\boldsymbol{a}_1 | \boldsymbol{a}_1 = (1 + 3t_1, 2 + 4t_1), t_1 \in \mathbf{R}\}$, $N = \{\boldsymbol{a}_2 | \boldsymbol{a}_2 = (-2 + 4t_2, -2 + 5t_2), t_2 \in \mathbf{R}\}$, 欲求 $M \cap N$, 只需 $\boldsymbol{a}_1 = \boldsymbol{a}_2$, 即 $(1 + 3t_1, 2 + 4t_1) = (-2 + 4t_2, -2 + 5t_2)$, 利用对应部分相同, 得 $\begin{cases} 1 + 3t_1 = -2 + 4t_2, \\ 2 + 4t_1 = -2 + 5t_2, \end{cases}$ 解得 $\begin{cases} t_1 = -1, \\ t_2 = 0, \end{cases}$ 故 $M \cap N = \{(-2, -2)\}$.

评析：集合 M 中的 a 与集合 N 中的 a，取值并非相同，因为它们分属于两个不同的集合，受各自的 t 值制约，只不过最后借助方程组取公共部分而已．

类例 已知 $f\left(\dfrac{2}{x}+1\right)=\lg x$，求函数 $f(x)$ 的解析式．

设 $\dfrac{2}{x}+1=t$（>1），则 $x=\dfrac{2}{t-1}$，$f(t)=\lg\dfrac{2}{t-1}$，即 $f(x)=\lg\dfrac{2}{x-1}$（$x>1$），这里所求解析式 $f(x)$ 中的 x 事实上就是 t，而非 $f\left(\dfrac{2}{x}+1\right)=\lg x$ 中的未知数 x，需明确这种"隔空传物"的换元方法．

四、用概念解题需要注意成立的条件

例4 函数 $y=2\sin\left(wx+\dfrac{\pi}{3}\right)$ 的最小正周期为 π，则 w 的值为_____．

$y=A\sin(wx+\varphi)$（$A>0$，$w>0$）中周期 $T=\dfrac{2\pi}{w}=\pi$，$w=2$ 的前提是 $w>0$，本题中 w 正负不确定，应为 $T=\dfrac{2\pi}{|w|}=\pi$．

类例1 数列 1，x，x^2，$\cdots$，x^n（$x\neq0$）的和是_____．

类例2 函数 $y=\ln(-x^2+2x)$ 的减区间是_____．

题1中组成等比数列，公比 x 分等于1与不等于1两种情况，容易忽略 $q=1$；题2中函数的减区间等价于 $y=-x^2+2x$（$x>0$）的减区间，易错之处在于丢了真数大于0这个条件．

五、惯性思维导致做题疏忽

例5 若抛物线 $y=4x^2$ 上的一点 M 到焦点的距离为1，求点 M 的纵坐标．

先将抛物线方程转化成标准形式 $x^2=\dfrac{1}{4}y$，$2p=\dfrac{1}{4}$，$\dfrac{p}{2}=\dfrac{1}{16}$，设 $M(x,y)$，由定义知 $y+\dfrac{p}{2}=1$，所以 $y=\dfrac{15}{16}$．

评析：高中数学中的抛物线 $x^2=2py$（$p>0$），平方单独在一侧，侧重于焦点坐标 $\left(0,\dfrac{p}{2}\right)$，准线方程 $y=-\dfrac{p}{2}$，而初中数学的抛物线 $y=ax^2$，函数值 y 单独在一侧，侧重于开口方向、对称轴及顶点坐标．

类例 1 以下各组是数列的是 （　　　）.

①1，0，1，0　　②1，2，3，4　　③4，3，2，1　　④5，2，7，-1

A. ①　　　　　B. ②③　　　　　C. ①②③　　　　　D. ①②③④

类例 2 直线 $x = -1$ 的斜率是 （　　　）.

A. $\dfrac{\pi}{4}$　　　　B. $\dfrac{\pi}{2}$　　　　C. $\dfrac{3\pi}{4}$　　　　D. 不存在

题 1 的答案是 D，多数同学错选 C，没有领会"数列"定义，即按照一定顺序排列的一列数，诸如 5，2，7，-1 这列数，写出来本身就是"顺序"．题 2 的错误在于答案选了 B，没有分清是直线斜率还是倾斜角，与 x 轴垂直的直线的斜率不存在，而倾斜角等于 $\dfrac{\pi}{2}$．

六、解析几何图形的完整性

例 6 一个动圆与圆 O_1：$(x+3)^2 + y^2 = 1$ 外切，与圆 O_2：$(x-3)^2 + y^2 = 49$ 内切，则动圆圆心的轨迹方程．

圆心与半径分别为 O_1 $(-3，0)$，$r_1 = 1$，O_2 $(3，0)$，$r_2 = 7$，设动圆圆心为 M $(x，y)$，半径为 R，则 $|MO_1| = 1 + R$，$|MO_2| = 7 - R$，$|O_1O_2| = 6$，$|MO_1| + |MO_2| = 8$（$> |O_1O_2|$），由椭圆定义知，点 M 在以 O_1，O_2 为焦点的椭圆上，且 $a = 4$，$c = 3$，所以 $b^2 = a^2 - c^2 = 7$，轨迹方程为 $\dfrac{x^2}{16} + \dfrac{y^2}{7} = 1$ （$x \neq -4$）．

评析：动圆 M 与定圆 O_1 外切、与定圆 O_2 内切，符合椭圆定义，动点 M 的轨迹为 $\dfrac{x^2}{16} + \dfrac{y^2}{7} = 1$，但是忽略了定圆 O_1 与定圆 O_2 内切于点 $(-4，0)$，在该点处动圆 M 不存在．

类例 已知 $\triangle ABC$ 的两个顶点 A，B 的坐标分别为 $(-1，0)$，$(1，0)$，且 AC，BC 所在直线的斜率之积等于 m（$m \neq 0$），求顶点 C 的轨迹方程．

正确的答案应为 $x^2 - \dfrac{y^2}{m} = 1$ （$x \neq \pm 1$，$m \neq 0$），因为涉及三角形，莫忽视 $x \neq \pm 1$，注意已知条件中的 $m \neq 0$．

七、疏忽了 x 轴上的零点

例 7 已知函数 $y = f(x)$ 是 $\mathbf{R}$ 上的奇函数，对于任意 $x \in \mathbf{R}$，都有 $f(x+4) = f(x) + f(2)$ 成立，当 $x \in [0，2)$ 时，$f(x) = 2^x - 1$，则 $y = f(x)$ 在 $[-6，6]$ 上有_____个零点．

257

如图 11 – 1，在 $f(x+4) = f(x) + f(2)$ 中，令 $x = -2$，得 $f(-2) = 0$，所以 $f(2) = -f(-2) = 0$，则 $f(x+4) = f(x)$，故 $f(x)$ 是一个周期为 4 的奇函数，作出函数 $f(x)$ 的部分图象，函数在 $[-6, 6]$ 上有 7 个零点.

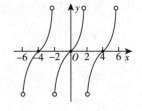

图 11 – 1

评析： 学生容易误入"陷阱"填 3 个零点，即 $x = -4, 0, 4$，而忽略了 $x = -6, -2, 2, 6$ 四个零点，

结合图象，可以写出 $f(x) = \begin{cases} 2^x - 1, & 0+4k \leqslant x < 2+4k, \\ 0, & x = 2+4k, \\ -2^{-x}+1, & -2+4k < x < 0+4k, \end{cases} \quad k \in \mathbf{Z}.$

变式 已知定义在 $\mathbf{R}$ 上的奇函数 $f(x)$ 满足 $f(x+2) = f(x)$，且当 $x \in (0, 1)$ 时，$f(x) = \tan \dfrac{\pi}{2} x$，则 $f(x)$ 在 $[0, 5]$ 上零点的个数是_____.

正确的答案应为 6，而非 3，因为 $f(x)$ 为 $\mathbf{R}$ 上的奇函数和周期函数，在 $\mathbf{R}$ 上的零点要求图形是完整的，因此有 $f(x) = \begin{cases} \tan \dfrac{\pi}{2} x, & x \neq 2k+1 \ (k \in \mathbf{Z}), \\ 0, & x = 2k+1 \ (k \in \mathbf{Z}), \end{cases}$ 而不是题中给出的已知部分. 对于此类问题，应当挖掘其隐藏部分，将函数补充完整，这样才能做出正确解答.

八、搞不清"3^4"与"4^3"

例 8 （1）若 4 名学生争夺 3 项体育比赛冠军（每名学生参赛项目不限），则冠军获得者有_____种不同情况（每个项目没有并列冠军）；

（2）4 名学生从 3 项体育项目中选择参赛，若每一名学生只能参加一项，则有_____种不同的参赛方法.

题（1）中每项体育冠军均有 C_4^1 种获得情况，共有 $(C_4^1)^3 = 4^3 = 64$ 种不同情况；

题（2）中每名学生均有 C_3^1 种选择方法，共有 $(C_3^1)^4 = 3^4 = 81$ 种不同的参赛方法.

评析： 以上两题的区别就是"切入点"不同，前者问的是"冠军"如何分配，后者问的是"学生"如何参赛. 属于审题中的理解问题.

解题应当认真审题，整体把握，注重细节，尤其注意给出条件的取值范围含不含端点，即等号能不能取到. 以上是一些平时的积累，择重点加以梳理.

补足条件后解题

结构不完整试题，也称结构不良试题，作为高考中的一种题型，往往与具体的情境相联系，特点是试题的初始条件不充分，属于开放题，综合考查考生的知识迁移能力及思维转化能力．求解时需要考生"站"在一个高度俯瞰试题：积极思考与发现，多角度地审视问题，选最"薄弱"（容易得分）处开始解决问题．基于此，结构不完整试题备受命题者青睐，且多以数列、三角函数、解三角形、立体几何等有关问题为背景．

根据解题实践，结构不完整问题主要表现为以下三种情形：

一、已知条件不明确，目标要求明确

例1 在"①$ac = \sqrt{3}$，②$c\sin A = 3$，③$c = \sqrt{3}b$"这三个条件中任选一个，补充在下面问题中．若问题中的三角形存在，求 c 的值；若问题中的三角形不存在，说明理由．

问题：是否存在 $\triangle ABC$，它的内角 A，B，C 的对边分别为 a，b，c，且 $\sin A = \sqrt{3}\sin B$，$C = \dfrac{\pi}{6}$，_____？

在选择之前，由 $C = \dfrac{\pi}{6}$ 和余弦定理，得 $\dfrac{a^2 + b^2 - c^2}{2ab} = \dfrac{\sqrt{3}}{2}$．由 $\sin A = \sqrt{3}\sin B$ 及正弦定理，得 $a = \sqrt{3}b$，于是 $\dfrac{3b^2 + b^2 - c^2}{2\sqrt{3}b^2} = \dfrac{\sqrt{3}}{2}$，由此可得 $b = c$．

选条件①，由 $ac = \sqrt{3}$，及 $a = \sqrt{3}b$，$b = c$，得 $a = \sqrt{3}$，$b = c = 1$，三角形存在．

选条件②，根据已知 $b = c$，所以 $B = C = \dfrac{\pi}{6}$，$A = \dfrac{2\pi}{3}$，代入②$c\sin A = 3$ 中，$b = c = 2\sqrt{3}$，$a = 6$，三角形存在．

选条件③，$c = \sqrt{3}b$ 与 $b = c$ 矛盾，三角形不存在．

评析：以上试题已知条件不明确，需要三选一，补足条件，无论哪一个条件，都是一种解题途径，特点是可以先根据已有条件尽可能多地解决部分问题，为接下来所选择条件留下解题铺垫或解题方向．

当然这种结构不完整问题并非问题本身有什么不妥之处，而是指它没有明确的结构或者解决途径，即其初始状态、目标状态，甚至于问题的解决方案都不明确，更没有明确的解决途径．

二、已知条件明确，目标要求不明确

这种条件明确，目标要求不明确的开放题，由于受阅卷、作答时间等客观因素的限制，还仅仅是"有限开放"，呈现形式一般比较简单一些．

例2 已知定义在 **R** 上的函数 $f(x)$ 满足：①函数 $f(x-1)$ 的图象关于点 $(1, 0)$ 对称；②对任意 $x \in \mathbf{R}$，$f(1-x) = f(1+x)$ 成立；③当 $x \in [-1, 0]$ 时，与 $y = \log_2(-3x+1)$ 的单调性相同．求函数 $f(x)$ 的一个解析式．

根据①，因为函数 $f(x-1)$ 的图象关于点 $(1, 0)$ 对称，所以 $f(x)$ 的图象关于点 $(0, 0)$ 对称，说明 $f(x)$ 为 **R** 上的奇函数．根据②，任意 $x \in \mathbf{R}$，$f(1-x) = f(1+x)$，说明 $f(x)$ 的图象关于直线 $x=1$ 对称，所以 $f(x)$ 的周期是 $T = 4|1-0| = 4$．根据③，$f(x)$ 在 $[-1, 0]$ 上单调递减．同时符合上述三个条件的函数可以是 $f(x) = -\sin \frac{\pi}{2}x$．

评析：本题涉及函数的单调性、奇偶性、周期性．从周期性的角度，可以考虑三角函数，从奇函数的角度，可以考虑正弦、正切函数，于是构造了上述

答案，当然这样的结论不唯一，如 $f(x) = \begin{cases} -\tan \dfrac{\pi}{4}x, & x \neq 4k+2, \\ 0, & x = 4k+2 \end{cases}$ $(k \in \mathbf{Z})$．

三、已知条件、目标要求都不明确

学生在解此类结构不完整试题时往往出现不会合理选取条件，导致不必要的失分，或费时耗力．在这三种情况中，问题解决的途径和方法都需要自己寻找，而第三种情况的解决难度最大．

例3 在"① $\{S_n + 4\}$ 是公比为 2 的等比数列，②点 (a_{n+1}, S_n) 在直线 $x - 3y - 4 = 0$ 上，③ $S_n = A(1 - q^n)$ $(A \neq 0, q > 0)$，且 a_{n+1} 是 a_4 与 a_{n^2+1} 的等比中项"这三个条件中任选一个，补充在下面的问题中，并解答．

问题：是否存在数列 $\{a_n\}$，满足 $a_1=4$，其前 n 项和为 S_n，且_____? 若存在，求数列 $\left\{\dfrac{1}{(n+2)\log_2 a_n}\right\}$ 的前 n 项和 T_n；若不存在，说明理由．

若选①，$\{S_n+4\}$ 是公比为 2 的等比数列，由 $a_1=4$ 得 $S_1+4=8$，$S_n+4=8\times 2^{n-1}$，即 $S_n=2^{n+2}-4$，根据 S_n 求 a_n，可得 $a_n=2^{n+1}$，$\log_2 a_n=n+1$，所以 $\dfrac{1}{(n+2)\log_2 a_n}=\dfrac{1}{(n+1)(n+2)}=\dfrac{1}{n+1}-\dfrac{1}{n+2}$，根据裂项相消求得 $T_n=\dfrac{n}{2(n+2)}$．

若选②，因为点 (a_{n+1},S_n) 在直线 $x-3y-4=0$ 上，可得 $a_{n+1}=3S_n+4$，进而求得数列 $\{a_n\}$ 是等比数列，故 $a_n=4^n$，$\log_2 a_n=2n$，所以 $\dfrac{1}{(n+2)\log_2 a_n}$ $=\dfrac{1}{2n(n+2)}=\dfrac{1}{4}\left(\dfrac{1}{n}-\dfrac{1}{n+2}\right)$，根据裂项相消求得 $T_n=\dfrac{3}{8}-\dfrac{2n+3}{4(n+1)(n+2)}$．

若选③，当 $n=1$ 时，$a_1=S_1$，即 $A(1-q)=4$，得 $q\neq 1$，根据 $S_n=A(1-q^n)$，可求得 $a_n=4q^{n-1}$，又 $a_1=4$，所以 $\{a_n\}$ 是等比数列，由于 a_{n+1} 是 a_4 与 a_{n^2+1} 的等比中项，则 $(4q^n)^2=4q^3\cdot 4q^{n^2}$，整理得 $q^{2n}=q^{n^2+3}$，因为 $q>0$ 且 $q\neq 1$，指数函数 $y=q^x$ 在 $\mathbf{R}$ 上单调，所以 $2n=n^2+3$，即 $n^2-2n+3=0$，因为 $\Delta=(-2)^2-4\times 1\times 3=-8<0$，所以该方程无实数根，即 "$a_{n+1}$ 是 a_4 与 a_{n^2+1} 的等比中项" 不成立，所以选③时 $\{a_n\}$ 不存在．

评析： 本题是探索性的结构不完整问题，综合考查数列的有关知识，解答本题的关键是在选择条件前先对给出的三个条件进行简单分析，条件③经过简单分析后就能推出矛盾，像这种经过简单分析后发现难度比其他的小一些的条件，就可以优先选择它来做题．

通过上述结构不完整试题的命题特点、结构形式、解答方式、评判标准，可以看出其明显地具有以下特点：一是具有未知的因素；二是解决方法明显的多元化；三是问题答案具有不确定性；四是评价标准具有不唯一性；五是解答者表达的是自己解题后的结果而非现成的观点．

借用估算快找答案

针对一些选择题、填空题，有时候精确计算反而费时费力，可以考虑进行估算，尤其是对于选项有明显差异的，估算不失为一种好的解决方法．比如做一个面积为 $1\ \mathrm{m}^2$，形状为直角三角形的铁架框，有 $4.6\ \mathrm{m}$、$4.8\ \mathrm{m}$、$5\ \mathrm{m}$、$5.2\ \mathrm{m}$ 四种长度的铁管，最合理（够用，且浪费最少）的是用哪一种？像这种问题，由于条件限制，无法（有时也没有必要）进行精确的运算和判断，而只能依赖于估算．估算，需要通过合理观察、比较、推理、判断，从而做出正确的判断．估算，也可把有关的数值做出适当的扩大或缩小，从而对运算结果确定出一个范围．

一、利用生活常识估算

例 1 某数学兼艺术爱好者对《蒙娜丽莎》的同比例影像作品进行了测绘，将画中女子的嘴唇近似看成一个圆弧，在嘴角 A，C 处作圆弧的切线，两条切线交于点 B，测得如下数据：$AB=6.9\ \mathrm{cm}$，$BC=7.1\ \mathrm{cm}$，$AC=12.6\ \mathrm{cm}$. 根据测量得到的结果推算，将《蒙娜丽莎》中女子的嘴唇视作圆弧，对应的圆心角位于区间（　　）．

A. $\left(\dfrac{\pi}{6},\ \dfrac{\pi}{4}\right)$　　　　B. $\left(\dfrac{\pi}{4},\ \dfrac{\pi}{3}\right)$　　　　C. $\left(\dfrac{\pi}{3},\ \dfrac{5\pi}{12}\right)$　　　　D. $\left(\dfrac{5\pi}{12},\ \dfrac{\pi}{2}\right)$

如图 $11-2$，取 $AB=BC\approx7$，设 $\angle ABC=2\alpha$，因为 $\sin\alpha\approx\dfrac{12.6}{2\times7}=0.9$，设嘴唇（视作的圆弧）对应的圆心角为 β，则 $\beta+2\alpha=\pi$，$\cos\beta=\cos(\pi-2\alpha)=-\cos2\alpha=2\sin^2\alpha-1=0.62$，因为 $\cos\dfrac{\pi}{4}=\dfrac{\sqrt{2}}{2}\approx0.7070$，$\cos\dfrac{\pi}{3}=\dfrac{1}{2}$，所以 $\beta\in\left(\dfrac{\pi}{4},\ \dfrac{\pi}{3}\right)$．

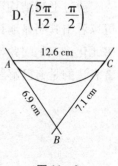

图 $11-2$

类例 古希腊时期，人们认为最美人体的头顶至肚脐的长度与肚脐至足底的长度之比是 $\frac{\sqrt{5}-1}{2}$（约等于 0.618，称为黄金分割比例），此外人体的头顶至咽喉的长度与咽喉至肚脐的长度之比也是如此．若某人满足上述两个黄金分割比例，且腿长为 105 cm，头顶至脖子下端的长度为 26 cm，则其身高可能是（　　）．

A. 165 cm　　　　　　B. 175 cm

C. 185 cm　　　　　　D. 190 cm

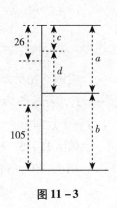

图 11 −3

如图 11 −3，设头顶至咽喉的长度为 c cm，咽喉至肚脐的长度为 d cm，头顶至肚脐的长度为 a cm，肚脐至足底的长度为 b cm．通常腿长指的是从足底量到胯骨，裤子的上边缘到肚脐的距离约为 5 cm．设身高为 h cm，则 $h = a$

$+ b = \left(1 + \frac{\sqrt{5}-1}{2}\right)b \approx 1.618b$，由 $b > 105$ 得 $h > 169.89$，接近于 175，答案为 B．

二、选项有明显差异的可估算

例 2 已知球 O 的直径 $FC = 4$，A，B 是该球球面上的两点，$AB = \sqrt{3}$，$\angle AFC = \angle BFC = 30°$，则三棱锥 $F - ABC$ 的体积为（　　）．

A. $3\sqrt{3}$　　　　B. $2\sqrt{3}$　　　　C. $\sqrt{3}$　　　　D. 1

如图 11 −4，观察四个选项，发现大小差别较大，可用估算．将三棱锥 $C - FAB$ 的高 h 近似认为是 Rt$\triangle CAF$ 中 30°锐角的对边 AC，$AC = \frac{1}{2}FC = 2$，$FA = 2$

$\sqrt{3}$，$FD = \sqrt{FA^2 - AD^2} = \frac{3\sqrt{5}}{2}$，则 $S_{\triangle FAB} = \frac{3\sqrt{15}}{4}$，$V_{C-FAB}$

$= \frac{1}{3}S_{\triangle FAB} \times AC = \frac{\sqrt{15}}{2} > \frac{\sqrt{12}}{2} = \sqrt{3}$，与 C 值接近．

图 11 −4

类例 1，2，3，4，5 这五个数字，组成没有重复数字的三位数，其中奇数共有（　　）

A. 36 个　　　　B. 60 个　　　　C. 24 个　　　　D. 28 个

由于五个数字可组成 $A_5^3 = 60$ 个没有重复数字的三位数，而其中 1，2，3，4，5 中，奇数有 3 个，偶数有 2 个，所构成的奇数必然超过一半，C，D 都没有超过一半，只有选项 A 了．

三、正常推理下的估算

例3 已知 $a = \sin\dfrac{1}{3}$，$b = \dfrac{1}{3}$，$c = \dfrac{1}{\pi}$，则（　　）．

A. $c < b < a$ 　　B. $a < b < c$ 　　C. $a < c < b$ 　　D. $c < a < b$

由 $x > \sin x$（$x > 0$）得 $\dfrac{1}{3} > \sin\dfrac{1}{3}$，即 $b > a$．由于 $y = \sin x$ 在 $\left(0, \dfrac{\pi}{2}\right)$ 上单调

递增，$a = \sin\dfrac{1}{3} = \sin\dfrac{60°}{\pi} \approx \sin 20° \approx 0.34$，$c = \dfrac{1}{\pi} \approx 0.31$，$c < a$，选项为 D.

类例　在平面直角坐标系中，A（-1，0），B（3，0），点 C 在直线 $y = 2x$ -2 上，若三角形 ABC 中 $\angle ACB > 90°$，则点 C 的纵坐标的取值约为_____（写一个数即可）．

如图 $11-5$，M，N 在直线 $y = 2x - 2$ 上，且 $\angle AMB$ $= \angle ANB = 90°$，则点 C 应位于 M，N 两点之间．设 N （x_0，y_0），则 $y_0 = 2x_0 - 2$，由 $\overrightarrow{AN} \cdot \overrightarrow{BN} = 0$ 得 $5x_0^2 - 10x_0$ $+ 1 = 0$，解得 $x_0 = 1 + \dfrac{2\sqrt{5}}{5}$ 或 $x_0 = 1 - \dfrac{2\sqrt{5}}{5}$，代入直线方

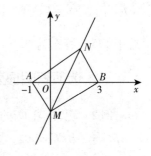

程求出对应的 y_0，故 $y_C \in \left(-\dfrac{4\sqrt{5}}{5}, 0\right) \cup \left(0, \dfrac{4\sqrt{5}}{5}\right)$．

评析：因为在 $\triangle ABC$ 中，顶点 C 不能与边 AB 共线，故点 C 的纵坐标不能等于 0.

图 $11-5$

四、运算数据的估算

例4　针对"中学生追星问题"，某校团委对"学生性别和中学生追星是否有关"做了一次调查，其中女生人数是男生的 $\dfrac{1}{2}$，男生追星的人数占男生人数的 $\dfrac{1}{3}$，女生追星的人数占女生人数的 $\dfrac{2}{3}$，若有 95% 的把握认为中学生追星与性别有关，则男生至少有_____人．参考数据及公式如表 $11-1$ 所示：

表 $11-1$

$P(K^2 \geqslant k_0)$	0.050	0.010	0.001
k_0	3.841	6.635	10.828

$$K^2 = \dfrac{n(ad - bc)^2}{(a+b)(c+d)(a+c)(b+d)}.$$

设男生人数为 x，由题意得到表 11 -2，计算得 $K^2 = \dfrac{\frac{3}{2}x \cdot \left(\frac{1}{3}x \cdot \frac{1}{6}x - \frac{2}{3}x \cdot \frac{1}{3}x\right)^2}{x \cdot \frac{1}{2}x \cdot \frac{2}{3}x \cdot \frac{5}{6}x}$

$= \dfrac{3}{20}x > 3.841$，解得 $x > \dfrac{20 \times 3.841}{3} \approx 25.6$，由于 $x = 6k$，$k \in \mathbf{N}^*$，所以 x 的最小

正整数应为 30.

表 11 -2

	喜欢追星	不喜欢追星	合计
男生	$\frac{1}{3}x$	$\frac{2}{3}x$	x
女生	$\frac{1}{3}x$	$\frac{1}{6}x$	$\frac{1}{2}x$
合计	$\frac{2}{3}x$	$\frac{5}{6}x$	$\frac{3}{2}x$

类例 对一个物理量做 n 次测量，并以测量结果的平均值作为该物理量的

最后结果. 已知最后结果的误差 $\varepsilon_n \sim N\left(0, \dfrac{2}{n}\right)$，为使误差 ε_n 在 $[-0.5, 0.5]$

的概率不小于 0.9545，至少要测量 _____ 次 $[$ 若 $X \sim N(\mu, \sigma^2)$，则 P

$(|X - \mu| \leqslant 2\sigma) = 0.9545]$.

根据正态曲线的对称性知，$[\mu - 2\sigma, \mu + 2\sigma] \subseteq [-0.5, 0.5]$. 且 $\mu =$

0，$\sigma = \sqrt{\dfrac{2}{n}}$，所以 $0.5 \geqslant 2\sqrt{\dfrac{2}{n}}$，故 $n \geqslant 32$.

五、图形变化中的估算

例5 图 11 -6 中阴影部分的面积 S 是 h 的函数 $(0 \leqslant h \leqslant H)$，则该函数的

大致图象是（　　）.

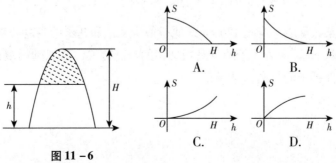

图 11 -6

随着 h 的增大，阴影部分的面积 S 逐渐减小，且减小得越来越慢．四个图象中只有 B 符合：S 的变化先快后慢，逐渐减少．

类例 函数 $y = \dfrac{x}{2} - 2\sin x$ 的图象大致是（ ）．

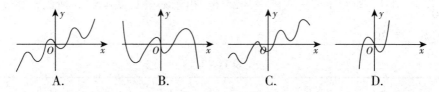

A.   B.   C.   D.

由于 $f(x) = \dfrac{x}{2} - 2\sin x$，定义域为 **R**，且 $f(-x) = -f(x)$，所以 $f(x)$ 为奇函数，其图象过原点 O，排除 C；由于 $-1 \leqslant \sin x \leqslant 1$，所以 $f(x) = \dfrac{x}{2} -$

$2\sin x$ 的图象夹在两条平行线 $y = \dfrac{x}{2} \pm 2$ 之间，排除 B，D. 综上，选 A.

六、带有明确要求的估算

例6 《九章算术》是我国古代内容极为丰富的数学名著，书中有如下问题："今有委米，依垣内角，下周八尺，高五尺，问积及为米几何？"其意思为："在屋内墙角处堆放米（如图 11 – 7，米堆为一个圆锥的四分之一），米堆底部的弧长为 8 尺，米堆的高为 5 尺，问米堆的体积和堆放的米各为多少？"已知 1 斛米的体积约为 1.62 立方尺，圆周率约为 3，那么堆放的米约有_____斛．

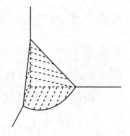

图 11 – 7

设底面圆半径为 R，米堆高为 h，则 $\dfrac{1}{4} \cdot 2\pi R = 8$，解得 $R = \dfrac{16}{\pi}$，体积 $V = \dfrac{1}{4}$

$\times \dfrac{1}{3} \cdot \pi R^2 h$，因为 $\pi \approx 3$，所以 $V \approx \dfrac{320}{9}$，堆放的米约为 $\dfrac{320}{9 \times 1.62} \approx 22$ 斛．

类例 某数学老师身高 176 cm，他爷爷、父亲和儿子的身高分别是 173 cm、170 cm 和 182 cm，因为儿子的身高与父亲的身高有关，该老师用线性回归分析的方法预测他孙子的身高，结果是_____cm.

列表:

表 11−3

父亲 (x, cm)	173	170	176
儿子 (y, cm)	170	176	182

简化运算:

表 11−4

父亲 ($x' = x - 173$)	0	−3	3
儿子 ($y' = y - 176$)	−6	0	6

计算得 $\overline{x'} = 0$,$\overline{y'} = 0$,$\sum\limits_{i=1}^{3} x_i' y_i' = 0 \times (-6) + (-3) \times 0 + 3 \times 6 = 18$,

$\sum\limits_{i=1}^{3} x_i'^2 = 0^2 + (-3)^2 + 3^2 = 18$,$\hat{b} = \dfrac{\sum\limits_{i=1}^{3} x_i' y_i' - 3\,\overline{x'}\,\overline{y'}}{\sum\limits_{i=1}^{3} x_i'^2 - 3\,\overline{x'^2}} = \dfrac{18 - 3 \times 0 \times 0}{18 - 3 \times 0^2} = 1$,

$\hat{a} = \overline{y'} - \hat{b}\,\overline{x'} = 0 - 1 \times 0 = 0$,代入线性回归方程 $\hat{y'} = \hat{b}x' + \hat{a}$,得 $\hat{y} - 176 = 1 \times$

$(x - 173) + 0$,即 $\hat{y} = x + 3$. 当 $x = 182$ 时,$\hat{y} = 185$.

七、数值逼近

例 7 若非零实数 x,y,z 满足 $2^x = 3^y = 6^z$,则与 $\dfrac{x+y}{z}$ 最接近的正数是( ).

A. 3　　　　　　B. 4　　　　　　C. 5　　　　　　D. 6

设 $2^x = 3^y = 6^z = t$ $(x > 0)$,则 $x = \log_2 t = \dfrac{\ln t}{\ln 2}$,$y = \log_3 t = \dfrac{\ln t}{\ln 3}$,$z = \log_6 t = \dfrac{\ln t}{\ln 6}$,

所以 $\dfrac{x+y}{z} = 2 + \dfrac{\ln 3}{\ln 2} + \dfrac{\ln 2}{\ln 3} = 2 + \log_2 3 + \dfrac{1}{\log_2 3}$,由于 $f(t) = t + \dfrac{1}{t}$ 在 $(1, 2)$ 上单

调递增,$2 < f(t) < 2.5$,又 $1 = \log_2 2 < \log_2 3 < \log_2 4 = 2$,所以 $2 < \log_2 3 + \dfrac{1}{\log_2 3}$

< 2.5,即 $4 < \dfrac{x+y}{z} < 4.5$,所以更接近整数 4.

估算法一般包括范围、最值和推理估算,当题目从正面解析比较麻烦,特值法又无法确定正确的选项时,不妨试一下这种方法.

函数中"1"的用法

在习题求解过程中，有时"1"的作用非常大，然而我们常常省略或忽略它，如果能够及时"补上"，则往往起到"柳暗花明"的作用.

一、基本不等式中"1"的代换

例1 已知 $x > 0$，$y > 0$，$2x + y = 4$，则 $\dfrac{3y}{x} + \dfrac{4}{x} + \dfrac{2}{y} + \dfrac{1}{2}$ 的最小值为 _____.

等式可化为 $\dfrac{x}{2} + \dfrac{y}{4} = 1$，原式 $= \dfrac{3y}{x} + \left(\dfrac{4}{x} + \dfrac{2}{y} \right) \cdot 1 + \dfrac{1}{2} = \dfrac{3y}{x} +$

$\left(\dfrac{4}{x} + \dfrac{2}{y} \right)\left(\dfrac{x}{2} + \dfrac{y}{4} \right) + \dfrac{1}{2} = \dfrac{4y}{x} + \dfrac{x}{y} + 3 \geqslant 2\sqrt{\dfrac{4y}{x} \cdot \dfrac{x}{y}} + 3 = 7$，当 $\dfrac{4y}{x} = \dfrac{x}{y}$，即 $x = 2y$

时等号成立.

二、分母为"1"省略不写

例2 $\sin 10° \sin 50° \sin 70° =$ _____.

$\sin 10° \sin 50° \sin 70° = \cos 20° \cos 40° \cos 80° = \dfrac{\cos 20° \cos 40° \cos 80°}{1} =$

$\dfrac{2\sin 20° \cos 20° \cos 40° \cos 80°}{2\sin 20°} = \dfrac{2\sin 80° \cos 80°}{2^3 \sin 20°} = \dfrac{\sin 160°}{2^3 \sin 20°} = \dfrac{\sin 20°}{2^3 \sin 20°} = \dfrac{1}{8}$

评析：将省略的分母1补出，借助分式的基本性质，进行化简，此外同角的两个三角函数值的平方和本身就是一个常数1，不可忽视. 例如：已知 α 是三角形的内角，且 $\tan \alpha = -\dfrac{1}{3}$，则 $\sin \alpha + \cos \alpha$ 的值为 _____.（对结论取平方，将分母中省略的1补出来，换成 $\sin^2 \alpha + \cos^2 \alpha$ 参与运算）

三、给 "1" 换种写法

根据试题需要，可以写成 $1 = \dfrac{1}{3} \times 3$，$1 = \dfrac{1}{12} \times 3 \times 4$，$1 = \tan 45°$，…

例3 设 $a = \log_3 2$，$b = \log_5 3$，$c = \dfrac{2}{3}$，则下列结论中正确的是（　　）．

A. $a < c < b$ 　　　　 B. $a < b < c$ 　　　　 C. $b < c < a$ 　　　　 D. $c < a < b$

由 $a = \log_3 2 = \dfrac{1}{3} \cdot 3 \times \log_3 2 = \dfrac{1}{3} \log_3 2^3 = \dfrac{1}{3} \log_3 8 < \dfrac{1}{3} \log_3 9 = \dfrac{2}{3} = c$，$b = \log_5 3$

$= \dfrac{1}{3} \cdot 3 \times \log_5 3 = \dfrac{1}{3} \log_5 3^3 = \dfrac{1}{3} \log_5 27 > \dfrac{1}{3} \log_5 25 = \dfrac{2}{3} = c$，知 $a < c < b$．

评析： $\dfrac{2}{3}$ 为中间值，通过 1 的转化，加以适当放缩．

四、函数单调性中 "1" 的转化

诸如：由 $\tan x = -\dfrac{1}{3}$ 及 $\dfrac{\pi}{2} < x < \pi$ 得 $\tan x = -\dfrac{1}{3} > -1$，将 x 的取值范围压缩

为 $\dfrac{3\pi}{4} < x < \pi$；由 $\log_3 x > -1$ 得 $\log_3 x > \log_3 3^{-1}$，解得 $x > \dfrac{1}{3}$；由 $2^{3x-1} > 1$ 得 2^{3x-1}

$> 2^0$，$3x - 1 > 0$；等等．

例4 已知 $f(x)$ 是定义在 **R** 上的奇函数，且满足 $f(x) = f(2-x)$，当 $x \in [0, 1]$ 时，$f(x) = 4^x - 1$，则在区间 $(1, 3)$ 上，$f(x) \leqslant 1$ 的解集是

_____．

当 $0 \leqslant x \leqslant 1$ 时，函数 $f(x) = 4^x - 1$ 在 $[0, 1]$ 上是增函数，又 $f(x)$ 是奇函数，所以 $f(x)$ 在区间 $[-1, 1]$ 上是增函数，因为 $f(x) = f(2-x)$，所以 $f(x)$ 的图象关于直线 $x = 1$ 对称，所以函数 $f(x)$ 在区间 $(1, 3)$ 上是减函数，又 $f\left(\dfrac{1}{2}\right) = 1$，根据对称得 $f\left(\dfrac{3}{2}\right) = 1$，$f(x) \leqslant 1$ 可化为 $f(x) \leqslant$

$f\left(\dfrac{3}{2}\right)$，所以 $x \geqslant \dfrac{3}{2}$，又 $1 < x < 3$，所以 $\dfrac{3}{2} \leqslant x < 3$．

评析： 借助 $f(x)$ 在区间 $(1, 3)$ 上单调递减，将 $f(x) \leqslant 1$ 化为 $f(x)$

$\leqslant f\left(\dfrac{3}{2}\right)$．

五、任意角的终边与单位圆的交点

在平面直角坐标系 xOy 中，设 α 是一个任意角，$\alpha \in \mathbf{R}$，它的顶点在坐标原

点，始边与 x 轴的非负半轴重合，终边 OP 与单位圆相交于点 P (x, y)，则 $r = |PO| = 1$，$\sin\alpha = \dfrac{y}{r} = y$，$\cos\alpha = \dfrac{x}{r} = x$，$\tan\alpha = \dfrac{y}{x}$.

例5 在平面直角坐标系 xOy 中，$P\left(\dfrac{3}{5}, \dfrac{4}{5}\right)$，$Q$ 是第三象限内一点，$|OQ| = 1$，且 $\angle POQ = \dfrac{3\pi}{4}$，则 Q 点的横坐标是_____．

设 $\angle POx = \alpha$，由 $|PO| = 1$ 及三角函数定义知 $\sin\alpha = \dfrac{4}{5}$，$\cos\alpha = \dfrac{3}{5}$，设 Q (x_0, y_0)，则 $x_0 = \cos\left(\alpha + \dfrac{3\pi}{4}\right) = \cos\alpha\cos\dfrac{3\pi}{4} - \sin\alpha\sin\dfrac{3\pi}{4} = \dfrac{3}{5} \times \left(-\dfrac{\sqrt{2}}{2}\right) - \dfrac{4}{5} \times \dfrac{\sqrt{2}}{2}$ $= -\dfrac{7\sqrt{2}}{10}$.

评析： 单位圆的半径 $r = 1$，点 Q 的坐标可以直接写成 $x_0 = \cos\left(\alpha + \dfrac{3\pi}{4}\right)$，$y_0 = \sin\left(\alpha + \dfrac{3\pi}{4}\right)$.

六、比较大小中"1"为中介

在基本初等函数的比较大小中，"1"有时可作为比较大小的"中介"，如 $\log_a a = 1$ $(a > 0$ 且 $a \neq 1)$，$a^0 = 1$ $(a \neq 0)$ 等．

例6 已知 $a = \log_2 e$，$b = 0.8^{0.2}$，$c = \log_{0.5} 3$，则下列结论正确的是（　　）．
A. $a < c < b$ 　　　　 B. $a < b < c$ 　　　　 C. $b < c < a$ 　　　　 D. $c < b < a$

$a = \log_2 e > \log_2 2 = 1$，$b = 0.8^{0.2} < 0.8^0 = 1$，即 $0 < b < 1$，$c = \log_{0.5} 3 < \log_{0.5} 1 = 0$，所以 $c < b < a$.

由于"1"有时处于默认或省略状态，我们在解题时往往对其视而不见，处于一种"手里拿着钥匙却在满世界找钥匙"的尴尬状态，因一时"卡壳"而一筹莫展，又因"1"的突然出现而豁然开朗，思若泉涌．

主要参考文献

［1］张永辉．高考数学题型全归纳［M］．哈尔滨：哈尔滨工业大学出版社，2018．

［2］缪桂林．例析含参函数单调性的分类讨论方法［J］．中学数学教学参考，2017（Z3）：95－96．

［3］张学宪．高考总复习优化方案·数学［M］．武汉：崇文书局，2022．

［4］曲一线．5·3高考数学A版·数学［M］．北京：首都师范大学出版社，2022．

［5］任志鸿．高考总复习优化设计·数学［M］．北京：知识出版社，2023．

［6］孙翔峰．创新方案·新课标高考总复习·数学［M］．合肥：安徽科学技术出版社，2020．

［7］党宇飞，徐惠，张丹．高中数学思想方法［M］．武汉：湖北教育出版社，2023．

［8］王朝银．创新设计高考总复习·数学［M］．西安：陕西人民出版社，2021．

［9］雷燕芳．三维设计新课程高中总复习·数学［M］．天津：天津教育出版社，2022．

［10］李志春．优化指导高考总复习·数学［M］．西安：世界图书出版西安公司，2022．

［11］孙胤华．新高考方案高三总复习·数学［M］．南昌：江西教育出版社，2022．

［12］韩清海．高中总复习导与练·数学［M］．长春：东北师范大学出版社，2022．

［13］王宜学．《师说》高中全程复习构想·高三数学·理科［M］．沈阳：辽宁大学出版社，2013．

［14］王广祥．课堂新坐标·高三一轮总复习·数学［M］．兰州：甘肃教育出

版社，2022.

[15] 苏艺伟. 倾斜角互补的几种表现形式［J］. 数理化解题研究，2016 (10)：37－38.

[16] 孙胤华. 创新方案·高三总复习·数学［M］. 海口：南方出版社，2022.

[17] 孔峰. 高考前沿·第一轮复习·数学［M］. 武汉：湖北教育出版社，2022.

[18] 李治臻. 抽象问题"有形化"，破解抽象函数难题［J］. 高中数理化，2019 (4)：21－22.

[19] 王朝银. 创新设计·二轮专题复习·数学［M］. 西安：陕西人民出版社，2021.

[20] 张连生. 名师伴你行·高考一轮总复习备考方略·数学［M］. 天津：天津人民出版社，2021.

[21] 熊焕军. 高中学科提分笔记·数学［M］. 西安：西安地图出版社，2015.

[22] 王怀学，肖斌.2017 高考数学经典题型与变式·数学［M］. 拉萨：西藏人民出版社，2016.

[23] 王后雄. 高考完全解读·数学［M］. 长沙：中南大学出版社，2022.

[24] 杜志建. 新高考优秀模拟试卷汇编45套·数学［M］. 南京：南京师范大学出版社，2022.

[25] 李鸿昌. 二次曲线系在圆锥曲线四点共圆问题中的应用［J］. 数理化解题研究，2022 (7)：92－94.

[26] 金太阳教育研究院.23届高考特训营（教师用书）·数学［M］. 南昌：江西高校出版社，2022.

[27] 苏卫军. 数列和数列压轴题·数学［M］. 杭州：浙江大学出版社，2018.

[28] 张蕴禄. 新高考数学创新题［M］. 济南：山东人民出版社，2020.

[29] 杜志建. 试题调研［M］. 乌鲁木齐：新疆青少年出版社，2021.